1 fr. 25 le volume

ŒUVRES COMPLÈTES D'HECTOR MALOT

THÉRÈSE

PARIS
LIBRAIRIE MARPON & FLAMMARION
E. FLAMMARION, SUCC^r
26, RUE RACINE, PRÈS L'ODÉON

THÉRÈSE

OUVRAGES DE HECTOR MALOT

COLLECTION GRAND IN-18 JÉSUS

LES VICTIMES D'AMOUR : LES AMANTS, LES ÉPOUX, LES ENFANTS	2 vol.
LES AMOURS DE JACQUES	1 —
ROMAIN KALBRIS	1 —
UN BEAU-FRÈRE	1 —
MADAME OBERNIN	1 —
UNE BONNE AFFAIRE	1 —
UN CURÉ DE PROVINCE	1 —
UN MIRACLE	1 —
SOUVENIRS D'UN BLESSÉ. — SUZANNE	1 —
— — MISS CLIFTON	1 —
LA BELLE MADAME DONIS	1 —
CLOTILDE MARTORY	1 —
UNE BELLE-MÈRE	1 —
LE MARI DE CHARLOTTE	1 —
L'HÉRITAGE D'ARTHUR	1 —
L'AUBERGE DU MONDE : LE COLONEL CHAMBERLAIN, LA MARQUISE DE LUCILLIÈRE	1 —
— — IDA ET CARMELITA, THÉRÈSE	1 —
MADAME PRÉTAVOINE	2 —
CARA	1 —
SANS FAMILLE	2 —
LE DOCTEUR CLAUDE	1 —
LA BOHÊME TAPAGEUSE	2 —
UNE FEMME D'ARGENT	1 —
POMPON	1 —
SÉDUCTION	1 —
LES MILLIONS HONTEUX	1 —
LA PETITE SŒUR	2 —
PAULETTE	1 —
LES BESOIGNEUX	2 —
MARICHETTE	2 —
MICHELINE	1 —
LE SANG BLEU	1 —
LE LIEUTENANT BONNET	1 —
BACCARA	1 —
ZYTE	1 —
VICES FRANÇAIS	1 —
GHISLAINE	1 —
CONSCIENCE	1 —
JUSTICE	1 —
MARIAGE RICHE	1 —
MONDAINE	1 —
MÈRE	1 —
ANIE	1 —
COMPLICES	1 —

Mme HECTOR MALOT

FOLIE D'AMOUR	1 —

ÉMILE COLIN. — IMPRIMERIE DE LAGNY.

THÉRÈSE

PAR

HECTOR MALOT

PARIS

LIBRAIRIE MARPON ET FLAMMARION

E. FLAMMARION, SUCC[r]

26, RUE RACINE, PRÈS L'ODÉON

AVERTISSEMENT

M. Hector Malot qui a fait paraître, le 20 mai 1859 son premier roman « LES AMANTS », va donner en octobre prochain son soixantième volume « COMPLICES »; le moment est donc venu de réunir cette œuvre considérable en une collection complète, qui par son format, les soins de son tirage, le choix de son papier, puisse prendre place dans une bibliothèque, et par son prix modique soit accessible à toutes les bourses, même les petites.

Pendant cette période de plus de trente années, Hector Malot a touché à toutes les questions de son temps; sans se limiter à l'avance dans un certain nombre de sujets ou de tableaux qui l'auraient borné, il a promené le miroir du romancier sur tout ce qui mérite d'être étudié, allant des petits aux grands, des heureux aux misérables, de Paris à la Province, de la France à l'Étranger, traversant tous les mondes, celui de la politique, du clergé, de l'armée, de la magistrature, de l'art, de la science, de l'industrie, méritant que le poète Théodore de Banville écrivît de lui « que ceux qui voudraient reconstituer l'histoire intime de notre époque devraient l'étudier dans son œuvre ».

Il nous a paru utile que cette œuvre étendue, qui va du plus dramatique au plus aimable, tantôt douce ou tendre, tantôt passionnée ou justiciaire, mais toujours forte, toujours sincère, soit expliquée, et qu'il lui soit même ajouté une clé quand il en est besoin. C'est pourquoi nous avons demandé à l'auteur d'écrire sur chaque roman une notice que nous placerons à la fin du volume. Quand il ne prendra pas la parole lui-même, nous remplacerons cette notice par un article critique sur le roman publié au moment où il a paru, et qui nous paraîtra caractériser le mieux le livre ou l'auteur.

Jusqu'à l'achèvement de cette collection, un volume sera mis en vente tous les mois.

L'éditeur,

E. F.

THÉRÈSE[1]

I

Celui qui, sorti de Paris, le 1er août 1870, par la barrière de Vincennes, se serait présenté à cette barrière le dimanche 28 du même mois, aurait pu croire que le cocher qui conduisait sa voiture l'avait amené dans un pays inconnu ou bien que lui-même voyageait dans le pays des rêves.

Là, où quelques jours auparavant, courait librement la large route de Vincennes, s'élevait une demi-lune qui barrait complètement le passage et, avec un chemin couvert, aboutissait à une place d'armes sur laquelle s'ouvraient deux ponts-levis avec tablier.

Les talus en terre de cette demi-lune étaient recouverts de planches à clous et d'abattis de bois.

Les hautes grilles en fer qui autrefois fermaient la barrière étaient blindées avec des plaques de tôle, et les pavillons de l'octroi avaient été chargés d'une couche de

(1) L'épisode qui précède *Thérèse* a pour titre *Ida et Carmélita*.

terre assez épaisse pour les mettre à l'abri de la bombe.

En avant de la demi-lune, dans les contre-allées, on avait creusé des trous à loups, c'est-à-dire des excavations dont le fond était garni de pieux appointis par leur bout supérieur, de manière à déchiqueter les maladroits qui se laisseraient tomber dans ces trous : belle invention du moyen-âge, qui s'était perpétuée par la tradition pour prendre place à côté des planches à clous qui recouvraient les talus de la demi-lune.

En dehors du rempart, dans une zone assez étendue, toutes les constructions, murs de jardins, maisonnettes, hangars, avaient été jetées à bas et leurs matériaux jonchaient le sol.

Les arbres de l'avenue avaient été sciés par le pied.

Enfin les fortifications commençaient à recevoir ce qu'en style militaire on appelle leur armement de sûreté; des embrasures avaient été ouvertes et garnies de clayonnages; quelques canons se dressaient çà et là sur leurs affûts.

C'est que pendant ces vingt-huit jours ils s'étaient passés des événements qui avaient bouleversé la face de la France : on avait mis les fortifications en état de soutenir un siège en règle et les populations de l'Est, fuyant devant l'invasion ou devant la peur de l'invasion, se mettaient en route pour venir demander un asile à Paris et s'abriter derrière ses murailles.

Après avoir voulu cacher ou atténuer la vérité, on avait été pris par la panique : les Prussiens arrivaient; il n'y avait qu'à coller son oreille sur la terre, on entendait le roulement de leurs canons sur toutes les routes de l'Est. On minait les ponts sur la Marne et sur la Seine pour les faire sauter d'un jour à l'autre ; toutes les moissons, tous les tourrages, toutes les récoltes des fermes de Seine-et-Marne, de Seine-et-Oise et des environs de Paris, blés, avoines, foins, qui n'auraient pas été rentrés dans la capitale, seraient brûlés, afin de ne pas servir à l'alimentation des armées ennemies.

Ces avertissements plus ou moins officiels avaient été le coup de grâce, et toutes les routes qui aboutissaient à Paris s'étaient couvertes de voitures qui se suivaient à la file pour rentrer à Paris ces fourrages qu'on menaçait de brûler et le mobilier des habitants de la banlieue. Aussi loin que la vue pouvait s'étendre, on n'apercevait que des voitures et des chevaux : tapissières, voitures à bras, carrioles, charrettes de ferme, cabriolets, omnibus, tombereaux, tout ce qui a un nom dans la carrosserie ou le charronnage se trouvait réuni là et enchevêtré.

Après avoir cheminé sur plusieurs files, les voitures se trouvaient arrêtées par la demi-lune, et là il fallait qu'elles prissent la queue les unes derrière les autres pour suivre le chemin couvert.

Comme si ce n'était pas assez de ce défilé pour produire une inextricable confusion, les employés de l'octroi venaient ajouter leurs exigences aux difficultés de la situation matérielle,

Pas une voiture n'entrait dans Paris sans qu'on n'en eût visité le contenu. Et quel contenu ? Tout ce qu'on pouvait emporter dans un rapide déménagement, qu'on faisait en tournant à chaque instant la tête pour voir si les uhlans ne vous arrivaient pas sur le dos, était entassé dans les voitures : meubles, provisions fourrages, bestiaux, poules, lapins ; tout cela arrangé tant bien que mal avec des matelas et des bottes de paille sur lesquels les femmes et les enfants se tenaient juchés. Au loin, se détachant sur le fond jaune de la paille, on ne voyait que les carreaux rouges et bleus des toiles à matelas.

Dans leur impossibilité à trouver des voitures pour apporter leur mobilier à Paris, il y avait des gens qui avaient loué des corbillards ; ce jour-là les morts devaient attendre et ne venir qu'après les déménagements.

Vers trois heures de l'après-midi, les ouvriers qui travaillaient aux terrassements de la demi-lune remarquèrent un curieux qui, depuis assez longtemps déjà, regardait ce triste défilé, se promenant en long et en large sur les contre-allées et examinant les travaux de fortification qu'on exécutait là. Un ouvrier avait vu qu'en passant à côté d'un trou à loup, il avait fait un mouvement d'épaule, par un geste de mépris et de dédain. Allant un peu plus loin, ce curieux avait adressé la parole à un ouvrier qui était en train de placer des pieux effilés au fond d'un de ces trous.

— Est-ce que vous croyez qu'on se laissera tomber là-dedans? avait-il demandé.

— Pardi? bien sûr, puisque c'est fait pour ça.

Il n'avait pas paru convaincu par ce raisonnement, et il avait continué sa promenade et son examen.

C'était un homme d'une trentaine d'années, de haute taille, aux épaules larges, souple et dégagé dans sa démarche ; il portait toute sa barbe et des cheveux longs qui s'enroulaient en boucles fauves sur le collet de son vêtement ; ce vêtement était élégant, mais sans rien de recherché.

On ne parlait en ce moment dans les journaux que d'espions prussiens qui se glissaient partout, même dans nos forts, et tous les journaux de ce même jour, 28 aout, racontaient l'exécution d'un lieutenant de l'armée prussienne, nommé Harth, qui la veille, à six heures du matin, avait été passé par les armes dans la cour des Grenadiers, à l'École militaire.

L'ouvrier, qui avait vu ce curieux hausser les épaules en passant auprès d'un trou à loup, alla trouver celui auquel il avait adressé la parole.

— Qu'est-ce qu'il t'a demandé, ce particulier qui t'a parlé tout à l'heure?

— Si je croyais qu'on pouvait se laisser tomber là-dedans.

— Je gage que c'est un prussien !

— Faut voir ça alors. Ce qu'il y a de sûr, c'est qu'il a eu l'air de blaguer les travaux de la défense, et ça n'est pas d'un Français.

Le second ouvrier, sortant de son trou, se joignit au premier, et tous deux s'enfoncèrent dans le chemin couvert. Au bout de dix minutes, ils revinrent, suivis d'un groupe d'ouvriers, en tête duquel marchait un brigadier de l'octroi.

Le curieux n'avait point quitté la contre-allée ; il regardait l'entassement des voitures, et, à la vue des enfants qui dormaient ou qui pleuraient sur leurs matelas, des femmes couvertes de poussière, des pauvres chevaux morts de fatigue, en un mot au spectacle de cette misère, son visage avait pris une expression de douleur attendrie.

Le brigadier s'avança franchement.

— Pardon, monsieur, dit-il, peut-on vous demander ce que vous faites ici ?

— Parfaitement, vous le voyez, je regarde.

— Vous avez des papiers ? demanda le brigadier.

— Non.

— Et vous vous appelez ?

— Le colonel Chamberlain.

— Un colonel ! Ah ! malheur, encore un *feignant*.

— Pourquoi qu'il n'est pas avec son régiment, ce colonel ?

— Parce que mon régiment est en Amérique, dit le colonel sans se fâcher.

— Vous voyez bien que c'est un Prussien, dit un ouvrier.

Pas de papiers, Américain, il avait longuement examiné les travaux de défense ; son affaire était mauvaise.

On décida de le garder et de le remettre aux mains de qui de droit.

On l'enferma dans une sorte de réduit obscur, où l'on voulut bien lui donner une chaise pour s'asseoir en attendant.

Il attendit trois heures.

Au bout de ce temps, la porte s'ouvrit, et il parut devant une autorité compétente.

Heureusement cette autorité — représentée par le secrétaire du commissaire de police, connaissait de vue M. le colonel Chamberlain, et, se tournant avec sévérité vers le brigadier, elle lui adressa quelques paroles bien senties sur les dangers de la précipitation. Sans doute, il fallait faire bonne garde ; mais encore il ne fallait pas arrêter tout le monde, et moins que personne un homme tel que le colonel Chamberlain.

— Tous les torts sont de mon côté, dit le colonel, j'étais venu visiter les travaux de défense et mes allures ont pu très justement paraître suspectes.

Au lieu de retourner à la demi-lune, en sortant du pavillon de l'octroi, il se mit en route pour rentrer à Paris par la barrière du Trône.

Sur la chaussée, les voitures se suivaient en une longue file, et sur les trottoirs marchaient des gens courbés sous le poids des paquets qu'ils portaient ; des femmes traînaient des enfants par la main, d'autres s'avançaient lentement, le bras passé dans des draps ou dans des châles liés aux quatre bouts et formant d'énormes paquets dans lesquels on avait entassé tout ce qu'on avait de précieux.

Le colonel Chamberlain qui n'avait rien à porter, dépassait ces pauvres gens ; il dépassait même la plupart des voitures, car les chevaux épuisés de fatigue, n'allaient guère vite.

Il remarqua entre toutes l'une de ces voitures : c'était évidemment un petit charriot lorrain ou alsacien, ce qu'on appelle un char à échelles, monté sur quatre roues légères et recouvert d'une toile grise posée sur des cercles. Les roues gardaient encore autour de leur moyeu des plaques de boue rouge, le cheval paraissait ne plus pouvoir se traîner, et son conducteur avait si bien conscience de la lenteur avec laquelle il marchait, qu'au lieu de suivre la file, il avait pris le bas-côté où il pouvait cheminer à son pas.

En regardant de dos ce conducteur, qui marchait à pied, tirant et soutenant son cheval par la bride, le colonel eut un mouvement de surprise.

Si cet homme n'avait pas été vêtu d'une blouse bleue et coiffé d'un vieux feutre gris, il aurait juré qu'à l'allure et à la carrure, il ne se trompait pas.

Vivement il fit quelques pas en avant de manière à dépasser la voiture et à voir le visage de son conducteur.

— Mon oncle !

Le conducteur se retourna.

— Édouard !...

En même temps, une voix sortit de dessous la toile de la voiture :

— Oh ! mon cousin !

II

— Mon oncle ! comment c'est vous ?

Ils se serrèrent les mains avec effusion.

Une jeune fille s'était montrée sous la toile, et profitant de l'arrêt du cheval, elle avait vivement sauté à bas.

Mais, avant qu'elle eût touché le sol, le colonel l'avait reçue dans ses bras.

— Oh ! ma chère Thérèse, dit-il, combièn je suis heureux de vous revoir !

— Et moi donc ! mon cousin, dit-elle en rougissant.

Elle était vêtue d'une robe de toile usée jusqu'à la corde ; son teint était noirci par le hâle et le soleil, ses cheveux étaient cendrés par la poussière.

En tout l'apparence de la misère, de la fatigue et de la souffrance.

Pendant qu'il la regardait ainsi, son attention fut attirée par deux têtes d'enfant, qui s'étaient levées dans la voiture ; près de ces têtes aux cheveux jaunes, ébouriffés, se montrait la face pâle d'une femme dont la ressemblance avec les deux enfants disait, sans qu'il fut besoin d'explication, qu'elle était leur mère.

Mais cela importait peu au colonel pour le moment, et ce qui pour lui avait besoin d'être expliqué, c'était l'arrivée de son oncle Antoine et de sa cousine Thérèse en compagnie de ces gens et dans cet accoutrement.

Mais la place n'était guère bonne pour des questions et des explications.

Quoiqu'on eût autre chose à faire, en cette journée troublée, que de s'occuper de ses voisins ou des passants, la curiosité ne perd jamais ses droits ; il y avait des gens qui s'étaient arrêtés sur la contre-allée et qui regardaient avec étonnement cette voiture qui, par elle-même, était déjà un spectacle.

N'était-il pas étrange en effet de voir un homme de mise et de tournure élégante, comme le colonel, en conversation intime avec ce paysan aux vêtements dépenaillés et tenant dans ses mains celles de cette jeune fille qui, pour être jolie, n'en était pas moins singulièrement attifée.

— On nous regarde, dit Antoine en baissant son chapeau sur ses yeux, et cela est mauvais pour moi ; il pourrait se trouver des gens qui me reconnaîtraient parmi ces curieux. Si vous voulez marcher près de moi, nous allons nous remettre en route.

— Allons, pauvre vieux, encore un peu de courage ; te voilà arrivé.

Comme s'il avait compris ces paroles, « le pauvre vieux » fit un effort et la voiture recommença à rouler lentement.

— Pourquoi êtes-vous rentré en France ?

— A cette heure, pouvais-je rester à l'étranger ? On m'a relâché juste à temps.

— Vous avez été emprisonné ?

— En Allemagne, en France, partout les gouvernements sont les mêmes.

— Et vous, ma cousine ? dit-il en se tournant vers Thérèse, qui marchait près de lui.

— Oh ! moi, je n'ai pas été emprisonnée.

— Elle a trouvé de braves cœurs qui l'ont aidée et qui, avec elle, ont travaillé à ma libération, dit Antoine.

— Comment ne m'avez-vous pas écrit ? demanda le colonel.

— Et vous, mon cousin, comment ne nous avez-vous pas donné de vos nouvelles ? dit Thérèse.

— Où vous aurais-je écrit ? Je n'ai lu qu'une lettre de mon oncle, et tellement pleine de réserve, qu'il était impossible de deviner où vous étiez.

— Michel ne vous a rien dit ?

— Je n'ai pas revu Michel depuis le jour où il m'a communiqué cette lettre, ni Denizot, ni Sorieul. Quand je suis allé rue de Charonne, Denizot et Michel étaient arrêtés, et Sorieul avait disparu sans qu'on sût ce qu'il était devenu. J'ai fait des démarches pour voir Michel et Denizot, ils étaient au secret.

— Voilà donc pourquoi vous ne nous avez pas écrit ? dit Thérèse.

— Quand j'ai été libre, dit Antoine, la guerre était déclarée, et naturellement je n'ai eu qu'une pensée : revenir à Paris. Mais cela n'était pas facile. Les chemins de fer étaient réservés pour les transports militaires, et puis nous n'avions que peu, que très peu d'argent. Nous nous sommes mis en route.

Ah ! quel spectacle, mon cher Édouard ! Que de ruines, que de douleurs ! Un jour nous avons rejoint sur la route cette voiture conduite par la femme que vous voyez là avec ses deux enfants ; son mari avait été fusillé par les Prussiens, sa maison avait été brûlée. Alors, avec le cheval et la voiture qui lui restaient; elle avait quitté son pays pour venir se réfugier à Paris auprès de son frère qui habite la Villette, où il est marchand de fourrages. Nous avons associé nos misères, elle a donné une place à Thérèse dans la voiture près d'elle, et moi j'ai conduit le cheval.

Ils allaient arriver à la barrière du Trône, et, pour aller à la Villette, la voiture devait passer par les anciens boulevards extérieurs.

— Mon oncle, dit le colonel, voilà ce que vous allez faire. Rentrer chez vous serait imprudent. Vous allez donc venir chez moi ; mais comme vous devez conduire cette pauvre femme à la Villette ; ma cousine et moi, nous allons prendre les devants. Vous nous rejoindrez. Il vaut mieux que nous n'entrions pas à Paris ainsi groupés, car on nous regarde.

— Mais, mon cousin... interrompit Thérèse en faisant un geste pour refuser cet arrangement.

— Voulez-vous donc exposer mon oncle à se faire arrêter? dit vivement le colonel. Soyez certaine que s'il rentre rue de Charonne, c'est par là qu'on commencera. On ne croira pas qu'il vient pour défendre son pays, on croira qu'il revient pour aider à renverser le gouvernement. Il faut en ce moment agir avec prudence Laissez-moi, je vous prie, vous diriger, et vous, mon oncle, ne craignez pas de vous confier aux conseils d'un homme mieux en état que vous, présentement, de juger la situation.

— Je m'en rapporte à vous, dit Antoine.

Puis, s'adressant à sa fille :

— Vas avec ton cousin, dit-il ; dans deux ou trois heures, je vous rejoindrai.

Thérèse embrassa les enfants, qui, voyant qu'elle les quittait, se mirent à pleurer.

Puis, tandis que la voiture tournait à droite pour prendre le boulevard de Charonne, Thérèse et le colonel montèrent dans un fiacre.

III

En refermant la portière de sa voiture sur cet homme élégamment vêtu, qui s'asseyait à côté de cette jeune fille misérable, le cocher de fiacre avait haussé les épaules.

Que de choses à se dire, que de questions à se poser ! Le colonel était resté les yeux attachés sur le visage de Thérèse.

— Vous me trouvez changée, n'est-ce pas ? dit-elle enfin.

— Oui, maigrie.

— Le voyage a été dur, car notre pauvre cheval était s fatigué que j'avais remords à me faire traîner par lui ; alors je descendais et je marchais.

— Il me semblait que ce n'était pas la fatigue seule qui avait dû donner à vos traits cette expression de souffrance. Avez-vous donc été malade ?

— Non, pas malade, dit-elle, mais tourmentée par l'emprisonnement de mon père. On parlait d'une pénalité sévère, plusieurs années de prison ; et j'étais à l'étranger. Les amis de mon père ne m'abandonnaient pas, il est vrai ;

ils s'ingéniaient à m'encourager, à m'aider. Mais eux-mêmes craignaient pour eux ; plusieurs, et des plus intimes, de ceux sur lesquels je comptais le plus, ont été emprisonnés aussi, d'autres ont été obligés de s'expatrier. Et puis avec tout cela le travail m'était difficile, et cependant il fallait travailler ; si vous saviez combien est misérable en Allemagne le travail d'une femme.

— Et vous ne m'avez pas écrit ? dit-il en lui prenant la main. Cela est mal ; si quelqu'un devait vous aider, n'était-ce pas moi ?

— Comment pouvais-je vous écrire quand je ne savais pas où vous étiez, si vous étiez resté à Paris ou bien si vous étiez parti pour... l'Italie.

Elle prononça ce dernier mot à voix basse, comme si elle avait honte de cette allusion pleine de choses douloureuses pour elle.

— Si vous me reprochez de ne pas vous avoir écrit, ma cousine, ce reproche, je vous le jure, n'est pas fondé ; j'ai tout fait pour savoir où vous étiez, mais inutilement. Denizot et Michel, qui auraient pu me renseigner sans doute, s'ils ont reçu vos lettres, étaient au secret, comme je vous l'ai dit, et il m'a été impossible de communiquer avec eux ; j'attendais leur jugement, et c'est il y a quelques jours seulement qu'il a été rendu.

— Nous l'avons lu dans un journal à Nancy : Michel, quinze ans de détention pour attentat contre la sûreté de l'État ; Denizot, trois ans de prison pour menaces à des agents dans un mouvement insurrectionnel. Est-ce terrible, quinze ans !

Mais le colonel ne voulut pas rester sur ce sujet, car il ne s'y trouvait pas à son aise. Cette condamnation en effet à quinze années de détention, n'était-ce pas la rupture du mariage de Michel et de Thérèse ? On n'attend pas quinze ans pour se marier, et Michel sans doute serait le premier à renoncer à l'engagement que Thérèse avait pris envers lui. Si profondément touché que pût être Antoine par cette condamnation pour une cause qui était la sienne, il n'imposerait pas assurément une attente de quinze années à sa fille ; dans ces conditions, Thérèse était donc libre comme il l'était lui-même,

C'était cette liberté qui lui fermait la bouche en ce moment; car, si la sienne était complète, celle de Thérèse ne l'était pas, elle dépendait de Michel et elle dépendait d'Antoine.

Ce n'était donc pas d'une façon incidente qu'il devait aborder un pareil sujet. Avant tout, il devait s'expliquer avec son oncle.

Mais, s'il put imposer silence à sa voix, il ne put voiler ses yeux ; il la regarda si ardemment qu'elle détourna la tête confuse et troublée.

— Voulez-vous me permettre de vous adresser une question ? dit-il.

— Est-ce que vous avez vraiment besoin de ma permission pour cela, mon cousin ? répondit-elle en tâchant de sourire.

— Non, sans doute; mais j'ai besoin que vous me promettiez de me répondre sincèrement.

— Je vous promets de répondre en toute sincérité à votre question, à moins que... je ne puisse pas y répondre du tout.

— Ne croyez pas, ma chère Thérèse, que je puisse avoir la pensée de vous interroger sur un sujet où vous auriez embarras pour répondre ; je veux vous demander pourquoi, tout à l'heure, vous avez paru ne pas vouloir venir chez moi. Est-ce que vraiment ma proposition vous gênait ?

— Ce n'était pas pour moi que je parlais.

— Mais elle ne pouvait, il me semble, gêner en rien mon oncle ; au contraire elle ne peut que lui être utile. Si Michel a été condamné à quinze ans de détention, il ne faut pas oublier que mon oncle a été condamné à cinq ans de prison, et qu'il y a danger qu'on l'arrête.

— Ce n'était ni à moi ni à mon père que je pensais. Si je n'avais pas craint de vous fâcher et si, en même temps, je n'avais pas pensé à la sûreté de mon père, je n'aurais jamais consenti à paraître dans cet état devant... la maîtresse de votre maison.

— Mais il n'y a pas de maîtresse dans ma maison, chère enfant ! s'écria-t-il.

Sous la hâle qui avait rougi son teint, elle pâlit au point de devenir presque blanche.

— Votre mariage a été retardé ?

— Mon mariage ne s'est pas fait. Et il ne se fera pas. Michel ne vous a donc pas écrit que je ne me mariais pas ?

— Michel ne nous a pas parlé de vous.

— Alors vous ne saviez pas ?...

Elle ne répondit pas ; mais, comme il la regardait, il vit ses lèvres agitées par un tremblement.

Pourquoi la rupture de ce mariage l'aurait-elle ainsi bouleversée, s'il n'y avait eu dans son cœur qu'un sentiment d'amitié ?

L'amitié, la seule amitié, lui eût inspiré un mot de sympathie ou de regret sans doute.

Il fut entraîné à aller plus loin.

— Ce mariage, dit-il, m'avait été imposé par des raisons auxquelles je ne pouvais honnêtement me soustraire ; il était une nécessité dont je souffrais, mais que le devoir m'obligeait à subir. Sa rupture n'a pas été un chagrin pour moi ; au contraire, elle a été un soulagement, une délivrance : je retrouvais ma liberté.

Comme elle ne répondait pas et restait la tête à demi tournée vers la glace de la voiture, les yeux baissés, il lui prit la main et l'attira doucement de son côté.

— Vous voyez, chère Thérèse, que vous pouvez, sans

appréhension d'aucune sorte, venir chez moi ; vous y serez chez... vous.

Disant cela, sans avoir bien conscience de ce qu'il faisait, entraîné par un élan spontané, il passa son bras par-dessus l'épaule de Thérèse.

Mais, au moment même où il l'attirait contre lui, sans qu'elle lui résistât, le cocher frappa contre la glace.

Intrigué par la réunion de cet homme et de cette jeune fille, qui lui avaient paru si peu faits pour monter dans une même voiture, il s'était souvent baissé pour les surveiller.

— Où est-elle cette petite porte ? cria-t-il.

Ils étaient arrivés rue de Valois.

Le colonel sauta à terre et, prenant Thérèse par la main il la fit descendre.

Le soir tombait, la rue était déserte.

Il mit une pièce d'argent dans la main du cocher ; mais celui-ci ne bougea pas ; il voulait voir ce qui allait se passer.

Il se passa une chose en apparence fort simple, mais qui cependant en disait long pour celui qui savait comprendre et interpréter ce qu'il voyait. Or ce cocher appartenait à cette catégorie d'observateurs ; c'était un cocher littéraire, c'est-à-dire qu'il avait lu les feuilletons du *Petit Journal* et de la *Petite Presse*, et savait comment les séducteurs et les débauchés procèdent à l'égard des filles du peuple.

Une rue déserte, une petite porte dans le mur d'un jardin : le lieu de la scène était vraiment bien choisi. L'inconnu, tira une clef de sa poche, et, s'étant approché de la muraille, il ouvrit une porte qui disparaissait dans l'épaisseur de la maçonnerie. Cette porte roula silencieusement sur ses gonds bien graissés. Il était évident qu'elle s'ouvrait ainsi souvent devant les malheureuses victimes que le vampire attirait dans son antre.

La porte ouverte sur un couloir sombre, l'inconnu

s'approcha de la jeune fille. Elle baissa la tête et passant la première, elle entra dans le couloir sombre. Le cocher n'entendit qu'un mot : « Mon père ! »

Sans doute, c'était un appel désespéré de cette victime infortunée; mais il n'eut pas le temps de voler à son secours, car déjà la porte s'était refermée avec un bruit sourd. Il était trop tard !

Son cœur sensible fut ému, mais que pouvait-il pour cette pauvre fille? La rue était déserte, et, comme toujours quand on a besoin d'elle, la police était absente. Ce n'était pas seul qu'il pouvait enfoncer cette porte solide. Appeler au secours, à quoi bon? Il sortirait sans doute par cette porte une armée de laquais, qui le bâtonneraient, ainsi que cela se voit toujours.

Alors il descendit de son siège et, ayant fouillé dans sa poche, il en tira un couteau à manche de corne, qu'il ouvrit. Avec la pointe de ce couteau, il fit une croix sur le bois de la porte.

Au moyen de cette croix, il serait bien sûr, le jour où l'on ferait des recherches, de retrouver la porte par laquelle était entrée la victime du vampire.

Et, la conscience tranquille, il remonta sur son siège : il tenait la clef d'une histoire mystérieuse, un drame de Paris.

Cependant, la porte fermée, Thérèse et le colonel s'étaient trouvés dans une complète obscurité.

— Voulez-vous prendre mon bras, dit-il, je vous conduirai.

— Et où donc sommes-nous ?

— Chez moi, seulement au lieu d'entrer par la grande porte de l'hôtel, j'ai préféré vous introduire par ce passage qui me sert pour sortir et pour entrer quand je ne veux pas qu'on sache ce que je fais. J'ai cru qu'il vous serait plus agréable de ne point passer, avec ce costume négligé qui vous gêne, sous les yeux des domestiques.

Elle ne répondit rien, mais elle pressa doucement le bras de manière à lui faire comprendre qu'elle était sensible à cette attention.

— A propos de ce costume, dit-il en continuant d'avancer doucement en la dirigeant, est-ce qu'il serait possible d'envoyer quelqu'un rue de Charonne pour vous apporter ce qui vous serait nécessaire pour changer.

— Mais non, dit-elle; quand mon père a été condamné, Denizot nous a envoyé nos vêtements et notre linge en Allemagne.

— Alors il est inutile d'envoyer rue de Charonne. Est-ce que ce costume vous gêne vraiment beaucoup?

— Mais oui, beaucoup, autant et même plus que possible.

— Alors il faut trouver un moyen pour le quitter.

— C'est dimanche; les magasins sont fermés, et d'ailleurs je ne peux pas sortir ainsi.

— Je le peux, moi. Dans l'antiquité il était d'usage de mettre des vêtements à la disposition de l'hôte qu'on recevait, et cet usage s'est continué dans les pays de l'Orient; laissez moi faire ainsi, je vous prie.

Ils avaient traversé la galerie et ils étaient arrivés dans un salon du rez-de-chaussée.

Le colonel poussa le bouton d'une sonnerie, Horace entra; mais en apercevant cette jeune fille qu'il ne reconnut pas tout d'abord, il fit un pas en arrière. Ce fut seulement lorsque Thérèse lui eut souri qu'il se remit.

— Ah! mademoiselle Thérèse! s'écria-t-il.

— Tu vas m'envoyer madame Bénard, dit le colonel, et ensuite tu iras voir si rien ne manque dans les appartements du second : celui de droite est pour ma cousine; celui de gauche, pour mon oncle qui va arriver bientôt et à la disposition de qui tu te mettras.

Deux minutes après cet ordre, madame Bénard, qui était la femme de charge, entra dans le salon; bien qu'elle fût digne et habituellement maîtresse de son émotion, elle ne put retenir un mouvement de surprise, à la vue de Thérèse.

— Madame Bénard, dit le colonel, voici ma cousine qui arrive d'un long et terrible voyage, dans quel état? vous le voyez; elle n'a pas un bagage avec elle. Il lui faut donc des vêtements pour changer de toilette tout de suite. Voulez-vous m'obliger de prendre la grosseur de son cou, de ses épaules et de sa taille; puis la longueur de ses bras, de son corsage et de sa jupe?

Malgré sa stupéfaction, la femme de charge fit ce qui lui était commandé avec une promptitude qui prouvait que le colonel avait l'habitude d'être obéi chez lui.

— Maintenant, dit-il, conduisez ma cousine à son appartement et tenez-vous, je vous prie, à sa disposition.

Puis, tendant la main à Thérèse :

— A bientôt, ma petite cousine. Si mon oncle arrive avant mon retour, dites-lui qu'Horace lui donnera le linge et les vêtements qui lui seront nécessaires.

Bien que Thérèse fût venue plusieurs fois chez son cousin, elle ne connaissait pas les appartements du second étage.

La femme de charge passant devant elle, l'introduisit dans une grande et belle chambre, meublée d'un meuble Louis XV, avec des tapisseries d'après Watteau, aux couleurs fraîches et claires, dans lesquelles dominaient le vert et le rose. A cette chambre, attenait un vaste cabinet de toilette; puis, au cabinet de toilette, une salle de bains dont les murailles étaient couvertes de faïence fleuries; au-dessus d'une baignoire en marbre d'Aspin, brillait un gros cylindre en cuivre rouge, dans lequel l'eau était chauffée par un appareil à gaz.

La femme de charge qui la précédait s'arrêta devant cette baignoire.

— Si mademoiselle est fatiguée, dit-elle, un bain la rafraîchirait et la reposerait.

— Un bain demanderait trop de temps pour être chaud.

— Quelques minutes à peine.

Sans attendre une réponse, la femme de charge alluma le gaz sous l'appareil.

Dix minutes après, Thérèse, toutes les portes closes, se laissait glisser dans l'eau parfumée de la baignoire en frissonnant, bien que cette eau fût à la température voulue.

Mais ce n'était pas le froid qui lui causait ce frissonnement, pas plus que ce n'était à un sentiment de bien-être qu'elle était sensible.

Ce n'était point d'une *sensation* de *bonheur* matériel que, dans son repos, après tant d'épreuves et tant de fatigues, elle jouissait.

Il n'était pas marié !

Et, fermant à demi les yeux, elle s'engourdit dans cette rêverie

Mais tout à coup elle les rouvrit brusquement en battant l'eau de ses deux mains :

Et Michel?

IV

Bien que ce fût un dimanche, ainsi que l'avait fait remarquer Thérèse, le colonel espérait trouver quelques magasins ouverts, dans lesquels il pouvait acheter les vêtements et les objets nécessaires à la toilette de sa cousine,

Il semblait que, dans la ville, il n'y eût plus de vie que dans les cafés, qui regorgeaient de monde, et sur les trottoirs des boulevards, où l'on sentassait pour s'interroger et se communiquer les nouvelles des journaux.

Comme il courait d'un magasin à l'autre, trouvant partout les volets de tôle abaissés, le hasard le fit passer devant la maison habitée par l'illustre couturier Faugerolles, et, en levant les yeux, il vit que les fenêtres du premier étage de cette maison étaient éclairées.

Il monta et sonna. Tout d'abord personne ne lui répondit ; mais, ayant recommencé sa sonnerie de telle sorte qu'on devait croire que le feu était à la maison, la porte fut ouverte par Faugerolles lui-même, qui, en voyant le colonel, recula étonné.

Le colonel entra et referma la porte vivement.

— Vous pouvez me rendre un service.

— Je suis tout à votre disposition.

Et Faugerolles fit entrer le colonel dans la pièce où il travaillait. Sur une immense table, étaient étalés des livres de commerce et des paquets de lettres classées par ordre.

— Vous voyez, dit-il, je tâche de voir où j'en suis. L'heure de la liquidation générale a sonné, et je crains bien qu'elle ne soit terrible pour moi. Ah ! si j'étais sûr de toucher seulement la dixième partie de ce qu'on me doit ! Que pensez-vous de la situation, vous, un militaire ?

Mais le colonel n'était pas venu pour écouter des lamentations ni donner des consultations militaires.

Il expliqua en quelques mots le service qu'il venait demander.

Une parente lui était arrivée, ayant perdu tous ses bagages. Il lui fallait, à n'importe quel prix, de quoi l'habiller pour ce soir même ; demain on aviserait. Mais tous les magasins étaient fermés, il ne savait où aller.

— Il y a un mois, je n'aurais pas pu vous venir en aide, mais aujourd'hui rien n'est plus facile ; plus d'une commande qui m'avait été faite n'a pas pu être livrée par suite d'un départ précipité. Que vous faut-il ?

Le colonel expliqua ce qu'il voulait et donna les mesures prises par la femme de charge sur Thérèse.

Faire habiller sa petite cousine par l'illustre Faugerolles, c'était là une idée si bizarre que le colonel ne put s'empêcher de rire tout seul : c'était plus qu'une bizarrerie c'était une révolution.

Parmi les merveilles que Faugerolles lui offrit, le colonel choisit une robe en soie grise, aussi simple que possible, mais d'une simplicité élégante, digne du génie de l'illustre couturier.

— Il est certain, dit Faugerolles, que cette robe n'ira pas comme si elle avait été essayée, mais enfin elle se rapproche autant que possible des mesures que vous me donnez. Tout ce que je vous recommande, c'est de ne pas dire qu'elle vient de chez moi : je serais déshonoré.

C'était beaucoup d'avoir une robe, mais ce n'était pas tout ; il restait encore la question de la lingerie, non moins difficile.

Mais Faugerolles qui n'avait rien à refuser au colonel, — ainsi qu'il le disait lui-même dans ses protestations, — trouva un moyen de surmonter cette difficulté.

On lui avait livré, la veille, un trousseau pour une jeune Péruvienne, afin qu'il le fît partir avec ses robes. Il proposa au colonel de choisir dans ce trousseau tout ce qui pouvait lui convenir ; le lendemain, il s'entendrait avec la lingère pour remplacer ce qui aurait été pris, et, si la jeune Péruvienne recevait son trousseau et ses robes un peu trop tard, ce serait un accident : elle attendrait.

Dix minutes après, le colonel avait peine à s'asseoir dans son coupé, encombré de boîtes et de cartons. Mais peu importait : il avait réussi. Quelle surprise pour Thérèse !

Quand il rentra à l'hôtel, Horace lui apprit que son oncle venait d'arriver et qu'on l'avait conduit dans son appartement,

Alors le colonel appela la femme de charge et la pria de monter les boîtes et les cartons dans l'appartement de Thérèse.

— Vous expliquerez à ma cousine que c'est tout ce que j'ai pu trouver aujourd'hui, et vous lui direz qu'elle me fera plaisir en voulant bien revêtir cette lingerie et cette robe, alors même que tout cela lui déplairait.

Jamais on n'avait vu le colonel aussi actif, aussi affairé, aussi gai : ce fut la réflexion que madame Bénard communiqua à Horace.

— Qu'a donc monsieur aujourd'hui ?

— Il est content de retrouver ses parents, son oncle et sa cousine.

— Cela lui fait honneur, répliqua la femme de charge, qui, au fond du cœur, se disait que si elle avait des parents dans cette situation, elle n'éprouverait pas tant de joie à les retrouver ; car enfin ce n'étaient que des ouvriers du faubourg. Il est vrai que « monsieur » aussi était du faubourg, et l'on ne peut pas se débarrasser complètement de ses défauts ou de ses infirmités d'origine.

Quant Thérèse ouvrit les boîtes et les cartons, et aperçut la robe de soie grise et les lingeries garnies de dentelles, elle poussa les hauts cris.

Mais aussitôt madame Bénard intervint et lui répéta textuellement les paroles du colonel, en les accompagnant d'une pantomime qui ne permettait pas la résistance.

Il est vrai de dire que cette velléité de résistance ne persista pas chez Thérèse, quelle jeune fille a jamais refusé d'être belle une fois dans sa vie ?

Pour elle, son cousin le colonel ressemblait jusqu'à un certain point à la fée de Cendrillon, qui n'a qu'à toucher les citrouilles de sa baguette enchantée pour les changer en carrosse, les souris en chevaux, les rats en cochers, les lézards en laquais, et les guenilles en habits d'or et d'argent tout chamarrés de pierreries.

S'habillant avec l'aide de madame Bénard, qui lui était d'un grand secours, car elle ne savait trop comment arranger ces belles choses qu'elle voyait pour la première fois, elle se demanda tout bas si elle n'allait pas trouver dans un carton ces fameuses pantoufles de vair, « les plus jolies du monde, » qui avaient fait le mariage de la petite Cendrillon avec le fils du roi.

Comme elle rêvait à cette fantaisie, on frappa à la porte et une femme de chambre entra.

Précisément elle apportait ces fameuses pantoufles de vair, car le colonel se rappelant que dans les boîtes et les cartons de Faugerolles ne se trouvaient ni bottines ni souliers, avait voulu réparer cet oubli, et dans une vitrine, de curiosités, il avait été chercher des babouches turques ornées d'une rose en pierreries, qu'il envoyait à sa cousine.

— M. le colonel m'a recommandé de prévenir mademoiselle, dit la femme de chambre, qu'il l'attendait au salon, où il la priait de descendre quand elle serait prête.

Thérèse n'avait jamais marché avec des babouches, pas plus qu'elle n'avait tiré derrière elle la traîne d'une robe ; mais l'art de la toilette est inné chez la femme, comme celui de la natation l'est chez les oiseaux aquatiques, qui font les plus gracieux plongeons du monde en sortant de leur coquille.

Pendant qu'elle s'habillait, le salon, lui aussi, s'était mis en toilette, et les lampes, le lustre et les girandoles avaient été allumés.

Se promenant en long et en large, le colonel l'attendait.

Il vint au-devant d'elle.

— Ah ! mon cousin, dit-elle, vous avez donc voulu jouer à la poupée avec moi ? Me reconnaissez-vous ?

— Je vous retrouve telle que bien souvent je vous ai vue, dit-il.

Elle le regarda, sans comprendre ce qu'il disait; mais lui le comprenait parfaitement.

C'était, en effet, ainsi que bien souvent il l'avait vue, aux heures où il se disait qu'elle aurait été sa femme, s'il n'avait point si follement mené sa vie.

Et, par suite d'un merveilleux hasard, ce rêve, qu'il avait fait si souvent en ces derniers mois, se réalisait maintenant; elle était là devant lui, telle qu'elle aurait été s'il avait su la prendre pour sa femme : ravissante, pleine de grâce et d'aisance, avec cet air de timidité enjouée et de simplicité candide qui étaient son charme.

La prenant par la main, il la fit asseoir près de lui dans un grand fauteuil où elle disparaissait presque toute entière.

Bien qu'il eût mille choses à lui dire, il resta à la regarder sans parler, ne sachant ou plutôt n'osant commencer.

A ce moment, la porte du salon s'ouvrit.

C'était Antoine qui entrait, et lui aussi était transfiguré, grâce aux vêtements que le colonel avait fait mettre à sa disposition.

— Que va dire mon père en me voyant ainsi? demanda Thérèse, moitié inquiète, moitié souriante.

— Restez, je vous prie, répondit-il.

Et, se levant, il alla au devant de son oncle.

Antoine s'était arrêté auprès de la porte, et de sa fille, cachée dans le fauteuil, il n'avait vu qu'une traîne de soie grise étalée sur le tapis.

— Soyez le bienvenu, mon oncle, dit le colonel en lui serrant la main.

— Voulez-vous me présenter à votre femme, mon cher Édouard?

Le colonel leva la tête stupéfait; mais, comprenant bien vite l'erreur de son oncle, il se mit à sourire silencieusement, et, le prenant par la main, il l'amena à quelques pas du fauteuil; alors s'arrêtant :

— Mon oncle, voici ma femme, dit-il.

Thérèse tourna la tête vers son père, et celui-ci, qui s'inclinait, s'arrêta bouche béante, les bras étendus.

— Thérèse !

V

Cette reconnaissance avait été un vrai coup de théâtre pour Antoine.

Mais, pour le colonel et pour Thérèse, cette présentation fut la cause d'une profonde émotion.

Ce mot : « Voici ma femme ! » il l'avait dit en riant, pour s'amuser de la surprise de son oncle.

Mais il est des mots qu'on ne prononce pas impunément; leur musique seule, même en dehors du sens qu'on y attache, trouble l'esprit et remue le cœur.

Ce fut ce qui se produisit pour tous deux : le rire s'arrêta sur leurs lèvres et la rougeur empourpra leurs joues.

— Comment, c'est toi, dit Antoine, en grande dame ?

— J'ai vu que ma cousine était mal à son aise dans ses vêtements fatigués et je lui en ai cherché d'autres : voilà tout ce que j'ai trouvé.

— Il est de fait, dit Antoine en se regardant, que je suis moi-même déguisé en monsieur.

Mais, presque aussitôt, regardant autour de lui :

— Et ma nièce, dit-il, ne nous la ferez-vous pas connaître ?

Cette fois, le colonel n'osa pas prononcer le mot qui était sur ses lèvres :

— Votre nièce, c'est votre fille.

C'eût été appuyer plus qu'il ne convenait.

— Le mariage dont je vous ai parlé, dit-il, ne s'est pas fait et il ne se fera pas.

— Je vous demande pardon, mon neveu.

— Rassurez-vous, mon oncle ; vous n'avez pas, par votre demande, éveillé de pénibles souvenirs pour moi Je n'ai pas été fâché de la rupture de ce mariage, que j'avais dû accepter contre mon gré.

Antoine regarda son neveu, se demandant, dans sa simplicité primitive, comment on pouvait se marier contre son gré ; mais il ne risqua pas tout haut cette question, son neveu était d'âge à savoir ce qu'il faisait.

Le colonel tendit la main à Thérèse.

La table, dressée pour trois couverts seulement, paraissait toute petite au milieu de cette vaste pièce dont les boiseries noires étaient à demi noyées dans l'ombre : toutes les lampes et toutes les bougies du lustre avaient été cependant allumées, mais leur lumière se concentrait sur la table, et, tombant en plein sur les pièces d'argenterie, les cristaux et la nappe blanche, elle produisait un foyer de rayons éblouissants. Dans l'air flottaient de suaves odeurs de roses et d'héliotropes.

S'appuyant sur le bras de son cousin, Thérèse eut un moment de trouble délicieux ; elle marchait dans un rêve.

Ce fut sans trop bien savoir ce qu'elle faisait qu'elle prit place à table : ces senteurs l'énivraient, ces lumières l'aveuglaient.

La voix de son cousin la ramena à la réalité.

— Eh bien ! mon oncle, ne fait-il pas meilleur ici que sur la route d'Allemagne ? dit-il.

— Assurément, je ne suis pas gourmand, dit Antoine, mais j'avoue sans honte que l'odeur de ce potage me réjouit.

Et, comme un naufragé qui a supporté un long jeûne, Antoine avala son potage cuillerée sur cuillerée.

Le colonel le regardait en souriant :

— Vraiment, dit-il, c'est un plaisir de vous voir manger.

Et il fit un signe au maître d'hôtel pour qu'on emplît le verre de son oncle.

— Ah ! du vin français, dit Antoine, et rouge encore.

— Je n'aurais pas été assez maladroit pour vous faire servir du madère et encore moins du Rüdesheim ou du Markobrunnen.

— Je vous assure que je n'ai pas été gâté par les vins du Rhin ; je ne les connais guère que de vue ; si je n'en ai pas bu, j'en ai cependant vu boire. Mais, c'est égal, il me semble qu'il y a cent ans que je n'ai respiré le bouquet du bordeaux.

— Et en chemin ?

— En chemin, il a fallu s'observer ; sans doute cette pauvre femme avait des provisions qu'elle offrait de partager avec nous, mais c'eût été un crime d'accepter. Nous avons vécu comme nous avons pu.

— Nous avions seize francs en passant la frontière, dit Thérèse.

— Et combien vous restait-il en arrivant à Paris ? demanda le colonel.

— Sept sous.

— De sorte que, si vous aviez eu deux jours de retard, vous mouriez de faim, et, sur vos seize francs, vous n'avez pas pu prendre un franc pour m'envoyer une dépêche et me dire d'aller au-devant de vous ? Mon oncle, je ne vous pardonnerai jamais cela.

— J'ai eu cette idée, mais Thérèse était convaincue que vous n'étiez pas à Paris.

Antoine aurait voulu que le colonel le mît au courant

de ce qui s'était passé en France, depuis la déclaration de guerre, mais d'un coup d'œil celui-ci lui montra les domestiques qui circulaient autour d'eux, et ce fut Antoine alors qui raconta ce qui lui était arrivé depuis qu'ils avaient quitté Paris, — ses espérances, ses déceptions, son emprisonnement, sa libération et enfin leur retour.

Ce fut seulement quand, le dîner fini, on rentra dans le salon, que le colonel consentit à satisfaire la curiosité de son oncle; encore prit-il soin auparavant de renvoyer le maître-d'hôtel qui voulait servir le café.

— Posez votre plateau sur cette table, dit le colonel, et laissez-nous.

Puis, pendant que le maître-d'hôtel sortait, s'adressant à Thérèse :

— Ma chère cousine, dit-il, voulez-vous remplir le rôle de la maîtresse de la maison et offrir une tasse de café à votre père?

Alors, toutes portes closes, il se tourna vers son oncle :

— Pardonnez-moi, dit-il, de n'avoir pas tout de suite répondu à votre question sur ce qui s'est passé en votre absence; soyez persuadé que je sentais combien devait être impatiente votre patriotique curiosité, mais j'ai cru que la prudence exigeait de ne rien dire devant les domestiques qui nous servaient. Sans doute, je me crois sûr d'eux et leur intérêt n'est pas de me trahir; mais enfin il aurait pu vous échapper des cris d'indignation qu'il vaut mieux qu'on n'entende pas.

Et longuement, avec des détails précis, il fit le récit des événements qui s'étaient succédé depuis la déclaration de guerre jusqu'au jour où ils étaient.

Mais si attentif qu'il fût à ne rien négliger dans ce récit, il ne quittait guère Thérèse des yeux.

Comme elle avait été charmante dans ce rôle de

maîtresse de maison, qu'il avait pris plaisir à lui faire jouer !

Et maintenant comme elle était gracieuse, assise dans un fauteuil, le coude posé sur la table, le menton appuyé sur sa main repliée, écoutant ce récit !

Qui fut entré et l'eût vue pour la première fois, sans rien savoir d'elle, eût cru assurément qu'elle était née et qu'elle avait été élevée dans ce salon; au moins il le croyait, lui, et c'était ainsi qu'il la jugeait.

Son récit, le colonel l'avait fait en soldat, c'est-à-dire en homme qui juge les événements militaires dans leurs causes et dans leurs résultats; il n'avait rien caché, rien atténué, et il avait fait de la situation présente un tableau désolant, mais par malheur rigoureusement exact dans toutes ses parties.

Antoine l'avait écouté d'un air sombre, sans l'interrompre, laissant échapper seulement des exclamations de douleur.

— Ainsi, dit-il quand le colonel se tut, pour vous, tout est perdu ?

— Mon oncle, je vous ai parlé en toute sincérité, et comme je n'aurais parlé à personne dans cette grande ville : car c'est un des mauvais côtés des Parisiens, et des plus fâcheux, de ne pas vouloir écouter ce qui les blesse ou les peine. Il y a des gens qui voient tout en noir : eux voient tout en rose ; c'est, je le pense, une affaire de tempérament. En temps ordinaire, c'est une charmante disposition que celle-là ; en temps de crise et dans des circonstances aussi graves, c'en est une bien dangereuse. Ici il faut mentir et arranger d'agréables histoires pour cacher les malheurs. Dire la vérité, c'est montrer des sentiments hostiles et se conduire en ennemi. Au contraire, tromper, inventer des récits fantastiques qui feraient hausser les épaules à des niais désintéressés, c'est agir en ami. On n'admet que ce qui est agréable, et

2.

il faut que ce qu'on entend ou ce qu'on lit, soit de nature à flatter les illusions, sans quoi on n'écoute pas ou on ne lit pas. Depuis trois semaines, j'ai vécu ici sans parler. Mais je vous estime trop, mon oncle, pour croire que vous n'êtes pas de taille à supporter la vérité. Je vous l'ai dite ou tout au moins ce qui pour moi est la vérité. Mais, précisément parce que j'ai parlé en toute sincérité, vous devez vous tenir en garde contre mes appréciations.

— Et pourquoi donc ?

— Parce que ce sont celles d'un soldat qui juge la guerre méthodiquement. La guerre, telle qu'elle se fait maintenant et surtout telle que la font les Prussiens, est une opération mathématique. Elle se décide sur le terrain, comme une partie d'échecs sur l'échiquier. Cependant, comprenez bien que je ne parle pas ainsi pour vous empêcher de faire ce que vous regardez comme votre devoir, je sais que toutes les paroles du monde ne vous arrêteraient pas ; mais je vous avertis des dangers de la situation.

Antoine tendit la main à son neveu et la lui serra fortement.

— Maintenant, continua le colonel, j'ai encore une demande à vous adresser, et je compte que vous ne la repousserez pas. Retourner rue de Charonne est impossible ; demain vous seriez arrêté, et, bien que je considère que cette arrestation vous mettrait en ce moment dans l'impossibilité de courir des dangers plus sérieux, je ne peux pas la souhaiter. D'un autre côté, aller tout simplement réclamer votre inscription dans la garde nationale, en disant que vous rentrez en France pour défendre votre pays, est tout aussi impraticable ; on vous répondrait de commencer par faire votre prison. Vous avez donc des précautions à prendre, si vous ne voulez pas être arrêté dès votre arrivée à Paris. Voilà pourquoi, mon oncle, je vous prie de considérer ma maison comme la vôtre. Je crois que vous y serez plus en sûreté que partout ailleurs. Et d'autre part, en attendant que vous repreniez votre travail, votre place est ici; ce serait me faire injure que de ne pas accepter ma proposition.

Comme Antoine avait fait un geste pour interrompre :

— Je sais ce que vous allez me dire : que vous avez besoin de votre liberté. Elle sera complète; vous serez chez vous, et s'il ne vous convient pas de vous exposer à la curiosité de mes domestiques, qui, j'en conviens, pourrait être gênante pour vous, voici la clef du passage de la rue de Valois : par là vous pourrez entrer et sortir, sans que personne s'inquiète de vous. Ma cousine a-t-elle des objections contre cet arrangement?

Disant cela, il la regarda en souriant. Elle voulut soutenir un moment ce regard, mais elle sentit la rougeur lui brûler les joues; elle baissa les yeux.

— C'est à mon père de répondre, dit-elle.

— Et je réponds en acceptant cette offre comme vous la faites, dit Antoine, de bon cœur.

Alors Thérèse se mit à sourire, et levant la main :

— Une question me sera-t-elle permise? demanda-t-elle.

— Je vous écoute.

Elle prit sa jupe des deux mains et l'écartant de toute la longueur de ses bras :

— Est-ce là l'uniforme de la maison? dit-elle.

— Demain matin, ma chère cousine, je ferai des recherches que le dimanche rendait impossibles aujourd'hui; soyez tranquille, il ne sera fait aucune violence à vos goûts de simplicité. Votre uniforme sera celui que vous adopterez.

Il commençait à se faire tard; le colonel eût volontiers prolongé la soirée, mais il n'oubliait pas que la journée avait été longue et fatigante pour Thérèse; d'ailleurs il voulait entretenir son oncle en particulier?

— A quelle heure vous êtes-vous levée ce matin? demanda-t-il en s'adressant à Thérèse.

— Un peu avant le soleil, quand la fraîcheur du matin est venue m'éveiller sous la toile de notre voiture.

— Alors il n'est pas trop tôt, n'est-ce pas, pour vous dire que je me ferais scrupule de vous garder plus longtemps? A demain.

Antoine s'était levé en même temps que sa fille.

Le colonel lui fit un signe pour le prier de rester encore; mais ce ne fut pas Antoine qui saisit ce signe, ce fut Thérèse.

Alors le colonel, voyant qu'il était découvert précisément par celle dont il aurait voulu se cacher, prit bravement son parti.

— Mon oncle, dit-il, voulez-vous m'accorder encore quelques minutes avant de gagner votre chambre?

— Tant que vous voudrez, mon cher Édouard; bien que j'aie peu dormi depuis trois semaines, je vous assure que je ne pense guère au sommeil.

Thérèse, ayant embrassé son père et serré la main que son cousin lui tendait, sortit du salon.

Alors Antoine, s'avançant vivement vers le colonel et baissant la voix :

— L'avez-vous vu? dit-il, et est-ce de lui que vous voulez me parler?

Il n'y avait pas à se tromper : lui, c'était Anatole.

— Je l'ai vu, dit-il; mais ce n'est pas de lui que j'ai à vous parler, c'est de Thérèse. Seulement, pour ce que j'ai à vous dire, je serais plus libre dans mon cabinet. Voulez-vous m'y suivre?

VI

Quand on connaissait Antoine, on savait combien tendrement il aimait sa fille, et personne n'aurait jamais cru qu'il pouvait rester insensible à ce qui la concernait.

Cependant, lorsqu'il fut arrivé dans le cabinet de travail où le colonel l'avait conduit, ce ne fut pas de Thérèse qu'il parla ce fut d'Anatole.

— Vous l'avez-vu ? dit-il, où ?

— Ici, à Paris. Il y a six semaines.

— Parlez-moi de lui, je vous prie; vous me direz après ce qui concerne Thérèse. Pour elle, je ne suis pas inquiet, la chère enfant, tandis que pour lui je tremble.

Le colonel raconta comment il avait aperçu Anatole dans les manifestations qui avaient précédé la déclaration de guerre, assis à côté du sénateur comte Roqueblave.

— Mais comment est-il en France ?

— Je n'en sais rien.

— Je veux dire : comment n'est-il pas inquiété à propos de... la tentative d'assassinat ?

— Sans dire que je l'avais vu, j'ai interrogé le juge d'instruction qui s'était occupé de cette affaire; mais M. Le Méhauté n'est plus juge d'instruction, il vient d'être nommé conseiller. Il m'a dit qu'on avait renoncé à poursuivre les complices du pauvre diable que j'ai tué, attendu que celui qui paraissait être le plus sérieusement compromis, ce fameux *Fourrier*, de qui je vous ai parlé, avait disparu, sans qu'il fût possible de savoir ce qu'il était devenu. Quant à Anatole, M. Le Méhauté n'a fait aucune difficulté de reconnaître qu'il s'était trompé à son égard; il n'y avait pas de charges contre lui, mais seulement des inductions plus ou moins problématiques.

Antoine se secoua brusquement en se passant à plusieurs reprises les mains sur les yeux, comme pour chasser une vision qui s'imposait à lui.

Puis, ayant fait à grands pas le tour de la pièce, il revint devant son neveu et s'asseyant violemment :

— Parlez-moi de Thérèse, je vous prie ; d'elle on peut tout dire, et à l'avance je sais que je peux tout entendre. Je vous écoute.

Pour ce qu'il avait à dire, le colonel aurait désiré des dispositions plus calmes chez son oncle; mais il avait demandé lui-même cet entretien, et il ne pouvait pas maintenant le retarder.

— Avant de vous parler de ma cousine, dit-il après s'être recueilli un moment, j'ai à vous entretenir de moi et de mon père. Je vous ai raconté comment, à son lit de mort, mon pauvre père m'avait parlé de vous, en quels termes affectueux et avec quelle sollicitude ; mais je ne vous ai pas tout dit. Voici ses dernières paroles que je dois maintenant vous répéter textuellement : « Si je suis devenu un homme, c'est à mon frère Antoine que je le dois ; Antoine est un modèle de droiture, d'honneur et de dévouement... »

— Brave frère.

— Ce sont ses propres paroles, il faut que vous les connaissiez.

Il continua :

« — Si les circonstances de la vie nous ont séparés et si je ne l'ai pas revu depuis trente ans, il n'en est pas moins pour moi un frère chéri, mieux qu'un frère un père... »

— Oui, nous nous sommes bien aimés.

« — Antoine a une fille, me dit-il, qui en ce moment doit être âgée d'environ quinze ans. Vas à Paris, vois cette enfant, et si elle te plaît, épouse-la ; tu payeras ma dette envers mon frère. »

— Comment ! s'écria Antoine, il a dit cela, il a eu une pareille idée ?

— Je vous rapporte les mots mêmes dont il s'est servi ; il ajouta : « Ce n'est point un ordre que je te donne ni une volonté que je t'impose. Je ne sais ce qu'est ma nièce, si elle peut te plaire ou si elle est digne de toi. Antoine n'a pas eu comme moi la chance de faire fortune, il est resté ouvrier ; mais, quelle que soit sa position, je suis sûr qu'il a élevé sa fille dans des idées de devoir et d'honneur, qu'il en a fait une honnête fille, une femme de cœur, à moins d'avoir rencontré en elle une mauvaise nature, ce qui n'est pas probable. Vas donc à Paris, vois Thérèse, et ne te marie pas avec une autre sans savoir si celle-ci peut être ta femme. » Je vins à Paris, et si je ne vous rapportai point alors ces paroles, c'est que j'avais des raisons pour les cacher. Ces raisons...

— Il suffit, interrompit Antoine.

— Non, il ne suffit pas ; il faut que vous les connaissiez. Ces raisons ou plutôt cette raison consistait en ceci : que je voulais avant tout voir celle que mon père souhaitait que je prisse pour femme et l'étudier. J'avais jusqu'à ce jour fort peu pensé au mariage, mais cependant j'avais à ce sujet une idée bien arrêtée : je voulais aimer celle que j'épouserais et je voulais qu'elle m'aimât. M'était-il possible d'aimer ma cousine ? était-il possible qu'elle-même m'aimât. C'était ce qu'avant tout je tenais à examiner ; c'était d'ailleurs le conseil de mon père que je suivais en agissant ainsi, car il ne m'avait pas dit : « Tu épouseras la fille d'Antoine, » mais : « Tu verras si tu peux l'épouser. » Je crus donc être sage et prudent en me faisant une loi de cet examen, je fus fou. Je vis Thérèse, je la trouvai charmante, et, bien qu'elle ne fût qu'une enfant, il ne me parut pas du tout impossible, dès notre première entrevue, qu'elle fit naître en moi l'amour que je voulais avant tout trouver dans mon cœur. Ce sentiment s'accrut vite, et bientôt il devint une véritable tendresse. Mais en même temps que j'apprenais à connaître Thérèse, je faisais la connaissance de quelqu'un qui la touchait de près. Ici, mon cher oncle, je suis obligé d'aborder un sujet pour vous cruel ; mais il faut que je vous impose cette douleur. Je connus Anatole ; j'eus peur, et je me demandai si... la sœur ne pouvait pas ressembler au frère.

— Vous avez eu cette pensée ? Oh ! Edouard !

— Je ne vous connaissais pas, je ne connaissais pas Thérèse ; quelle était cette jeune fille de seize ans ? Que serait-elle quand elle aurait l'âge de son frère ? Avant d'engager ma vie, je voulus éclaircir ce point pour moi effrayant, et je résolus d'attendre. Mais je ne fus qu'un mauvais juge. Cette tendresse dont je vous parlais tout à l'heure devenait de jour en jour plus vive, et ce n'était pas avec les yeux d'un homme qui ne cherche que la vérité que je regardais Thérèse. Près d'elle, je n'étais maître ni de ma raison ni de mon sang-froid. Je voulus alors m'éloigner, non pour renoncer à elle, mais pour attendre et ne pas céder au sentiment qui m'entraînait vers elle sans que je pusse y résister et qui m'aveuglait. Je m'éloignai en effet de vous, mais ce que j'avais cru n'être qu'un simple caprice devint une passion. Ce qu'il advint de cette passion, je vous demande à ne pas le dire. Elle s'est rompue et, libre, j'ai pu revenir à celle que je n'avais cessé d'aimer et que je connaissais maintenant, que je jugeais que j'appréciais comme elle le mérite. Voilà pourquoi mon cher oncle, obéissant au désir de mon père et en même temps obéissant aussi à mon amour, je vous demande de me donner Thérèse pour femme et de m'accepter pour fils.

Il avait prononcé ces quelques mots comme s'il se les

adressait à lui-même, pour se préciser une idée confuse que son esprit refusait d'admettre.

— Vous l'aimez !

— Je l'aime.

Le colonel, en homme qui ne se sent pas la conscience nette, avait glissé rapidement sur les explications destinées à faire comprendre pourquoi et comment il s'était éloigné de Thérèse ; il crut que c'était à cette explication que répondait l'exclamation de son oncle, qui n'admettait pas cet amour.

— Vous ne croyez pas à mon amour pour Thérèse ? demanda-t-il.

— Je ne dis pas cela.

— Ne trouvez-vous pas que je puis la rendre heureuse ?

— Mon cher Édouard, j'ai pour vous autant d'estime que d'amitié ; vous êtes le meilleur cœur, le caractère le plus loyal et le plus droit que je connaisse. A mes yeux vous n'avez qu'un défaut : votre *fortune*. Mais ce n'est pas à cette fortune que je pense en ce moment, ce n'est point elle qui pèse sur ma détermination ; car vous n'êtes point un riche comme il y en a tant, et, bien que, dans nos situations respectives, votre *fortune* soit un obstacle à un mariage entre une fille telle que Thérèse et un homme tel que vous, ce n'est point elle qui me fait vous répondre que ce mariage est impossible.

— Impossible !

— Avez-vous donc oublié que Thérèse n'est pas libre- Michel a ma parole, il a la parole de Thérèse elle-même.

— Michel, lorsque vous avez pris cet engagement, pouvait se marier ; aujourd'hui il ne le peut pas. Cet engagement n'existe donc plus.

Antoine secoua la tête à plusieurs reprises..

— Quand vous avez arrangé ce mariage, dit vivement le colonel, vous vouliez, n'est-ce pas, assurer l'avenir de Thérèse, c'est-à-dire ne pas la laisser seule en ce monde pour le cas où vous viendriez à disparaître ? C'est au moins ce que vous m'avez expliqué.

— Cette raison était une de celles qui me faisaient presser ce mariage.

— C'était la principale : vous vouliez une assurance ; vous vouliez, ce que je comprends parfaitement, un résultat immédiat. Est-ce vrai ?

— Sans doute.

— Enfin vous vouliez pouvoir risquer librement votre vie quand il le faudrait, sans avoir souci de votre fille, que vous laissiez derrière vous, et qui alors ne restait pas seule.

— Certainement.

— J'ai si bien senti toute la force de cette raison que je ne vous ai pas dit alors : Attendez. Vous m'avez demandé d'être votre avocat auprès de Thérèse, qui ne voulait pas consentir à ce mariage, et, bien que l'aimant, j'ai accepté ce rôle terrible de plaider la cause d'un rival. Qui m'a convaincu ou plutôt entraîné ? Cette raison d'un mariage immédiat. Croyez-vous, mon oncle, que j'aie usé de toute l'influence que je pouvais avoir sur Thérèse pour lui arracher un consentement qu'elle ne voulait pas donner ; dites le, croyez-vous ?

— Je le crois, mais j'étais loin de connaître vos vrais sentiments.

— Je ne vous reproche pas d'avoir réclamé mon concours, et, si je vous rappelle dans quelles conditions je vous l'ai donné, c'est pour que vous compreniez bien à quelles considérations j'ai cédé : un mariage certain dans un délai rapproché. Mais aujourd'hui ce mariage ne peut plus avoir lieu : Michel est condamné à quinze années d'emprisonnement, et vous ne voudrez pas, je pense, que Thérèse attende quinze années pour se marier. D'ailleurs la raison qui vous avait fait rechercher ce mariage n'existe plus : Michel ne peut pas protéger Thérèse, si elle vous perd, et, si cette raison était sur vous toute-puissante il y a quelques mois, combien aujourd'hui doit-elle être plus forte ! Il y a quelques mois, nous étions dans une situation calme, et les chances que vous pouviez avoir de risquer votre vie étaient bien faibles. Aujourd'hui nous sommes dans la situation la plus critique que la France ait traversée depuis la grande révolution, et les chances pour un homme tel que vous de se faire tuer soit par une balle française, soit par une balle ennemie, sont si nombreuses que mon amitié ne peut les envisager sans frémir. Que deviendrait Thérèse ?

— Dans tout ce que vous dites, il n'y a qu'une chose que vous oubliez.

— Laquelle ?

— Mon engagement envers Michel : oui ou non, lui ai-je promis ma fille ?

— Vous aviez promis votre fille à un homme qui pouvait l'épouser, et Michel n'est plus cet homme.

— M'a-t-il dégagé ?

— Sa condamnation vous dégage ; vous trouveriez-vous engagé, s'il était mort ? Non, n'est-ce pas ? Eh bien ! il est mort, au moins pour le mariage. Quinze années, n'est-ce pas la mort ?

— La situation dans laquelle vous vous trouvez trouble votre esprit, ordinairement si juste, mon cher Édouard, et jamais, j'en suis certain, vous n'auriez tenu un pareil langage, si votre tendresse, si votre amour ne vous avaient entraîné. Vous trouvez que je suis dégagé de ma parole par cette condamnation ; vous pensez que je puis trahir la foi que cet homme a en moi. Non, vous ne le pensez pas ; car, j'en suis certain, qu'on interroge Michel, et il vous répondra qu'il n'a jamais douté de ma parole et qu'il compte sur mon engagement.

— Michel est un homme de cœur ; il vous le rendra,

cet engagement, je ne crois pas qu'il consente jamais à exiger sa rigoureuse exécution.

— Je ne sais pas ce que pense Michel ni ce qu'il fera ; mais moi je sais que je ne manquerai jamais à ma parole. Je suis engagé avec Michel ; je resterai engagé jusqu'au jour où il me rendra ma liberté, s'il me la rend.

— Il vous la rendra.

— Je ne la lui demanderai certes pas.

— Mais moi je la lui demanderai, Thérèse la lui demandera.

— N'oubliez pas que ces quinze années dont vous parlez peuvent ne pas durer quinze jours. Qui sait ce qu'il va advenir de l'Empire ? S'il s'écroule dans cette catastrophe, les portes de la prison de Michel s'ouvriront, et alors il pourra venir réclamer l'exécution de l'engagement que Thérèse et moi avons pris envers lui. C'est la fin de l'année courante qui a été fixée par Thérèse elle-même pour l'époque de son mariage, et il n'est pas du tout impossible qu'avant cette époque Michel soit sorti de prison. Cela, ni vous ni moi, nous ne pouvons le savoir.

Le colonel se leva, et silencieusement, les bras croisés sur la poitrine, il fit plusieurs fois le tour de la bibliothèque à grands pas ; puis, revenant se placer devant Antoine et lui prenant les deux mains :

— Mon oncle, dit-il, vous avez parlé en homme de cœur ; oubliez ce que je vous ai dit. J'ai été entraîné, j'ai subi l'influence du sentiment qui me domine et qui m'a aveuglé, je n'ai pensé qu'à Thérèse ; vous m'avez rappelé à la justice. Évidemment nous ne pouvons, ni vous ni moi, savoir ce qui va se passer : ou Michel restera en prison ou il recouvrera la liberté. S'il reste en prison, j'irai m'expliquer avec lui ; s'il redevient libre, eh bien ! Thérèse prononcera entre nous deux. Ce sera une lutte dans laquelle il aura pour lui la parole donnée et dans laquelle j'aurai mon amour ; nous verrons qui des deux l'emportera. Un mot seulement : si vous n'étiez pas engagé envers Michel, me donneriez-vous Thérèse?

— Oh ! mon cher Édouard, s'écria Antoine en prenant le colonel dans ses bras, oh ! mon cher fils !

— Eh bien ! ce mot que votre cœur prononce suffit. Attendons. Je vous jure que, jusqu'au jour où vous m'en donnerez la permission, je ne parlerai pas de mon amour à Thérèse, et qu'elle n'entendra pas de ma bouche d'autres paroles que celles que peut dire un ami, un cousin, un frère.

VII

Dès le lendemain de son arrivée, Antoine avait commencé ses courses dans Paris.

Où allait-il ?

Ni le colonel ni sa fille ne lui adressaient cette question, mais ils n'avaient pas besoin de ses réponses pour savoir ce qu'il faisait pendant ses absences.

Il ne mangeait pas à l'hôtel et, sortant le matin de bonne heure, il ne rentrait que le soir tard, quelquefois à une heure très-avancée dans la nuit.

Alors Thérèse et le colonel l'attendaient.

Ils restaient en tête-à-tête dans le grand salon du rez-de-chaussée.

Tant que l'heure n'était pas pas très avancée ils causaient librement; Thérèse racontait les incidents de son séjour en Allemagne; le colonel parlait de l'Amérique qu'elle était curieuse de connaître.

Ou bien plus souvent encore elle l'interrogeait sur les choses de la guerre.

Cependant les minutes et les heures s'écoulaient les unes après les autres, le timbre de la pendule résonnait dans le silence de la nuit; ils se taisaient; ils ne se regardaient point, mais souvent, tous deux en même temps, ils levaient les yeux pour voir les aiguilles sur le cadran, et alors, d'un mouvement de tête, mais sans échanger une parole, ils se disaient leurs craintes.

Un bruit de pas résonnait dans le vestibule sonore : c'était lui.

Ou bien, lorsqu'il était très tard, on entendait une porte s'ouvrir du côté de la serre.

Il rentrait par le passage de la rue de Valois.

Il allait à eux, embrassant sa fille, serrant la main de son neveu.

— Vous m'avez attendu, mes enfants?

Si avancée que fût l'heure, il voulait que le colonel lui traduisit les dépêches des journaux anglais.

Mais il était trop Français, trop Parisien, pour admettre les mauvaises nouvelles sans se révolter.

Pendant toute la journée, il avait parlé de la patrie, le sentiment national s'était exalté, et maintenant, mis face à face avec la vérité, il reculait, il se débattait, et n'osait la regarder telle qu'elle était, horrible et terrifiante.

Le samedi 3 septembre, la nouvelle s'était vaguement répandue dans Paris d'un grand désastre; on parlait de plusieurs batailles qui, commencées depuis trois ou quatre jours, s'étaient terminées autour de Sedan. Quel en était le résultat? On ne savait, on n'osait le dire. On ne s'interrogeait plus avec inquiétude, mais avec fureur, les poings crispés, prêts à se lever.

Ce fut le soir seulement que courut la terrible nouvelle : l'armée détruite et prisonnière, l'empereur ayant capitulé!

Aussitôt que le colonel apprit cette catastrophe, il quitta son cercle et courut chez lui.

Thérèse était seule; Antoine n'était pas rentré depuis le matin. Mais presqu'aussitôt il arriva. Lui aussi savait la vérité, et maintenant il n'était plus possible de la repousser.

— Mon neveu, dit-il, vous avez des armes? Je viens vous les demander.

— La maison vous appartient.

Le colonel avait en effet une magnifique collection d'armes qui garnissaient un long vestibule conduisant à son appartement particulier.

Ils montèrent dans ce vestibule, et Antoine se mit à décrocher des panoplies tous les revolvers.

— Il me faudrait une valise, dit-il.

Le colonel alla lui-même chercher un sac de voyage en cuir. Antoine y mit autant de revolvers qu'il put, puis il le chargea sur ses épaules.

— Maintenant, dit-il, c'est à la nation de prendre en main ses destinées, l'Empire a vécu.

Ayant embrassé Thérèse, il sortit par le passage de la rue de Valois.

Thérèse et le colonel restèrent en face l'un de l'autre, se regardant sans échanger un mot.

Enfin, parlant pour elle autant que pour lui :

— Cette nuit, dit-il, la république va être proclamée à Paris.

VIII

Antoine avait quitté l'hôtel de son neveu le samedi, dans la soirée, chargé de la valise pleine de revolvers et de cartouches qu'il devait distribuer à ses amis.

On ne l'avait revu ni dans la nuit, ni dans la matinée, ni dans la journée, ni dans la soirée du dimanche.

Et, pendant cette journée, un empire qui avait vu sa puissance confirmée par une immense acclamation du pays s'était écroulé en quelques minutes, sans que rien restât de lui, pas même un débris ou une épave. Ceux qui auraient dû le diriger et le soutenir avaient disparu, frappés de panique et de vertige, n'osant pas plus résister que ne l'avait osé leur chef deux jours auparavant, abandonnant tout pour se sauver au plus vite, oubliant tout, ne pensant à rien ni à personne, excepté à leur peau et à eux-mêmes.

Bien que Thérèse ne fut point un caractère pusillanime, elle avait passé cette journée dans l'angoisse, car elle savait que le premier coup de feu qui serait tiré le serait par son père.

Dix fois le colonel était sorti et rentré ; d'heure en heure pour ainsi dire, il lui avait raconté la marche des événements.

Mais le rôle que jouait Antoine dans ces événements, il l'ignorait.

Cependant il s'était efforcé de la rassurer : puisqu'il n'y avait pas eu la plus légère tentative de résistance, il n'y avait pas eu un seul coup de fusil tiré. Antoine n'avait donc couru aucun danger : les défenseurs du gouvernement avaient disparu comme des ombres inpalpables.

Antoine ne revint point dans la nuit, et la moitié de la journée du lundi s'écoula sans qu'on le vît paraître.

Les nouvelles étaient de nature à rassurer pleinement Thérèse : jamais révolution ne s'était accomplie d'une façon plus pacifique ; pas un coup de fusil n'avait été tiré, puisqu'il n'y avait pas eu de résistance. Cela ressemblait à une scène d'escamotage ; jamais on n'avait vu un aussi misérable évanouissement, mais l'on se demandait si tout à coup ils n'allaient pas sortir de la boîte à surprises dans laquelle ils avaient cru habile de s'enfermer. Assurément c'était une ruse : tous ces bravaches n'avaient pas dû avaler complètement les lames de sabre avec lesquelles ils avaient jonglé et paradé pendant vingt ans.

C'était ainsi que raisonnaient bien des gens, c'était ainsi particulièrement que raisonnait Thérèse, aussi désirait-elle voir son père. Elle se disait que, s'il ne pouvait pas venir à elle, c'était à elle d'aller à lui.

Voyant qu'il ne rentrait pas, elle fit part de son désir au colonel en lui annonçant son intention d'aller rue de Charonne : son père devait s'y trouver, en tous cas il avait dû y venir.

— Je vais aller avec vous, dit le colonel.

Il avait vu dans les journaux qu'on avait délivré quelques condamnés politiques, peut-être Michel était-il de ce nombre et se trouvait-il déjà en liberté?

Alors le colonel voulait voir comment Michel allait accueillir Thérèse, et comment Thérèse allait accueillir Michel.

D'un autre coté, il ne voulait pas que Thérèse restât rue de Charonne, et, pour empêcher cela, il fallait qu'il fût présent, tout prêt à engager une discussion avec Michel, si cette question se présentait, ce qui était probable.

Lorsqu'ils sortirent, le coupé vint se ranger devant le perron ; mais Thérèse s'arrêta sur la première marche :

— Si vous vouliez?... dit-elle. Nous irions à pied.

— Vous avez envie de voir Paris aujourd'hui ?

— Oui, et puis j'ai encore une autre raison; fat t-il la dire?

— Mais sans doute, il faut toujours tout me dire ; vous ne sauriez croire comme j'aime la franchise et la sincérité.

— Eh bien ! cela me gênerait de descendre de ce beau coupé devant notre pauvre porte.

— Est-ce que cela vous a été une gêne de monter en calèche devant votre pauvre porte, quand nous avons fait notre promenade à Longchamps?

Le colonel avait tenu son engagement et, le lendemain de l'arrivée de Thérèse, il lui avait envoyé une couturière et une modiste qui l'avaient habillée aussi simplement qu'elle avait voulu. Cependant, comme alors elle devait rester chez son cousin, Thérèse n'avait pas poussé cette simplicité jusqu'aux dernières limites.

Et vraiment, ceux qui avaient des yeux, en ces jours de fièvre, pour regarder les femmes, devaient trouver que cette jeune fille, vêtue d'une toilette simple mais élégante, ne faisait pas honte au grand gaillard sur le bras duquel elle s'appuyait légèrement.

En tout cas, celui-ci paraissait fier de sa compagne : il marchait à demi penché vers elle et presque constamment il la regardait, ne la quittant pour ainsi dire pas des yeux. Pour elle, elle relevait souvent la tête vers lui, et ils avançaient ainsi à travers la foule, les yeux dans les yeux.

Pour ceux qui faisaient attention à eux, c'étaient deux amoureux.

Cependant ce n'étaient pas des paroles d'amour qu'ils échangeaient ; mais il est des circonstances où les paroles n'ont aucune importance et où ce ne sont pas les mots mêmes qu'on entend qui font battre les artères et bondir le cœur : un regard, un sourire, une inflexion de voix, une pression de main, ont alors une puissance autrement entraînante que les plus éloquents discours.

Ils étaient alors précisément dans ces conditions. En eux, il y avait deux personnes, ou plutôt il y avait l'esprit et le cœur complètement indépendants l'un de l'autre : l'esprit, sensible à ce qui se passait sous ses yeux et à ce qui frappait ses oreilles ; le cœur sensible à une seule chose, la joie d'être ensemble.

Ce n'était donc pas d'eux-mêmes qu'ils parlaient, c'était de ce qui les entourait.

Autant Paris était sombre deux jours auparavant, autant il était joyeux ; plus de Prussiens, plus de siège. Un miracle semblait avoir supprimé ces deux dangers menaçants.

Toute l'activité s'était concentrée dans deux opérations opposées. On collait des affiches sur toutes les murailles, et l'on arrachait, on déclouait les lettres, les écussons, les armoiries qui parlaient de l'Empire; les trottoirs étaient encombrés d'échelles sur lesquelles des ouvriers travaillaient à détruire tout ce qui pouvait rappeler le régime méprisé. Les marchands qui, quelques jours auparavant, étaient fiers de leur titre de *fournisseur de Sa Majesté l'empereur*, présidaient eux-mêmes à cette destruction; il fallait au plus vite effacer de leur devanture ce souvenir qui déjà était complétement effacé de leur conscience.

La course est longue du faubourg Saint-Honoré à la rue de Charonne; ils la firent sans se presser.

Lorsque Thérèse demanda si son père était venu, le concierge poussa les hauts cris; il avait peine à reconnaître dans cette élégante jeune fille la petite Chamberlain.

Mais sa femme, qui savait voir et comprendre, lui imposa silence et, s'adressant poliment au colonel, elle répondit que M. Chamberlain était venu, mais qu'il était parti sans dire s'il rentrerait ni où il allait.

— Mon oncle n'a pas dit où on pouvait le trouver? demanda-t-il.

— Il l'a peut-être dit au manchot.

Thérèse eut une contraction.

— Ah! Denizot est libre? demanda le colonel.

— Oui, il est en haut; vous n'avez qu'à monter vous allez le trouver.

Ils montèrent sans parler.

— Et Michel?

C'était la question qui se posait, mais ils l'évitèrent l'un et l'autre.

— Qui est là?

Cette voix, qui était celle de Denizot, partait de la cuisine.

Ils se regardèrent.

— C'est moi, répondit Thérèse.

Denizot ouvrit la porte de la cuisine ; mais, en apercevant le colonel, il recula d'un pas.

— Édouard ! s'écria-t-il ; tous les bonheurs à la fois : l'Empire à bas, la liberté, Thérèse et Édouard, en voilà une fête. Il ne manque que Michel.

Il leur serra la main ; puis, se mettant à tourner sur lui-même en sautant :

— Non, c'est trop fort ; il faut que je danse un pas.

Clopin, clopant, il se mit à danser.

Mais tout à coup il s'arrêta :

— Ma colle qui va brûler ! s'écria-t-il.

Et il courut au poêle qui était allumé et sur lequel une grande marmite bouillait.

— Vous avez vu mon père ? demanda Thérèse, pendant qu'il tournait sa cuiller.

— Je crois bien que je l'ai vu, et une bonne poignée de main que nous nous sommes donnée ; car on m'a délivré ce matin. Si Michel avait été en prison à Paris, il serait libre aussi ; mais il faut le temps qu'il revienne de province. Il va bientôt arriver, j'espère ; seulement je n'aurai pas le plaisir de le voir, car je pars.

— Où allez-vous ? demanda le colonel.

— Où la patrie m'appelle ; je ne sais trop vous dire dans quel pays, mais un peu partout, je pense, maintenant que nous sommes en république, les choses ne peuvent pas se passer comme sous l'Empire. Les peuples sont faits pour s'entendre, n'est-ce pas, comme les souverains sont faits pour se quereller et se dévorer ? ça, c'est logique.

Il ajouta un peu d'eau dans sa marmite et remua plus vivement.

— Partant de ce principe, on a décidé d'adresser une proclamation au peuple allemand pour lui faire entendre la voix de la fraternité ; la voici, cette proclamation.

Il prit une affiche dans un tas de papier encore tout humide qui était posé sur la table, et, ayant trempé un gros pinceau dans sa marmite, il colla rapidement cette affiche sur un panneau de bois.

Bien que n'ayant qu'un bras, il fit cette opération presque aussi vivement qu'un colleur de profession.

— N'est-ce pas que ce n'est pas mal collé pour un manchot ? dit-il en admirant son ouvrage.

— Très-bien !

— Quand j'en aurai collé seulement une douzaine, ça ira ; seulement il ne faut pas de vent. Voilà donc la proclamation qu'on adresse aux Allemands.

Au peuple allemand.

« Tu ne fais la guerre qu'à l'empereur et point à la nation française, a dit et répété ton gouvernement...

» Repasse le Rhin !

» Sur les deux rives du fleuve disputé, Allemagne et France, tendons-nous la main ; oublions les crimes militaires que les despotes nous ont fait commettre les uns contre les autres.

» Proclamons la liberté, l'égalité, la fraternité des peuples !

» Par notre alliance, fondons les États unis d'Europe.

« *Vive la république universelle !*

— Voilà, dit Denizot, voilà.

— Eh bien ? demanda le colonel.

— Eh bien ! quand je suis arrivé, sortant de ma prison, on allait envoyer cette proclamation à l'imprimerie ; alors j'ai demandé à m'en charger. Qu'est-ce que vous voulez que fasse, pour la défense de la patrie, un homme dans ma position ? Un bras de moins, une jambe avariée, je ne suis pas propre à grand'chose, un fusil à la main. Il n'y avait que la police de l'Empire pour dire sans rire que j'étais un dangereux émeutier : émeutier, oui, et je m'en honore ; mais dangereux, malheureusement non. Enfin, si je ne peux pas rendre des services en marchant dans les rangs, je peux m'employer autrement; car le moment est venu, n'est-ce pas? où tout le monde doit donner son intelligence, son sang, ses forces ou son argent à la patrie. Moi, je n'ai à lui offrir que mes forces; car, pour l'argent et l'intelligence, je ne suis pas millionnaire. On donne ce qu'on a.

— Et c'est la meilleure offrande.

— Enfin, voilà ce que je vais faire. Je prends ce paquet d'affiches et je le mets sur mon dos. Dans ce grand seau que vous voyez là, je verse la colle que je suis en train de faire; car c'est de la colle, ne vous y trompez pas, ce n'est pas de la bouillie; c'est de la belle et bonne colle de pâte préparée par Denizot lui-même pour qu'elle soit meilleure, et je m'en vais au-devant des Allemands. Le premier que je rencontre, halte! et je lui braque mon affiche sous le nez. On dit que tous les Allemands savent le français; il la lit ou se la fait traduire, et voilà. S'ils continuent d'avancer, je recule en collant mes affiches: s'ils s'en vont, je les suis en collant toujours. Mais, assez causé; ma colle est prise, il n'y a pas un moment à perdre, car, si les Allemands ne sont pas autour de Paris, ils sont en France, et nos frères de la province ont à subir leur invasion.

Le colonel se tut. Avait-il le droit, au nom de la critique, de combattre cet enthousiasme? Au lieu de parler, il prit la main de Denizot, et la lui serrant chaleureusement:

— Vous êtes un brave cœur, dit-il. Allez, c'est avec la foi qu'on se sauve.

Denizot regarda le colonel d'un air étonné.

— Je ne vois pas trop pourquoi je suis un brave cœur, dit-il; mais, c'est égal, votre poignée de main me donnera des jambes le long du chemin. Si je vous disais que c'était un chagrin pour moi de ne pas aller vous voir, vous et Thérèse, avant mon départ! Antoine m'avait dit d'aller vous trouver; mais, vous savez, la patrie avant tout, et il n'y a pas de temps à perdre.

Tout en parlant, il avait fait ses préparatifs de départ; il avait placé ses affiches dans une serviette en serge qu'il avait nouée aux quatre coins en se servant de sa main et de ses dents; puis il avait enfoncé son pinceau dans son seau à colle, et il s'était chargé son paquet d'affiches sur ses épaules, son seau à son bras.

— Maintenant il faut se séparer, dit-il, au revoir!

IX

Après avoir vu Denizot disparaître dans la foule, Thérèse et le colonel descendirent la rue de Charonne en se dirigeant vers la Bastille.

La rue avait son aspect des dimanches, et des groupes encombraient çà et là les trottoirs au point que la circulation était quelque fois difficile : il était évident que les ateliers étaient déserts et qu'on ne travaillait point.

On causait, on discutait, et devant les portes des marchands de vin se tenaient des sortes de réunions publiques; point d'inquiétude sur les visages, mais plutôt de la confiance et de l'allégresse. Des orateurs expliquaient la situation et ils le faisaient de la façon la plus rassurante : il n'y avait plus de danger, les Prussiens n'oseraient pas attaquer la République. On applaudissait, et, s'il s'était trouvé un esprit chagrin pour soulever une contradiction ou simplement un doute, il se serait fait mettre en morceaux.

Cependant, autour de ces groupes, on voyait des femmes, avec des enfants dans leurs bras, qui ne paraissaient nullement enflammées par des sentiments héroïques.

C'est que déjà pour elles sans doute se présentait la question du travail, c'est-à-dire de la misère et de la faim; sans se laisser griser par ces fumées, elles sondaient l'avenir et elles avaient peur pour leurs enfants. Pas de travail, pas de pain.

Comme ils quittaient la place de la Bastille pour prendre le boulevard Beaumarchais — car ils étaient comme des écoliers qui recherchent les chemins les plus longs — le colonel entendit prononcer son nom derrière lui.

On l'appelait.

D'une voiture de place, descendait un de ses anciens compagnons de plaisir, le baron d'Espoudeilhan, qui, de la main, lui faisait des signes pour l'engager à s'arrêter.

Le baron était en costume de voyage, chapeau rond et sac en bandoulière.

Vivement il s'avança vers le colonel et, bien qu'il parût fortement surexcité, il salua Thérèse avec toutes les démonstrations de la plus exquise politesse, s'excusant d'aborder ainsi son ami Chamberlain et de les déranger.

— Nous parcourons Paris, ma cousine et moi, dit le colonel; vous ne nous dérangez nullement, mon cher baron.

— Alors je demande pardon à...

Il hésita un moment, ne sachant s'il devait dire madame ou mademoiselle.

— Mademoiselle Thérèse Chamberlain, dit le colonel.

— Je demande pardon à mademoiselle de vous entretenir d'affaires. Voici de quoi il s'agit. Je quitte Paris, car vous comprenez bien, mon cher, que je ne vais pas être assez simple pour m'enfermer avec un tas de républicains.

— Vous savez que je fais partie de ce tas.

— Oh! vous êtes un original. Je quitte donc Paris. J'ai fait transporter à la gare de Lyon une certaine quantité de bagages que je veux emporter avec moi; mais, au moment où l'on pèse ces bagages, on me dit que j'ai pour quinze cents francs d'excédant. Je n'ai sur moi qu'un billet de mille francs, et il faut que j'aille rue de la Paix, chez mon banquier, pour prendre de l'argent. C'était ce que je faisais quand je vous ai aperçu. Avez-vous cinq cents francs sur vous?

Le colonel s'était mis à rire.

— Vous trouvez cette situation plaisante? dit d'Espoudeilhan.

— J'avoue que quinze cents francs d'excédant, cela est assez drôle.

— Croyez-vous que je vais laisser les objets auxquels je tiens à la disposition de ces brigands?

Tout en parlant, le colonel avait ouvert son porte-feuille, et il en avait tiré un billet de mille francs.

— Non, merci; cinq cents francs me suffisent, j'ai des traites sur Nice.

Le colonel lui tendit un billet de cinq cents francs.

— Bien obligé, cher ami? je vous devrai de n'avoir pas manqué le train. Et vous, où allez-vous?

— Je reste ici.

— Ici? il n'y a plus personne à Paris. Quel original vous faites! Adieu.

— Au revoir!

Après avoir respectueusement salué Thérèse, le baron d'Espoudeilhan remonta dans sa voiture, très satisfait de ne pas être exposé à faire manquer le train à son excédant de bagages.

— Vous avez donc la main toujours ouverte, mon cousin? dit Thérèse en se remettant en route.

— C'est une nécessité de la fortune.

— Ah!

— Vous trouvez que je n'aurais pas dû prêter ces cinq cents francs? C'est là ce que veut dire votre *ah!* n'est-ce pas?

— Je trouve que moi j'aurais mieux aimé offrir ces

cinq cents francs à Denizot, qui peut en avoir besoin, qu'à votre ami, qui n'est pas du tout intéressant avec ses bagages.

— Ma jolie petite cousine, il faut que je vous gronde.

— Pour ma franchise ?

— Non, pour votre défaut de franchise, au contraire. Comment! vous avez cette pensée à propos de Denizot, et vous ne me la communiquez pas!

— Je n'ai pas osé.

Ils marchèrent durant quelques minutes sans parler, puis tout à coup il se pencha vers elle :

— Je crois que j'ai trouvé un moyen d'adoucir le regret que me cause mon oubli envers Denizot.

— Vous ne pouvez pas courir après lui.

— Ce n'est pas à cela que je pense. Quand on a fait le mal, on peut racheter sa faute en faisant le bien, n'est-ce pas ?

— Mais oui, il me semble.

— Vous rappelez-vous l'expression inquiète qu'avaient les visages de ces femmes que nous venons de voir tout à l'heure, rue de Charonne, avec des enfants dans leurs bras.

— Je les vois encore.

— Savez-vous à quoi elles pensaient ? Moi, je crois l'avoir deviné. A la misère, à la faim pour leurs enfants. Si nous empêchions cette misère.

— Est-ce possible ?

— Possible de l'empêcher dans les circonstances présentes, non, je ne le crois pas ; mais possible de la soulager, oui, je le crois, au moins dans une certaine mesure. Dans quel arrondissement est la rue de Charonne ?

— Le onzième.

— Et où est la mairie de cet arrondissement ?

— Boulevard du Prince-Eugène.

— Eh bien ? allons boulevard du Prince-Eugène ; nous

verserons une certaine somme pour les femmes et les enfants des ouvriers qui sont dans le besoin, et nous chargerons la mairie de faire distribuer cette somme.

Ils prirent la rue du Chemin-Vert.

— Est-ce que cela ne vous est pas une satisfaction, ma cousine, continua le colonel, de marquer cette journée par un bon souvenir dans lequel nous serions associés l'un et l'autre ?

— Oh ! moi, qu'ai-je fait ?

— Tout, chère Thérèse, car c'est vous qui m'avez suggéré cette idée par votre réflexion à propos de Denizot, et l'inspiration, n'est-elle pas tout en ce monde, pour le bien comme pour le beau ? Que suis-je en ceci ? La main qui exécute ; vous, ma cousine, vous êtes le cœur. Je ne saurais vous dire combien je suis heureux que cette idée vous soit venue. Ce quartier est celui où a vécu mon père, et c'est un devoir envers sa mémoire de venir en aide aux enfants de ceux qui ont peut-être été ses camarades, peut-être même ses amis.

— Mon cousin ! dit-elle faiblement.

Il la regarda et vit ses yeux troublés par l'émotion.

— Est-ce que cela vous fâche qu'on vous remercie ? dit-elle.

— C'est selon.

— Voulez-vous au moins me permettre de vous dire que je suis bien heureuse ?

Il s'arrêta et s'efforça de sourire pour cacher son trouble ; les paroles lui montaient du cœur, brûlantes et passionnées.

Ils arrivèrent bientôt à la mairie ; mais, comme ils allaient entrer, un employé les arrêta.

— Je voudrais voir le maire.

— Vous n'êtes pas gêné.

— Enfin un chef de bureau.

— Les bureaux ferment à quatre heures. Si vous êtes

pressés de vous marier, il faudra revenir demain, à neuf heures.

En toute autre circonstance, le colonel aurait rudement remis cet employé à sa place, mais ce mot : « vous marier » lui ferma la bouche.

Sur son bras, il avait senti la main de Thérèse agitée par un frémissement.

— C'est bien! dit-il.

Bien que le colonel voulût chasser toute pensée de nature à émouvoir son cœur, il ne put s'empêcher de se rappeler cette soirée où, se promenant avec Thérèse sous les galeries de la place Royale, un passant leur avait dit d'un ton moqueur : « Eh bien! ne vous gênez pas, les amoureux. »

Ils étaient donc bien évidemment destinés l'un à l'autre par la nature, que tout le monde les prenait pour des amants.

En rentrant à l'hôtel, il pria Thérèse de monter avec lui dans son cabinet.

— La sottise de cet employé de la mairie ne doit pas nous faire abandonner notre projet, dit il; au contraire, elle nous donne un moyen de le perfectionner.

Disant cela, il ouvrit un tiroir, d'où il tira un petit livre, dans lequel plusieurs feuillets avaient été coupés.

— Connaissez-vous un chèque, ma cousine? Non, n'est-ce pas? Eh bien! c'est un bon qu'on détache d'un livre à souche et qui est payable à vue par le banquier chez lequel on a un compte. Ainsi, si j'écris sur une feuille de ce petit livre un bon de 20,000 francs et que j'envoie ce bon à une personne, cette personne n'a qu'à se présenter à l'*American Bank* pour toucher ces 20,000 francs. C'est ce que nous allons justement faire. Je vais écrire un bon que nous enverrons au maire du XIe arrondissement et le maire pourra dès demain commencer la distribution.

Son chèque écrit, le colonel ouvrit un plan de Paris.

— Je vois sur ce plan, dit-il, que les maisons du côté gauche de la rue du Faubourg-Saint-Antoine sont dans le XIe arrondissement, et que celles du côté droit sont dans le XIIe; de sorte que des enfants auraient à manger à gauche, tandis qu'à droite ils mourraient de faim. Cela n'est pas juste, n'est-ce pas?

— Comment faire?

Le moyen est bien simple : envoyer au maire du XIIe arrondissement la même somme qu'au maire du XIe : rien n'est plus facile. Comme cela il n'y aura pas de jaloux. Mon père pouvait tout aussi bien avoir des camarades dans les numéros pairs que dans les numéros impairs. Décidément cet aimable employé a bien fait de nous mal recevoir.

Et il fit un nouveau chèque.

— Maintenant, dit-il, à vous. Votre tâche commence; pour que notre association soit complète, il faut que vous écriviez les lettres aux maires.

— Vous voulez?...

— Mais certainement, ne sommes-nous pas associés? et puis il faut que vous preniez l'habitude de... m'aider. C'est bien simple d'ailleurs : vous direz que vous envoyez deux chèques que votre cousin, le colonel Chamberlain, met à votre disposition pour que les sommes en provenant soient employées comme nous en sommes convenus. Allons, prenez ma place et écrivez,

— Je n'oserai jamais; au moins me permettez-vous de faire un brouillon?

— Pour cette fois, oui; mais seulement pour cette fois.

Antoine ne rentra pas pour le dîner.

Et ils dînèrent en tête-à-tête, vis-à-vis l'un de l'autre, comme mari et femme.

Ne pouvaient-ils pas, jusqu'à un certain point, s'imaginer qu'ils l'étaient? Ils se parlaient librement, ils se regardaient sans contrainte, et, dans les moments de silence, ils sentaient l'accord parfait de leurs cœurs dans un sentiment de joie et d'allégresse.

Cependant il y avait une chose qui les retenait à la terre et les ramenait dans la réalité : chaque fois qu'un domestique ouvrait la porte pour son service, le colonel tournait vivement la tête, et Thérèse, sans qu'il fût besoin d'explication, comprenait pourquoi il faisait ce mouvement. N'est-ce point l'arrivée de quelqu'un, de Michel, qu'on venait lui annoncer ?

A dix heures du soir, comme ils étaient dans le grand salon du rez-de-chaussée, regardant ensemble des photographies donnant des vues de villes et de paysages d'Amérique, un domestique ouvrit la porte.

Tous deux en même temps levèrent la tête ; mais au lieu de regarder le domestique qui s'avançait, ils se regardèrent.

— M. Sorieul, dit le domestique, désire...

Thérèse n'en écouta pas davantage.

— Mon oncle ! s'écria-t-elle, ah ! quel bonheur !

Ah ! oui, quel bonheur ! car ce n'était pas le nom de Sorieul qu'ils attendaient.

Thérèse s'était levée vivement et elle avait couru à la porte, où Sorieul se présentait.

Il l'embrassa tendrement sur les deux joues ; puis, il vint vers le colonel les mains tendues.

C'était toujours le même Sorieul, il n'avait pas changé, il portait toujours son éternel habit noir, qui semblait une seconde peau pour lui. Seulement il avait remplacé son chapeau pour un képi de garde national, qui, posé sur ses longs cheveux plats, tout au haut de la tête, lui donnait une physionomie hétéroclite.

— Ce cher Édouard ! s'écria-t-il de sa voix profonde, suis-je heureux de le revoir ? Eh bien ! que vous avais-je dit la dernière fois que nous nous sommes vus en nous séparant à la gare de l'Est, que je lui avais porté un coup dont il ne se relèverait pas. Eh bien ! est-ce vrai ? s'est-il relevé ? Le coup était-il appliqué à la bonne place ?

Puis, ce juste hommage rendu par lui-même à lui-même, il demanda des nouvelles d'Antoine, de Denizot, de Michel.

— Comment ! Michel n'est pas encore en liberté, s'écria-t-il ; à quoi donc pense le nouveau gouvernement ? J'irai demain matin lui présenter mes observations à ce sujet.

Pour lui, c'était à Londres qu'il avait appris la révolution, et il était parti aussitôt.

— Ce n'est pas seulement la joie de respirer l'air natal qui m'a donné des ailes, c'est encore le sentiment du devoir : il faut être là. Ce n'est pas que je considère la situation comme désespérée, tant s'en faut. Je crois même que les Prussiens sont dans de plus mauvaises conditions que nous, ils sont épuisés par leur victoire ; et puis la diplomatie va agir, l'Europe ne va pas permettre la continuation de cette guerre.

— Alors vous ne croyez pas au siège de Paris ? demanda le colonel.

— Peut-être le tenteront-ils, mais ils seront forcés d'y renoncer bien vite ; en tout cas, j'ai pris mes précautions.

Disant cela il tira de la poche de son habit un fort revolver de marine.

— Voilà, dit-il en ajustant le lustre, je suis toujours sûr d'en tuer six ! Avec dix mille gaillards déterminés comme je le suis, nous tuons soixante mille Prussiens : c'est mathématique.

En parlant il faisait jouer la batterie de son revolver. Tout à coup une explosion retentit, accompagnée d'un horrible tapage, comme si le plafond s'écroulait.

Un coup était parti, et la balle, traversant le lustre,

avait brisé plusieurs pièces de cristal, qui, en tombant, avaient produit ce vacarme.

Revenu de son premier mouvement de surprise, Sorieul voulut faire ses excuses au colonel et expliquer comment le coup était parti.

Ce n'était pas sa faute, car il connaissait à fond le maniement des armes à feu : ce n'était pas non plus la faute du revolver, qui était une arme de précision. Seulement...

— Seulement, interrompit le colonel en souriant, je crois qu'en attendant que les Prussiens soient à bonne portée, vous feriez bien de ne pas garder votre revolver chargé.

— Peut-être bien.

X

Ce que le colonel voulait, c'était n'être pas surpris par la brusque arrivée de Michel, qui maintenant ne pouvait pas tarder beaucoup.

Il donna des instructions en conséquence aux gens de sa maison.

Le lendemain, comme il se levait, on entra vivement dans sa chambre pour lui annoncer que M. Michel venait d'arriver.

— C'est bien, faites entrer M. Michel dans le salon de la serre.

Aussitôt que le domestique fut sorti, le colonel passa un veston et descendit au jardin par le petit escalier de son cabinet de toilette.

Du jardin, il entra dans la serre, qui, par une porte vitrée, communiquait directement avec le salon où il avait dit d'introduire Michel.

Au moment où il arrivait dans la serre, Michel entrait dans le salon, et, de derrière le feuillage touffu d'un bambou, il put le regarder un moment sans être vu.

Vraiment, c'était un beau garçon. La prison l'avait maigri et pâli, ce qui lui avait fait perdre un peu de son air sombre et dur, cependant ses yeux avaient conservé leur éclat. Il était évident à le regarder, qu'une lutte avec lui serait difficile et demanderait de l'énergie.

Il était resté debout, tournant sur lui-même, parfaitement insensible à ce qui l'entourait; à son piétinement, aux mouvements de ses doigts, aux froncements de ses sourcils se crispant à chaque instant, il était facile de deviner son impatience fiévreuse.

Le colonel, suivant l'allée courbe qui aboutissait à la porte de la serre, entra dans le salon.

— Ah! monsieur Michel, dit-il allant à lui : nous vous attendions.

Michel, surpris, salua assez gauchement. Cependant, en ces derniers temps, il avait pris l'habitude de tendre la main au colonel. Après un moment de réflexion, il la lui tendit.

Alors tout de suite pour échapper à l'embarras qui l'étreignait, il dit qu'il venait de la rue de Charonne où on lui avait appris qu'Antoine, Thérèse et Sorieul étaient chez M. le colonel Chamberlain.

— Nous n'avons pas vu mon oncle depuis samedi soir, répondit le colonel; Sorieul est sorti ce matin de bonne heure; quant à ma cousine, — il insista sur ce mot, — elle est dans son appartement. Je vais la faire prévenir de votre arrivée.

Il sonna.

— Prévenez mademoiselle Thérèse, dit-il au domestique qui se présenta, que M. Michel est arrivé et qu'il l'attend ici.

Puis revenant vers Michel :

— Nous vous attendons ainsi depuis hier, dit-il.

— C'est hier au soir seulement que j'ai été mis en liberté; j'ai pris le train de nuit et ne suis arrivé à Paris que ce matin. Je suis allé rue de Charonne.

— Où vous avez été bien heureux d'apprendre le retour en France de mon oncle Antoine et de ma cousine.

— Oui, bien heureux, dit Michel d'un air qui, jusqu'à un certain point, démentait ses paroles.

— Nous avons voulu vous prévenir de ce retour; mais il n'était pas prudent de vous faire parvenir, dans votre prison, une lettre qui serait lue, et qui donnerait des renseignements sur un homme se trouvant dans la position de mon oncle. Cette considération nous a arrêtés.

— Il y a longtemps qu'Antoine est en France? Je vous demande pardon de vous interroger, mais je ne sais rien, je n'ai échangé que quelques paroles avec le concierge.

— Il y a dix jours qu'ils sont arrivés, le dimanche 28. Précisément j'étais allé à la barrière de Vincennes, voir les travaux de fortifications qui ont transformé cette barrière en une porte; en revenant à pied à Paris, sur le cours de Vincennes, j'ai vu une pauvre petite voiture lorraine traînée par un misérable cheval épuisé, que conduisait un homme qui de dos ressemblait singulièrement à mon oncle. Je me suis approché, c'était bien lui; dans la voiture, se trouvait Thérèse.

A ce moment la porte s'ouvrit, et Thérèse parut.

— Au reste, continua le colonel, voici ma cousine, qui vous expliquera tout cela mieux que moi.

Il s'était éloigné de deux pas pour faire place à Thérèse.

Il n'avait point l'intention d'assister à l'entretien de Thérèse et de Michel, il y aurait eu là une indiscrétion trop brutale; ce qu'il avait vu suffisait.

Il s'approcha, et, tendant la main à Michel :

— Nous déjeunons à onze heures, dit-il; j'espère que

vous nous ferez l'amitié de déjeuner avec nous. Je pense que mon oncle sera rentré et que vous pourrez le voir. Quand à Sorieul, il m'a formellement promis d'être ici à dix-heures et demie; il est sorti pour s'occuper de vous, il aura bien des choses à vous dire.

Sans attendre une réponse, le colonel, ayant adressé un signe de main affectueux à Thérèse, sortit du salon.

— Enfin, dit Michel, je vous revois; mais pourquoi est-ce ici?

— Espériez-vous donc nous revoir chez nous?

— Non, je n'espérais pas cela, puisque je ne savais pas votre séjour en France. En allant rue de Charonne, je n'avais qu'une idée, chercher où vous pouviez être pour courir auprès de vous, si vous étiez encore en Allemagne. Quand le père Troche m'a dit que vous étiez à Paris, je vous jure que j'ai été bien heureux; mais quand il a ajouté que je vous trouverais ici, chez M. le colonel Chamberlain, mon bonheur s'est évanoui.

— Où donc devais-je être? demanda Thérèse en baissant les yeux.

— Je vais vous dire où j'aurais été, moi, si j'avais été vous. La révolution accomplie, j'aurais pensé, si j'avais été vous, que Michel allait être mis en liberté, et qu'il s'empresserait de revenir à Paris. Alors, j'aurais voulu qu'en arrivant, il me trouvât rue de Charonne, dans l'atelier, chez moi, chez nous; et je vous jure qu'en l'attendant je n'aurais pas dormi, que j'aurais reconnu son pas dans l'escalier et que je lui aurais ouvert moi-même la porte. Voilà ce que j'aurais fait si j'avais été vous, et voilà pourquoi une plainte m'est échappée en vous retrouvant ici. Pardonnez-la-moi, n'y voyez que l'injustice d'un amour qui a souffert, cruellement souffert pendant cette longue séparation. Vous reverrais-je jamais?

— Si nous étions rentrés rue de Charonne, mon père aurait été immédiatement arrêté?

— Je comprends que vous ne vous soyez pas exposés à ce danger tant que l'Empire était debout, mais depuis dimanche l'Empire est mort, et c'est aujourd'hui mardi.

— Depuis samedi soir, mon père est sorti et nous ne l'avons pas vu.

— Ainsi, dit-il après un moment de silence, vous êtes restée ici depuis samedi ?

Thérèse ne voulut pas comprendre ce qu'il y avait dans ces paroles, qui étaient bien plus un reproche qu'une interrogation.

— Hier, dit-elle, nous sommes sortis et nous sommes allés rue de Charonne.

— Vous et le colonel ?

— Mais sans doute ; mon cousin, lui aussi avait le désir de voir mon père.

— Et de vous accompagner ?

Elle regarda Michel en face et une légère rougeur empourpra ses joues.

Elle garda néanmoins le silence pendant quelques secondes ; mais Michel, lui aussi, la regardait, et le choc de ces deux regards fit jaillir la flamme qu'elle avait voulu contenir.

— Depuis que vous êtes entré, dit-elle, je me suis efforcée de ne pas comprendre vos paroles ; mais ce serait lâcheté de reculer plus longtemps ; qu'avez-vous ? de quoi vous plaignez-vous ? Expliquez-vous franchement, et, si vous avez des reproches à m'adresser, faites-le la tête haute, en face, et non par des insinuations ou des allusions.

— Ah ! Thérèse ! s'écria-t-il désespérément, Thérèse !

Elle fut émue par ce cri passionné et touchée de pitié pour cette douleur.

— Il y a cinq minutes à peine que nous sommes ensemble, dit-elle doucement, et nous nous querellons !

— Pourquoi ?

— Ah ! ne cherchons pas pourquoi ni à qui la faute ; au contraire, cherchons à ne pas penser que nous avons pu avoir des motifs de querelle.

— Je ne suis pas digne de vous, dit-il ; pardonnez-moi.

Puis, s'asseyant brusquement sur un canapé, — car toute cette scène s'était passée debout, — il la força à s'asseoir près de lui.

— Racontez-moi comment vous avez quitté l'Allemagne, dit-il.

— Et vous, vous me parlerez de votre emprisonnement.

— Oh ! cela n'est rien. Ce qui était terrible, c'était cette condamnation à quinze ans, si elle avait dû s'exécuter jusqu'au bout. Quinze ans ! l'éternité pour moi.

Il y avait près de deux heures qu'ils étaient en tête-à-tête, sans que personne fût venu les déranger, quand Corieul entra avec fracas.

— On me dit que tu es arrivé, s'écria-t-il ; viens dans mes bras.

Puis, s'adressant à Thérèse :

— Petite, j'ai une bonne nouvelle à te donner, j'ai vu ton père.

— Comment est-il ?

— Rajeuni de dix ans. Ce que c'est que la joie du triomphe ! Mais tu vas le voir, il va venir déjeuner avec nous. Je voulais l'amener, mais je n'ai pas pu lui faire manquer un rendez-vous qu'il avait donné. Il sera ici à onze heures. Va-t-il être content de voir ce brave Michel ! Car tu déjeunes avec nous, n'est-ce pas ? Je vais te faire inviter par Édouard.

— Je vous remercie, le colonel a bien voulu m'inviter lui-même.

— Eh bien ! tu vas voir que l'ordinaire du colonel vaut mieux que celui de la prison : excellente cuisine, mon

4.

cher ; quant aux vins, exquis. Hier, pour souper, j'ai vidé une bouteille de bourgogne délicieux ; tu comprends que, pour un homme qui ne buvait plus que de la bière anglaise je lui ai fait fête.

Tout en parlant, Sorieul se promenait dans le salon, les mains derrière le dos, le képi sur la tête, dans l'attitude d'un officier qui passe une revue.

Tout à coup, il s'arrêta devant une fenêtre ; car il venait d'apercevoir le colonel, qui, avec deux domestiques, mesurait le jardin ; au moyen d'un cordeau, il prenait la longueur et la largeur.

— Que diable ! faites-vous là ? s'écria Sorieul.

— Vous voyez, je prends des mesures.

— Est-ce que vous voulez faire construire ?

Le colonel ne répondit point.

Mais Sorieul n'était pas homme à se fâcher pour si peu.

— J'ai vu Antoine, dit-il ; il va venir déjeuner avec nous.

— A quelle heure mon oncle doit-il arriver ? demanda-t-il à Sorieul.

— A onze heures, et, vous savez, avec lui il n'y a pas de danger d'attendre ; je ne sais pas comment il fait, il trouve toujours moyen d'être exact. Est-il curieux ?

Maintenant que Sorieul était en tiers dans le tête-à-tête de Thérèse et de Michel, le colonel pouvait sans indiscrétion rester avec eux ; il y aurait même eu une sorte d'affectation de discrétion à se retirer.

D'ailleurs ce qui se disait n'avait aucun caractère intime : Sorieul expliquait la situation à Michel, la situation intérieure aussi bien que la situation extérieure, parce qu'en prison on est mal placé pour savoir ce qui se passe, n'est-il pas vrai ? tandis qu'à l'étranger, on voit les choses de haut, dans leur ensemble, de sorte qu'on peut les juger.

C'était ce que Sorieul avait fait. Il avait un jugement sur tout, les choses aussi bien que les hommes, et ce jugement, il le communiquait généreusement à son jeune ami n'étant pas de ces égoïstes qui, ayant découvert la vérité, la gardent pour eux seuls ; il ne gardait rien pour lui-même, ni ses propres affaires ni celles des autres, ni ses secrets ni ceux d'autrui.

Michel écoutait avec impatience et ses yeux se tournaient plus souvent vers Thérèse que sur son interlocuteur.

Mais Sorieul n'était pas un homme auquel on échappait facilement, s'il voyait l'attention de Michel faiblir, il allait à lui et le secouait par le bouton de son paletot.

Pour le colonel, il s'entretenait librement avec Thérèse, mais en examinant avec attention l'attitude de Michel ; car pour lui la lutte avec le jeune ouvrier allait commencer et elle devrait se poursuivre jusqu'à la fin, sans une minute de trêve, ouvertement, comme à chemin couvert.

Il vint un moment où, dans ses explications, Sorieul éprouva le besoin de faire la démonstration du mécanisme de son revolver.

Mais à ce moment le colonel intervint en riant :

— Est-il toujours chargé ? demanda-t-il.

Sorieul ne se fâcha pas.

— Pour tout concilier, l'intérêt de la défense nationale et la sûreté des particuliers, j'ai déchargé mon revolver, — un malheur est si vite arrivé, même entre les mains des plus habiles, — seulement je porte mes munitions sur moi.

Des profondeurs de ses poches il tira des poignées de cartouches.

Antoine arriva à onze heures. Sorieul avait dit vrai : il paraissait rajeuni de dix ans, une espérance virile enflammait son regard.

En entrant, il alla tout d'abord à Michel, avant même d'embrasser sa fille.

— Mon brave Michel, dit-il, te voilà enfin ; quinze ans, tu vois ce que ça dure : l'exil, la prison, et nous voilà tous réunis cependant.

Le colonel plaça Michel à la gauche de Thérèse, car il entrait dans son plan d'éviter avec soin tout ce qui pouvait ressembler à de la jalousie de l'exclusion.

C'était la première fois que Michel s'asseyait à la table du colonel ; il y apporta une certaine contrainte.

Non-seulement il souffrait moralement, mais encore il se sentait mal à l'aise. Ce luxe le gênait, la présence de Thérèse surtout le troublait ; elle paraissait avoir été élevée dans cet hôtel, pour cette grande existence. Non, elle n'était pas faite pour devenir la femme d'un ouvrier.

Heureusement Sorieul, en accaparant la conversation, lui permit de se taire.

— Eh bien ! dit Sorieul, s'adressant à Antoine, j'espère que maintenant tu vas t'occuper de la question sociale.

— La question sociale, c'est la question du pot-au-feu, et pour ceux qui ne savent jamais s'ils mangeront le lendemain, si leurs femmes et leurs enfants ne mourront pas de faim, si leurs filles ne leur seront pas enlevées par la misère, elle est intéressante assurément. Mais en ce moment la questiou du pot-au-feu n'est plus la première pour qui a du cœur.

Là-dessus Sorieul expliqua comment Paris devait se défendre, et il en eut pour jusqu'à la fin du déjeuner.

Quand on se leva de table, le colonel prit son oncle par le bras et l'emmena dans une pièce écartée.

Le moment était venu d'engager franchement la lutte avec Michel, et il ne fallait pas laisser à celui-ci l'avantage de la commencer.

XI

Surpris des façons mystérieuses de son neveu, Antoine se hâta de l'interroger.

— Que se passe-t-il donc ?

— Avant tout, permettez-moi une question, mon oncle : quelles sont vos intentions ? vous ne pensez pas retourner rue de Charonne ?

— Mais au contraire j'y pense ; il n'y a plus de raisons maintenant pour que je ne rentre pas chez moi, et c'est ce que j'aurais déjà fait, si depuis deux jours j'avais eu une minute à moi.

— Permettez-moi de vous dire, mon oncle, qu'il y a au contraire des raisons, de très fortes raisons, pour que vous ne rentriez pas chez vous avec l'intention de vous y installer.

— Comment cela ?

— C'est précisément pour vous l'expliquer que je vous ai demandé cet entretien.

— Hier, commença le colonel, nous sommes allés rue de Charonne, Thérèse et moi, pour vous voir ou tout au moins pour savoir si l'on avait de vos nouvelles. Nous avons trouvé une grande animation dans les rues, et nous avons, en écoutant les groupes, entendu d'étranges choses ; il semble qu'il n'y a plus de Prussiens et que le souffle de la République les a balayés jusqu'au fond de l'Allemagne.

Antoine haussa les épaules.

— Je pense que ce n'est point là votre sentiment ? continua le colonel.

— Ne prenez point la folie de quelques-uns pour le sentiment de tous, mon cher Édouard, et, pour savoir l'opinion générale, ne vous en tenez point à ce que vous entendez dans les rues : les gens qui éprouvent le besoin de crier si fort leur opinion ont l'enthousiasme facile. Soyez certain que tous les esprits ne se laissent pas griser ainsi par les illusions. Nous autres, vieux républicains, qui avons le droit de parler de la république, nous savons bien que ce mot seul ne fera pas rentrer nos ennemis en terre; nous savons aussi que 92 n'est pas facile à recommencer et que ce n'est pas aujourd'hui, au point où a été porté l'art de la guerre, qu'on improvise, du jour au lendemain, des armes et des armées; enfin nous savons encore qu'il faut compter avec l'influence pernicieuse que l'Empire a exercée pendant vingt ans sur la nation entière. Vous voyez donc que nous croyons au danger et que nous le regardons en face tel qu'il est, c'est-à-dire terrible.

— Alors vous croyez au siége de Paris?

— Certes, oui.

— Et vous ne vous imaginez point que c'est avec des phrases, fussent-elles les plus éloquentes du monde. ni avec des sentiments, fussent-ils les plus nobles, qu'on va arrêter les armées allemandes. Soyez sûr que l'Allemagne est à son tour emportée par le vertige de la conquête, et qu'elle ne consentira pas à une paix juste et raisonnable : elle ira jusqu'au bout. Et le bout présentement, c'est le siége de Paris.

— Je sens cela.

— Qu'adviendra-t-il de ce siége?

— Oui, qu'adviendra-t-il? Vous êtes un soldat, parlez en soldat.

— Précisément parce que je suis un soldat, je me sens jusqu'à un certain point, incapable de vous donner une opinion juste. En effet, je vois d'un côté un des combattants admirablement organisé un point de vue militaire, possédant tout ce qui assure le succès : un général, des armes et des soldats; et, de l'autre, je vois son adversaire ne possédant rien de tout cela. Vous devez donc comprendre que moi, soldat, et précisément parceque je suis soldat, je n'ai pas, en présence d'une pareille situation, toute l'impartialité nécessaire : l'influence du métier pèse sur moi, D'un côté, je vois une force connue, — l'armée prussienne, — que je peux peser et dont je peux jusqu'à un certain point calculer la puissance; de l'autre, je suis en face d'une force inconnue, — l'élan national, — dont je ne peux pas calculer la résistance. En conséquence, il ne faut pas attacher trop d'importance à mes jugements : je vous l'ai déjà dit, mon oncle, je vous le répète. De plus, je suis encore influencé par des entretiens que j'ai eus avec plusieurs de vos généraux, qui, par malheur, n'ont pas foi dans la résistance de Paris. A une armée telle que sera celle de Paris, il faudrait des enthousiastes, et elle a pour la commander des critiques.

– C'est votre opinion que je demande, dit Antoine et non celle de ceux avec qui vous avez pu vous entretenir.

— Je ne crois pas une attaque de vive force; mais je crois à un siége plus ou moins long, avec toutes les conséquences d'un siége, batailles, bombardement, et voilà pourquoi j'ai voulu vous entretenir, voilà pourquoi je vous ai dit qu'il ne s'agissait point d'une chose qui nous fût exclusivement personnelle. Ce n'est pas d'aujourd'hui que je suis arrivé à la conviction que je viens de vous exprimer; mais c'est depuis votre retour à Paris que m'est venue l'idée que je veux vous soumettre, et pour l'éxécution de laquelle j'ai besoin du concours de Thérèse.

— Thérèse ! s'écria Antoine, stupéfait et ne comprenant pas comment Thérèse pouvait surgir tout à coup au milieu d'un pareil sujet.

— Oui, Thérèse. Lorsqu'on a vu que le siége devenait menaçant, certains esprits auraient voulu qu'on fît sortir de Paris les femmes, les enfants, les vieillards, et tous ceux qui ne pouvaient pas devenir de véritables soldats :

cela aurait éternisé la défense. Mais cela n'a pas été fait les femmes sont restées. Il faut les utiliser, et elles peuvent rendre plus de services qu'en s'organisant en bataillons d'amazones. Mon intention est de former une ambulance ici, et j'ai besoin de Thérèse ; à vrai dire même, cette ambulance n'est possible qu'avec Thérèse.

— Mais...

Le colonel ne se laissa pas couper la parole.

— Avant de me répondre, dit-il, je vous prie de m'écouter jusqu'au bout; si vous avez des objections à faire à mon projet, attendez que vous connaissiez ce projet dans son entier et que vous ayez pu le juger dans son bon comme dans son mauvais.

— Ce n'est point votre projet que je veux juger.

— Écoutez-moi mon oncle : si le siége de Paris est ce que j'imagine, il est certain qu'il n'y aura pas assez d'ambulances, et que l'initiative privée devra venir en aide à ce qui existe en ce moment. D'ailleurs les ambulances, telles qu'on les comprend en France, laissent beaucoup à désirer, et nous autres Américains, nous avons fait pendant notre guerre des expériences que je trouve utile d'introduire ici. Je veux donc couvrir mon jardin d'ambulances sous tentes.

— Sous tentes ! mais nous allons bientôt entrer dans la période du mauvais temps, ne l'oubliez pas.

— Ne craignez rien; nos ambulances telles que nous les construisons défient tous les mauvais temps, même le froid le plus âpre. Si les minutes ne nous étaient pas mesurées, je vous donnerais à ce sujet des explications qui vous convaincraient, mais ce n'est pas de cela qu'il s'agit pour le moment.

— Vous parliez de Thérèse.

— Justement. Les blessés n'ont pas besoin seulement de soins matériels, de bons lits, de pansements habiles, de bonne nourriture ; il leur faut encore des distractions et de la gaieté, une sorte d'hygiène morale. Je vous parle en connaissance de cause, moi qui ai passé trois mois sans pouvoir sortir. Ces soins moraux ce sont les femmes seules qui peuvent les donner. Vous ne sauriez croire combien un sourire de femme est doux pour un pauvre diable de blessé que la tristesse et le désespoir abattent. Il arrive souvent qu'un blessé à qui on a coupé un bras ou une jambe est plus malade moralement que physiquement; il réfléchit qu'il a vingt ans, qu'il est estropié, et que la vie, quelle qu'elle soit, aura des tristesses pour lui, et il passe ainsi des heures qui ne sont pas gaies. Alors il a besoin, sous peine d'être empoigné et même emporté par la fièvre, d'être égayé et réconforté. Une femme s'approche de lui, elle lui parle, elle lui sourit, elle le sauve. J'ai vu cela en Amérique. Combien cet effet ne doit-il pas être plus puissant en France, où les Français sont beaucoup plus sensibles à l'influence féminine que les Américains. Je veux que cette influence s'exerce dans mon ambulance et vous voyez comment j'arrive nécessairement à Thérèse.

— Oui, je vois, mais...

— Vous me direz que j'ai ma femme de charge. Sans doute, madame Bénard est une excellente femme, et je compte bien qu'elle nous rendra de grands services par son esprit d'ordre et d'organisation. Mais, en dehors de ces deux qualités, très grandes chez elle et qui nous seront très utiles, elle n'a rien de ce que je veux, c'est-à-dire de la bonté, de la douceur, de la *gaieté, en un mot du* charme. Vous êtes assez artiste, mon oncle, pour savoir combien la grâce ou la beauté exerce d'influence en ce monde, et précisément Thérèse a au plus haut point cette grâce et ce charme.

Tout en parlant et en posant ses paroles, le colonel observait avec soin la physionomie de son oncle, pour voir quel effet ce discours produisait sur lui; car c'était un vrai discours qu'il avait préparé, aussi bien dans la partie qui s'appliquait à la guerre, et qui avait pour but de toucher le sentiment patriotique du vieux républicain, que dans celle qui s'appliquait à Thérèse et qui avait pour but d'émouvoir le père.

Il le vit sourire.

Alors il continua plus vivement :

— Une autre raison qui rend encore la présence de Thérèse indispensable ici, c'est une raison d'ordre et de convenance. Il n'entre pas dans mes vues, en effet, de m'enfermer dans cet hôtel pour me faire ambulancier ; je crois que je pourrai être plus utile ailleurs, et plus tard je vous expliquerai mes intentions à ce sujet. Ce que je veux dire en ce moment, c'est que puisque je ne puis pas rester ici, il faut que je sois représenté par quelqu'un qui ait le droit de parler avec autorité et Thérèse aura ce droit.

— Une petite fille.

— Cette petite fille est ma cousine, et par cela seul on écoutera ce qu'elle dira et on lui obéira. Vous voyez donc, mon oncle, quels services Thérèse peut rendre, et je crois que nulle part ailleurs elle ne pourrait remplir un rôle plus utile : c'est pour la patrie que je vous la demande.

— Lui avez-vous parlé de ce projet?

— Certes non, et avant tout j'ai voulu vous le soumettre. Il n'y a qu'une personne avec laquelle je m'en sois expliqué ; cette personne, c'est Sorieul. Hier soir, ne vous voyant pas venir et ayant là Sorieul, c'est-à-dire l'oncle de Thérèse, qui, en cette qualité, a de certains droits sur elle, je l'ai consulté, car mon projet demande à être mis vivement à exécution et tout retard lui est préjudiciable. Je lui ai dit ce que je voulais faire et lui ai expliqué quels services Thérèse pouvait nous rendre. Il a pleinement approuvé mon projet, et si bien approuvé même, qu'il veut se consacrer aussi à son exécution ; il a pris son appartement ici. Je suis assuré de son concours. Maintenant, mon oncle, c'est le vôtre que je demande. Au commencement de notre entretien vous me disiez que vous aviez l'intention de retourner rue de Charonne. Pourquoi faire?

— N'est-ce pas chez moi? Où voulez-vous que j'aille?

— Je veux que vous restiez ici ou plutôt que vous considériez que c'est ici qu'est votre chez vous. Que feriez-vous rue de Charonne, puisque vous n'allez pas travailler? Je ne sais comment vous comptez employer votre énergie pendant le siège; mais, quelle que soit votre résolution, il vous faut toujours un domicile. Ici vous serez avec votre fille, avec votre beau-frère, — et voulez-vous me permettre d'ajouter mon cher oncle? — avec votre fils.

— Je vous demandais tout à l'heure si vous aviez parlé de votre projet à Thérèse.

— Et je vous ai répondu : non.

— Mais il y a encore une autre personne qui doit être consultée, c'est...

Antoine hésita un moment.

— C'est Michel, n'est-ce pas? interrompit vivement le colonel.

— Sans doute.

— Je m'attendais à votre réponse et je n'ai pas d'objection à y faire. Je suis tout prêt à soumettre ce projet à Michel, non pas pour lui demander Thérèse, elle n'est pas encore sa femme; mais pour voir s'il s'opposera à ce qu'elle remplisse le rôle patriotique que je lui destine. Il y a là une nuance, mon oncle, que je vous prie de remarquer. Si Michel approuve ce projet, comme je crois qu'il l'approuvera, rien ne sera plus simple; au contraire, s'il le repousse, ce sera à vous, le père de famille, de prononcer en dernier ressort, et alors je plaiderai moi-même ma cause contre Michel. Mais, comme cette plaidoirie peut en ce moment être inutile, ce n'est pas la peine de l'entamer.

Si résolu qu'on soit, on accepte volontiers tout ce qui peut vous tirer d'une situation difficile et délicate.

Antoine, après avoir pris en main la cause de Michel, se dit qu'après tout on pouvait tenter auprès de celui-ci l'expérience que le colonel demandait.

— Allons trouver Michel, dit-il.

— Voudrez-vous me laisser prendre la parole? demanda le colonel.

Cela encore ne pouvait pas contrarier Antoine, assez embarrassé de ce qu'il devrait dire.

— Parfaitement.

Ils revinrent dans le salon, où Michel et Thérèse écoutaient plus ou moins attentivement les considérations diplomatiques que Sorieul faisait valoir en faveur de l'équilibre européen.

— Ma chère cousine, dit le colonel en s'adressant à Thérèse, qui le regardait comme si elle espérait lire dans ses yeux ce qui venait de se dire dans ce long entretien, nous avons tenu un conseil de guerre, mon oncle et moi, mais sans pouvoir nous mettre d'accord; nous avons besoin de nous adjoindre deux nouveaux membres. Voulez-vous nous céder ces messieurs?

Et au regard inquiet qu'elle attachait sur lui, il répondit par un sourire qui disait :

— Ne craignez rien, tout va bien, comptez sur moi.

Il n'entrait pas dans les intentions du colonel d'aborder tout simplement et tout franchement avec Michel la question qu'il voulait poser à celui-ci.

En effet, il était à peu près certain que si l'on demandait brusquement à Michel : « Vous plaît-il que Thérèse habite l'hôtel de son cousin, pour diriger une ambulance que celui-ci désire établir? » la réponse serait : « Non. »

— Tout à l'heure, dit-il, j'expliquais à mon oncle un

projet d'ambulance dont je m'occupe; mais avant de vous le soumettre, je voudrais vous consulter sur une autre question, plus urgente peut-être.

— Cependant les ambulances, dit Sorieul sentencieusement, doivent incontestablement préoccuper les amis de l'humanité.

Antoine ne dit rien, mais il regarda son neveu avec surprise, se demandant ce que signifiait ce brusque changement d'idées.

Pour Michel, il resta impassible, ne se doutant pas qu'il était l'acteur principal de la scène qui s'engageait.

— J'ai envoyé ce matin une dépêche à Birmingham pour acheter trois cents fusils à tir rapide avec un approvisionnement de munitions. J'ai donné toute latitude pour le prix, et n'ai mis qu'une condition au marché pour la livraison, qui doit m'être faite ici le 12, avant midi. Nous sommes aujourd'hui le 7, je ne crois pas que les armées allemandes aient commencé l'investissement de Paris à cette époque, il faudrait pour cela une rapidité de marche qui n'est pas dans leurs habitudes. Achetées aujourd'hui à Birmingham, expédiées par grande vitesse, les armes et les munitions doivent donc pouvoir m'être livrées. Mon intention était de les offrir, aussitôt que je les aurais reçues, au gouvernement, car il n'y a pas d'offrande plus utile à faire à la France en ce moment.

— Voilà une idée virile, s'écria Sorieul, digne d'une âme patriotique. Mon cher Édouard, permettez-moi de vous adresser mes félicitations : vous faites un noble usage de votre fortune.

— Au moment où j'ai envoyé ma dépêche, reprit le colonel, mon intention, je viens de vous le dire, était d'offrir ces fusils au gouvernement; mais certaines paroles de Sorieul pendant le déjeuner m'ont donné à réfléchir, en me montrant qu'il règne une certaine désorganisation dans les bureaux.

— Ils n'ont pas l'esprit méthodique, dit Sorieul.

— D'autre part, poursuivit le colonel, vous nous avez expliqué. vous, mon oncle, qu'il y avait un assez grand nombre de gens de bonne volonté qui n'ont pas pu encore, malgré leurs démarches, se faire incorporer dans la garde nationale. De telle sorte que, quand mes fusils arriveront, il pourra se produire ceci : on ne les distribuera pas, et cependant il y aura des mains tendues qui ne demanderaient pas mieux que de les recevoir pour s'en servir courageusement : Cela est à craindre, n'est-ce pas?

— Assurément, dit Sorieul, et si vos fusils arrivent...

Quand je vous dis que mes fusils arriveront avant l'investissement de Paris, je parle avec certitude, répondit le colonel, et vous pouvez être pleinement rassuré à cet égard. En effet, voici une réponse à mon télégramme qui me dit que si je veux payer trois cents Remington, à raison de cent soixante francs le fusil — ce qui est à peu près le double de la valeur réelle — on prend l'engagement sous peine d'un fort dédit, de me livrer ces trois cents fusils ici, avec un approvisionnement de cinq cents cartouches par fusil, le 12, avant midi. Je suis tout prêt à ce sacrifice.

— Cependant... interrompit Sorieul.

— Nous n'avons pas le temps de marchander; d'ailleurs, il faut considérer que pour me faire cette livraison, on rompt peut-être des marchés conclus, ce qui entraînera des dommages-intérêts ; le télégramme n'entre pas dans des détails, il me pose des conditions qui sont à accepter ou à refuser. Pour mon compte, je suis tout disposé à les accepter ; seulement je voudrais être certain qu'une fois mes fusils ici, je trouverai à les placer rapidement et utilement.

— Cela est juste, dit Sorieul.

— Je ne veux pas qu'on me réponde que, l'armement

se composant de fusils chassepot, à tabatière où à piston, mes remingtons seraient une complication de plus.

— Ce serait une trahison, s'écria Sorieul.

— Trahison ou non, cela peut arriver, et je ne veux pas rester avec trois cents fusils dont je serais fort embarrassé : voilà pourquoi je vous consulte.

Antoine, Sorieul et Michel se regardèrent tous trois en se demandant ce qu'ils pouvaient répondre en pareille circonstance.

— Faites toujours venir les fusils, dit Antoine ; quand vous les aurez nous trouverons à les employer.

— J'avais pensé un moment, dit le colonel en voyant qu'on ne répondait pas à sa question, dans le sens qu'il désirait, j'avais pensé à former un corps franc.

— Excellente idée, dit Sorieul.

— Vous oubliez, que je ne suis pas Français?

— Légalement.

— C'est évident ; de cœur, je le suis et je vous le prouverai. Mais légalement il me serait difficile, à moi, colonel des États-Unis, d'organiser un corps franc dont je prendrais le commandement. Avec le système d'indiscrétion que les journaux pratiquent à mon égard, cela serait bientôt de notoriété publique et amènerait des complications que je désire éviter. Je puis d'autant mieux parler ainsi que, si ce corps se formait, je suis prêt à m'engager dedans, mais comme simple soldat.

— Vous, un colonel, simple soldat?

— Je crois que les colonels de cavalerie n'auront pas un service bien actif à faire pendant le siège ; d'ailleurs il y aura bien assez de gens, si je ne me trompe, qui seront heureux et fiers de cavalcader à cheval. Simple fantassin, je serai plus utile. Et puis laissez-moi dire entre nous qu'il ne me conviendrait pas d'accepter un grade dans un corps que j'aurais armé et habillé : il me semblerait que j'aurais acheté mon grade.

— Très bien! dit Antoine.

— Et cela pourrait être aussi l'opinion de mes soldats, ce qui nécessairement produirait un effet fâcheux.

Jusque-là Michel avait écouté, sans se permettre la plus légère interruption.

Il leva la main.

— Ce corps que vous ne voulez pas organiser ne peut-il être formé par d'autres? dit-il.

— Mais sans doute.

— J'arrive à Paris, comme si je tombais des nues, et je ne sais rien; mais, par ce que j'entends, il me semble qu'il y a encore bien des gens qui ne concourent pas à la défense. Ainsi nous sommes quatre ici, et tous les quatre nous n'avons rien à faire; beaucoup doivent être dans le même cas.

— Assurément, dit Antoine, et plusieurs de nos amis qui se sont mis dans la garde nationale voudraient prendre une part plus active à la défense.

— C'est à ces amis qu'il faut s'adresser, dit Sorieul.

Le colonel n'avait plus rien à dire : l'idée qu'il venait de suggérer était adoptée, elle marchait toute seule. On ne fut pas longtemps à s'entendre et à se mettre pleinement d'accord.

Il fut convenu qu'Antoine et Michel allaient s'occuper de réunir ceux de leurs amis qui voudraient s'engager dans ce corps.

— Prévenez tous ceux qui vous répondront affirmativement, dit le colonel, qu'ils seront armés et habillés; mais en même temps, prévenez-les aussi que le service qu'on leur demandera sera celui des avant-postes, c'est-à-dire pénible et dangereux.

— Il faudrait trouver un beau nom pour ce corps, dit Sorieul qui n'oubliait jamais le côté littéraire.

— Il en est du nom comme du costume, ce qui sera le plus simple sera le meilleur.

— Enfin j'y réfléchirai, ne livrons rien à l'improvisation, conclua Sorieul.

Sorieul aurait voulu qu'on fixât l'effectif à trois cents hommes; mais le colonel fit observer que, n'ayant que trois cents fusils, il fallait garder une réserve, et que deux cent cinquante hommes suffiraient.

— Il est de fait que deux cent cinquante hommes bien choisis, dit Sorieul, et bien dirigés peuvent faire une utile besogne.

Le temps avait marché pendant cette discussion, mais Antoine ne pensait plus à l'heure.

Quant au colonel, il avait obtenu ce qu'il désirait et son plan avait réussi; maintenant il pouvait aborder la question de l'ambulance.

— Ce premier point décidé, dit-il, j'arrive au second, c'est-à-dire à l'ambulance.

Puis se tournant vers Michel et s'adressant exclusivement à lui :

— Il faut que vous sachiez, dit-il, que j'ai soumis un projet d'ambulance à Sorieul, qu'il m'a promis son concours, et à mon oncle, à qui j'ai demandé celui de ma cousine.

Michel leva brusquement la tête.

— Voici ce dont il s'agit, continua le colonel, sans paraître remarquer ce mouvement : je veux organiser une ambulance dans mon jardin, d'après le système en usage pendant notre guerre; lequel système est, selon moi, excellent et peut rendre de grands services pendant le siège.

— Le colonel m'a expliqué ce système, dit Sorieul, et je peux vous affirmer qu'il est vraiment parfait.

— Il consiste à élever dans ce jardin des tentes imperméables, de manière à recevoir cent cinquante blessés. Mais, pour que cette ambulance fonctionne régulièrement et donne tout ce que j'attends d'elle, il faut qu'une femme soit chargée de la direction de certains services. J'ai déjà le concours de Sorieul...

— Mais je ne peux pas faire partie en même temps de l'ambulance et du corps des volontaires, interrompit Sorieul, tirant son revolver de sa poche.

— Vous seriez sans doute très utile parmi les volontaires, mais vous serez plus utile encore ici ; c'est donc ici que votre devoir vous attache. D'ailleurs, j'ai votre promesse.

— Je ne résiste pas, j'obéis.

— J'ai donc le concours de Sorieul, maintenant il me faut celui de ma cousine.

Michel regarda Antoine; mais le colonel, qui ne le quittait pas des yeux, ne lui laissa pas le temps de poser une question.

— Thérèse et Sorieul ici, dit-il vivement, d'un ton dégagé ; mon oncle là où il sera le plus utile; vous et moi aux avant-postes : nous voilà tous employés selon nos aptitudes.

Présentée en ces conditions et en ces termes, la question ne ressemblait plus à celle qu'Antoine voulait adresser à Michel.

En effet, il ne s'agissait plus de lui demander s'il voulait laisser sa fiancée en tête à tête avec le colonel.

Ce tête-à-tête était écarté, puisque le colonel, au lieu d'habiter son hôtel, suivrait le bataillon de volontaires qui allait se former, et le service de ce bataillon ne serait pas celui de la garde nationale; on ne rentrerait pas coucher chez soi, on mènerait la rude existence du soldat en campagne.

Il n'y avait plus de raisons maintenant pour que Thérèse rentrât rue de Charonne.

— Quand je dis que nous serons tous employés selon nos aptitudes, reprit le colonel comme pour réparer un oubli, je pense aussi à Denizot. Le brave garçon ne collera pas toujours ses affiches, il rentrera à Paris un jour ou l'autre. Que ferait-il? Ainsi qu'il me le disait lui-même, il n'est pas en état de tenir un fusil, tandis qu'il sera parfaitement à sa place dans notre ambulance : avec sa gaieté, avec son entrain, il distraira les blessés, et lui sera heureux d'accomplir une tâche utile dans la mesure de ses moyens.

— Vous êtes un homme unique, dit Sorieul ; vous pensez à tout et à tous.

Le colonel attendit quelques secondes; puis voyant que Michel ne disait rien, il reprit la parole pour ne pas lui donner le temps de trouver des arguments de résistance.

— Voilà donc qui est bien entendu, dit-il; le conseil est unanime, n'est-ce pas?

— Comment voulez-vous qu'il ne le soit pas? s'écria Sorieul, nous serions de mauvais citoyens si nous n'applaudissions pas vos projets des deux mains.

C'était le mot de la situation : celui qui n'approuvait pas était un mauvais citoyen. Michel ne pouvait pas ne pas approuver.

— Ainsi, continua le colonel, c'est à l'unanimité que nous décidons la formation d'un bataillon de volontaires et l'établissement d'une ambulance. A vous, mon oncle, à vous, Michel, de vous occuper du recrutement des volontaires ; à moi, de m'occuper des fusils, de l'équipement et de tout ce qui est nécessaire à l'ambulance. Nous n'avons pas de temps à perdre. Mon oncle, quand vous voudrez partir, je suis à votre disposition.

— Tout de suite.

— Et vous, Michel?

Mais Michel n'accepta pas.

Antoine et le colonel montèrent en voiture, et pendant quelques minutes ils restèrent à côté l'un de l'autre sans parler.

Ce fut Antoine qui, le premier, rompit ce silence.

— Mon cher Édouard, dit-il, vous m'avez fait, il y a quelques jours, une promesse.

— Au sujet de Thérèse, n'est-ce pas?

— Oui.

— Eh bien! mon oncle, je l'ai tenue, et je vous jure que je la tiendrai jusqu'au bout.

— Je ne me permettrais pas de vous poser une question à ce sujet, je vous estime trop pour croire que vous pouvez manquer à votre parole; c'est cette estime qui me fait vous demander en ce moment un nouvel engagement.

— Lequel?

— Promettez-moi que d'ici la fin de la guerre, il n'y aura aucune rivalité entre vous et Michel.

— Cette rivalité existe sans notre volonté, mon oncle.

— Je veux dire qu'il n'y aura aucune querelle, aucune discussion, aucune explication. — En échange de cet engagement, j'en prendrai un envers vous, c'est de ne pas consentir au mariage de Thérèse avant la fin du siège. Je veux que vos luttes particulières ne nuisent pas à la défense de la patrie; il ne doit plus y avoir place dans nos cœurs que pour un seul sentiment, — le sentiment patriotique. Voulez-vous prendre cet engagement?

— Dans les termes que vous venez de fixer, oui, mon oncle, je le prends. Ainsi je vous promets, d'une part, que je ne dirai pas un mot d'amour à Thérèse, et, d'autre part, qu'il n'y aura aucune querelle ni aucune explication entre Michel et moi à ce sujet. Mais, pour la rivalité, je ne prends aucun engagement; je veux que Thérèse soit ma femme et je ferai tout pour la gagner.

XII

Quand, trois heures après, le colonel rentra à l'hôtel et qu'il s'informa de Thérèse, on lui dit qu'elle était seule. Il monta à son appartement.

— Eh bien! ma cousine, dit-il, comment trouvez-vous notre projet?

— Quel projet?

— Michel ne vous a rien dit?

— Je n'ai pas vu Michel depuis que vous avez tenu votre conseil de guerre.

Cette réponse lui donna un mouvement de joie; il était heureux d'apprendre lui-même à Thérèse l'arrangement qui avait été arrêté.

— Ce conseil de guerre, dit-il, avait pour objet de s'occuper de vous.

Elle ne dit pas franchement : Parlez vite, mais son regard le dit pour elle.

— Dans une chose qui vous touchait personnellement, dit-il, j'aurais voulu tout d'abord vous consulter; mais des raisons de convenance, dont vous sentirez toute la valeur quand vous saurez ce dont il s'agit, m'ont obligé à m'ouvrir d'abord à votre père, lequel a voulu mêler votre oncle et... Michel à notre entretien. Voilà comment il se fait, ma cousine, que vous apprenez la dernière ce que vous auriez dû être là première à connaître.

— Mais quoi? dit-elle, ne pouvant plus retenir cette question qui lui brûlait les lèvres.

— Que diriez-vous d'un projet qui vous ferait rester ici, tant que durera le siège?

— Ici... chez vous? demanda-t-elle d'une voix que l'émotion rendait tremblante.

Il la regarda longtemps sans répondre, ému lui-même par ce trouble qu'il voyait en elle.

— Voici ce dont il s'agit, dit-il; j'ai eu l'idée d'établir une ambulance ici, et c'est à vous que je veux en confier la direction.

Tant bien que mal, il résuma l'entretien qui avait eu lieu entre Antoine, Sorieul, Michel et lui.

— Voilà donc notre situation à tous, dit-il en terminant ce récit : vous et votre oncle Sorieul ici, votre père où il aura besoin d'être, Michel et moi aux avant-postes. Comprenez-vous maintenant pourquoi j'ai voulu vous avoir ici? Ne pouvant rester dans cette maison où j'aurais peut-être rendu de plus utiles services que là où je serai, j'ai voulu que ma place fût tenue par...

Il hésita un moment :

— ... Par celle qui est... mon associée, par ma cousine, ma petite cousine, que je sais bonne, dévouée, courageuse, en qui j'ai confiance et foi.

Puis, ne voulant pas se laisser entraîner par l'émotion qui gonflait son cœur et par celle qu'il voyait dans les yeux de Thérèse :

— Est-ce que ce n'est pas une bonne idée? dit-il en riant; allons, félicitez-moi donc un peu. Comment! vous, élève de Sorieul, vous restez court! Je vous assure que votre maître, lui, a trouvé des paroles pour qualifier cette idée, et de belles et de longues.

Thérèse n'était point de ces jeunes filles qui, au mot guerre, entrent en émoi et voient mort celui qu'elles aiment. Enfant, elle avait été habituée à entendre parler de devoir, de patrie, de sacrifice à ses idées, et, quand son père agitait la question de savoir si l'on tenterait bientôt une révolution, il n'était jamais question de danger ou de mort, on ne s'occupait pas de cela; ce n'était pas le principal.

Ce n'était donc pas la pensée des dangers auxquels son

cousin allait s'exposer aux avant-postes qui troublait ses yeux et rendait ses lèvres tremblantes.

Elle leva sur lui ses yeux, qui jetaient des flammes.

— Si j'osais? dit-elle d'une voix vibrante.

Elle s'arrêta.

Au contact de ce regard, il sentit un frisson courir dans ses veines et vivement il se rapprocha d'elle.

— Eh bien! dit-il en tendant les deux mains vers elle.

Elle recula vivement et détourna la tête. Mais presque aussitôt elle revint vers lui, le visage souriant.

— Eh bien! ce que je n'ose pas vous dire, c'est que vous êtes un magicien.

Il sentit ce qu'il y avait dans ce sourire, qu'elle avait eu la force de mettre comme un masque sur son visage pour cacher les vrais sentiments qui l'animaient, et lui aussi rentra dans la réalité.

— C'est moins long que Sorieul, dit-il en s'efforçant de prendre un ton enjoué, mais je suis satisfait.

Puis, après un moment de silence qui lui permit de se remettre tout à fait :

— Ainsi, il est bien entendu, n'est-ce pas, que vous prenez ma place et que vous l'occupez, comme si vous étiez moi. Chaque fois qu'une difficulté se présentera vous n'aurez qu'une question à vous poser : « Que ferait mon cousin? » Et vous me connaissez assez, je l'espère, pour n'être jamais embarrassée pour la réponse. Maintenant il pourrait très bien arriver qu'étant ici, je me trouvasse moi-même embarrassé; alors je vous consulterais. Vous devrez donc, en vous déterminant d'après ce que vous savez de mon caractère et de mes idées, avoir égard aussi à vos propres suggestions. Comme cela, nous serons intimement unis d'esprit et de cœur, si bien qu'étant séparés, nous serons cependant ensemble comme...

Il avait beau faire, les mots dangereux arrivaient malgré tout sur ses lèvres.

Il s'arrêta, et se reprenant :

— ... Nous serons deux associés, deux amis. Avant de quitter cette maison, je donnerai des ordres et des instructions pour que vous soyez reconnue comme la maîtresse à qui tous doivent respect et obéissance.

Il hésita encore durant quelques secondes; puis, se disant qu'il y avait une affectation plus dangereuse que la franchise même à éviter certains mots qui se présentaient fatalement, il continua :

— Vous serez ici comme si vous étiez ma sœur, ou bien — pourquoi ne pas dire le mot? — comme si vous étiez ma femme.

Elle pâlit au point qu'il crut qu'elle allait défaillir. Elle balbutia quelques mots qu'il n'entendit pas, soit qu'ils fussent intelligibles, soit qu'il fût lui-même trop troublé pour comprendre.

Alors il se hâta de continuer, parlant rapidement pour s'étourdir et s'entraîner par le bruit de ses propres paroles.

— Il est bien entendu encore que vous aurez près de vous des personnes en qui vous pourrez mettre votre confiance : les médecins que je vais choisir, votre oncle, madame Bénard, qui est une digne et brave femme, pleine d'honnêteté et de droiture; enfin Horace, qui vous sera dévoué comme il me l'est à moi-même; car il aime qui j'aime, et je vous... et j'ai pour vous une profonde tendresse, ma chère Thérèse. Mais quel que soit le mérite de ces personnes, j'entends que vous vous détermíniez toujours d'après vos propres inspirations et que vous ne fassiez jamais rien contre ce que vous savez être mes idées.

— Mais...

— Encore un *mais!* Cela vous paraît difficile, n'est-ce

pas? C'est là ce que vous voudriez dire? Pourtant il me semble que rien n'est plus facile. Vous avez entendu parler des spirites, n'est-ce pas, et des médiums?

— Oui.

— Eh bien! pourquoi ne feriez-vous pas comme les spirites, qui croient pouvoir entrer en communication avec les esprits des morts? Je ne serai pas mort, je ne serai qu'absent. Est-ce que, quand vous voudrez communiquer avec moi pour me consulter sur une décision qui vous embarrassera, vous ne pourrez pas évoquer mon esprit et l'interroger?

— Mais oui, il me semble.

— Moi, je suis certain que là-bas, aux avant-postes, quand je vous évoquerai, je vous verrai comme si vous étiez devant moi en personne, je vous parlerai et je vous entendrai. Pour cela, il n'y a qu'à penser fortement à ceux qu'on...

Une fois encore, un mot trop fort se présenta, qu'il dut refouler.

— ... A ceux avec lesquels on est en communion d'idées et de sentiment. Est-ce que vous croyez que vous ne pourrez pas penser à moi aussi?

Elle joignit les mains sans répondre.

— Voulez-vous que je vous indique un moyen qui vous rendra cet effort d'imagination plus facile?

Elle continua de le regarder sans parler, les yeux éperdus.

— Quand vous serez la maîtresse de cette maison, vous ne recevrez pas ceux qui auront affaire à vous dans cet appartement.

— Et pourquoi?

— Parce que ce serait compliquer le service, parce qu'il faut, autant que possible, éviter aux gens la fatigue et les marches d'escalier; enfin parce que cet appartement est votre chambre de jeune fille, dans laquelle les indifférents ne doivent pas pénétrer. Elle n'a été, elle ne sera habitée que par vous. Vous recevrez donc dans mon cabinet de travail.

— Oh! mon cousin.

— Il faut bien que je vous installe quelque part. Tout le rez-de-chaussée sera réservé à l'ambulance et à ses services, les tentes que je vais faire dresser dans le jardin seront habitées par les blessés, les appartements du rez-de-chaussée appartiendront aux convalescents, mon cabinet de travail et la bibliothèque seront à vous. Eh bien! dans ce cabinet, vous avez peut-être remarqué qu'il y a un portrait de moi assez ressemblant; lorsque vous voudrez me consulter, vous n'aurez qu'à regarder ce portrait, et je me figure que mes yeux vous répondront. Voilà mon moyen.

— Ne pourrai-je pas vous écrire?

— Mais je l'espère bien; sans doute le service de la poste ne se fera pas, aussi devrons-nous le remplacer par un messager particulier qui m'apportera votre lettre et vous rapportera ma réponse. Seulement je vous demande instamment de ne pas attendre cette réponse pour vous décider; car ce que je désire, ce que je veux, — si vous me permettez de parler ainsi, — c'est qu'en tout vous fassiez acte de maîtresse de maison, d'associée. Ce n'est pas seulement un labeur que je vous impose : en établissant cette ambulance, je désire goûter la satisfaction qu'on éprouve à faire un peu de bien. Cette satisfaction, je veux que vous la goûtiez avec moi; il me plaît que nous soyons associés. Cela ne vous plaît-il pas aussi?

Elle voulut répondre, mais des larmes lui montèrent aux yeux, et elle se tut, étouffée par la joie.

— Pour faire acte de maîtresse de maison, dit-il, il faut être vraiment maîtresse, et pour cela, je ne connais qu'un moyen tout à fait décisif, c'est de tenir la clef de la caisse : vous ne sauriez croire comme on obéit à l'argent et comme on le respecte. Je ne veux pas vous donner les tracas de la comptabilité et de la dépense de cette maison, ce qui sera assez lourd et surtout compliqué ; Horace sera chargé de ce soin avec des employés que je lui choisirai. Mais je veux que dans les grandes circonstances, alors qu'il ne s'agira pas de choses ordinaires et courantes, vous interveniez et fassiez parler votre autorité, qui, ne l'oubliez pas, sera la mienne. Pour cela, j'ai été vous choisir ce petit livre.

Disant cela, il tira de sa poche un carnet semblable à celui qu'il avait pris dans son bureau pour envoyer des chèques aux maires.

— Vous reconnaissez ce livre, n'est-ce pas?

— C'est un livre de chèques.

— Précisément; je l'ai pris à votre intention, en vous faisant ouvrir un compte à l'*American Bank*. Votre crédit est illimité; vous pourrez donc écrire sur ce petit livre aussi souvent que besoin sera, ses feuillets s'épuiseront, mais le crédit ne s'épuisera pas; quand le livre sera fini, vous en ferez demander un nouveau.

— Mais je n'aurai pas besoin d'argent, il me semble?

— Vous vous trompez, et, si vous voulez agir pour moi, vous en aurez au contraire souvent besoin. Ainsi laissez-moi vous citer un exemple. Plus d'un de nos blessés guérira, je l'espère; en sortant d'ici, où ira-t-il? S'il est complétement rétabli, et sain et sauf, il retournera à son régiment; alors il n'aura pas besoin d'un grand secours, car le soldat qui a sa poche pleine est bien souvent un mauvais soldat. Mais il ne sera pas toujours sain et sauf; il sera quelquefois estropié d'un bras, d'une jambe, et il ne retournera pas à son régiment. Que deviendra-t-il? Vous l'aurez fait causer pendant sa convalescence, vous le connaîtrez, vous saurez quels sont ses besoins et ceux de sa famille. C'est alors que vous vous servirez de ce petit livre; vous écrirez sur une feuille la somme que vous jugerez nécessaire à notre blessé, vous détacherez cette feuille, et vous la lui donnerez en lui indiquant l'adresse de l'*American-Bank*. Une fois sorti, le pauvre garçon ouvrira son petit morceau de papier, et son cœur vous bénira. Vous voyez bien que vous aurez besoin de ce livre, quand ce ne serait que pour éviter les scènes de remerciement quelquefois gênantes.

— Et moi, dit-elle, comment vous remercierai-je jamais.

— Me remercier, mais vos yeux ne font que cela ; il n'est pas besoin de paroles entre nous, chère... cousine, puisque nous nous comprenons.

XIII

Lorsque, le soir venu, le colonel, seul avec lui-même, examina les incidents de sa journée et se rappela les paroles de son long entretien avec Thérèse, il se demanda s'il avait bien tenu son serment.

Assurément le mot « amour » ne s'était pas trouvé une seule fois dans ses paroles.

Mais vingt fois, mais cent fois cet amour qu'il n'avait pas voulu nommer avait été affirmé sous toutes les formes, développé de toutes les manières.

Il n'est pas nécessaire que nos lèvres prononcent les mots mêmes : « Je vous aime ! » pour avouer et confesser notre amour : un regard, une intonation, un geste, le silence, ont souvent plus d'éloquence que les paroles les plus ardentes et les plus passionnées.

Ces regards, ces intonations, ces gestes, ne les avait-il pas eus vingt fois en s'adressant à Thérèse ? Combien souvent même ces silences, qui en disent tant, n'étaient-ils pas venus le trahir !

Son affectation à remplacer les mots trop significatifs par d'autres plus vagues n'avait-elle pas été un aveu ?

Thérèse n'était pas aveugle, elle n'était pas sourde, elle voyait, elle entendait, elle sentait.

Qu'avait-elle dû penser de ce mélange de tendresse et de retenue, de ces élans et de ces réticences se mêlant et se succédant ?

Pour elle, pour lui, et aussi pour cet engagement même qu'il voulait tenir, il était bon qu'il ne provoquât pas des entretiens tels que celui de cette journée.

Heureusement les circonstances dans lesquelles il se trouvait étaient favorables à l'exécution de cette résolution.

En effet, l'organisation du bataillon de volontaires d'une part, et celle de l'ambulance, d'autre part, étaient d'assez grosses affaires pour prendre tout son temps et ne pas lui laisser le loisir de s'entretenir de choses intimes avec Thérèse.

Pour le recrutement de ce bataillon, il s'en était entièment remis à son oncle et à Michel ; mais il lui était resté l'équipement, c'est-à-dire la partie la plus difficile de la tâche, celle qui exigeait le plus de soin et de peine.

Il fallait examiner des chaussures, comparer des étoffes, essayer leur solidité, compter les fils, et tout cela rapidement, en quelques mots; pressant l'activité des fournisseurs, modérant leur rapacité.

Mais ce travail n'était que de peu d'importance, comparé à celui qu'exigeait l'ambulance.

Car non seulement il fallait organiser matériellement cette ambulance, c'est-à-dire élever les tentes, établir leur chauffage, acheter leur ameublement, mais encore il fallait choisir son personnel en médecins, infirmiers, lingères, gens de service; puis, en même temps, il fallait passer des marchés pour son approvisionnement en vivres et en chauffage pendant tout le temps du siége.

Précisément parce qu'il ne pouvait pas être chez lui, le colonel ne voulait pas laisser une aussi grosse question que celle des vivres et du chauffage, pendant un siége qui pouvait devenir un blocus, à la charge de Thérèse : c'était une responsabilité trop lourde et qui l'eût écrasée ; aussi préférait-il la remettre à des fournisseurs qui, en vue de bénéfices certains, consentaient à l'assumer et à signer des marchés dont l'exécution était assurée par des dédits considérables.

L'habileté et l'intelligence des ouvriers parisiens sont assez universellement reconnues pour qu'il ne soit pas nécessaire d'en parler ; cependant il est des cas où, chose étrange, cette habileté et cette intelligence sont plutôt un désavantage qu'un avantage. Précisément parce qu'il a conscience de sa valeur, l'ouvrier parisien est peu disposé à écouter ce qu'on lui explique. « Très bien ! j'ai compris, ça suffit ! » sont ses premières paroles, avant même qu'on ait fini de lui dire ce qu'on veut. Et il va de l'avant, non d'après les explications qu'il n'a pas pris la peine d'écouter, mais d'après sa propre inspiration. Pour être exact, il faut dire que cette inspiration est parfois excellente et qu'elle conduit à des résultats étonnants ; mais parfois aussi elle est malheureuse, et elle arrive à des résultats désastreux. Cela surtout se produit lorsqu'il s'agit de choses complétement nouvelles ou qui sont tout à fait en dehors des usages et de la tradition. Alors on va à l'aventure, avec le hasard seul pour guide.

Or ce que le colonel demandait pour la construction de ses tentes était justement en dehors des usages et de la tradition.

Heureusement pour le projet du colonel, le matériel d'ambulance exposé en 1867 par une société américaine était resté à Paris ; il put le faire visiter par ses entrepreneurs ainsi que par ses ouvriers, et ses explications devinrent plus facilement compréhensibles.

— Cela ne cessait pas d'être absurde, mais enfin cela était possible.

Et l'on s'était mis au travail dans le jardin bouleversé et transformé.

De toutes les personnes qui l'entouraient, le colonel n'en avait trouvé qu'une seule qui ne lui avait pas fait une opposition obstinée : c'était Sorieul.

Sorieul, en effet, aimait tout ce qui était nouveau, et il suffisait souvent qu'une chose fût inconnue pour qu'il l'adoptât avec passion, — il la démontrait et la faisait connaître ; — elle lui appartenait, elle devenait sa chose à lui. Volontiers il se figurait, de la meilleure foi du monde, qu'il l'avait inventée, en tous cas, qu'il l'avait prodigieusement perfectionnée, et personne n'avait plus le droit d'y toucher, pas plus pour la critiquer que pour l'approuver. La critique, il ne la supportait pas ; l'approbation, il s'en chargeait de telle sorte qu'il eût été vraiment superflu de lui venir en aide.

Ce fut ce qui arriva avec le projet du colonel : une fois qu'il l'eut compris et étudié, il se l'assimila si complétement qu'il devint le sien.

En l'entendant parler, on aurait pu croire qu'il avait passé tout le temps de la guerre de sécession dans les hôpitaux de Chesnut-Hill, de Washington ou de Point-Lookout, et qu'il les avait étudiés à fond.

Mais où il était tout à fait admirable, c'était lorsqu'on le contredisait.

— Vous me dites que nos blessés auront froid, s'écriait-il ; c'est bien là votre objection ?...

— Il me semble que sous une toile, à cette saison...

— Très-bien ! ils doivent avoir froid. Vous ne voyez que la question du froid et pas celle de l'aération. Alors dites tout de suite que vous ne connaissez pas les exhalaisons des blessés et l'odeur qui s'échappe de la sécrétion de leurs plaies pour développer dans l'atmosphère des miasmes dans lesquels prennent naissance des maladies terribles : la résorption purulente, la pourriture d'hôpital, l'érysipèle, la pyohémie, les typhus.

Et il allait ainsi, défilant un chapelet de maladies plus effroyables les unes que les autres.

— Vous ne savez donc pas que dans les hôpitaux les blessés meurent, tués plutôt par l'hôpital que par la blessure même; les murs, les plafonds, les planchers de ces hôpitaux ne tardent pas à s'imprégner de miasmes qu'on ne peut chasser, et qui font sans cesse de nouvelles victimes. Sous nos tentes, rien de cela n'est à craindre : pas d'infection, une ventilation parfaite.

A ce mot, il ne fallait pas dire que peut-être cette ventilation était trop parfaite.

— Je vois que vous voulez revenir à la question du froid. Revenons-y. Je pourrais vous répondre que le froid est quelquefois salutaire aux blessés; je ne le ferai pas, parce que cela nous entraînerait trop loin. Je veux seulement vous prouver que sous nos tentes nous avons tout autant de chaleur, aussi bien que tout autant de froid, que nous voulons, et que nous n'avons jamais d'infection. Venez avec moi.

Si c'était à l'autre bout de Paris qu'on avait eu l'imprudence de soulever cette discussion, il vous prenait par le bras, et, de gré ou de force, il vous forçait à venir avec lui

Avec un pareil joueur de flûte devant lui, le colonel pouvait s'occuper tranquillement de l'exécution matérielle de son projet.

— Vous croyez que cela présentera des inconvénients : allez trouver mon ami Sorieul, il vous prouvera le contraire.

Et Sorieul faisait cette démonstration d'une façon victorieuse.

Le plaisir de démontrer avait pour lui tant de charmes que lorsqu'il n'avait pas une oreille attentive pour l'écouter, il prodiguait ses démonstrations au colonel lui-même.

— Il est certain, cher ami, que ce que je vous explique là, disait-il, vous le savez aussi bien que moi. Cependant vous n'avez peut-être pas considéré la question à ce point de vue, ce qui vous a empêché de découvrir les avantages qu'elle comporte... Ainsi...

Et tout en écoutant avec plus ou moins d'attention le développement des nouveaux points de vue inventés par son collaborateur, le colonel s'occupait d'un petit détail insignifiant pour celui-ci, mais cependant important.

Après avoir organisé l'ambulance elle-même, il fallait organiser ses services : voitures pour aller chercher les blessés sur les champs de bataille, brancardiers, cochers, et il fallait organiser aussi le logement de ce matériel et de ce personnel, son équipement, sa nourriture.

L'activité qui régnait à l'hôtel Chamberlain contrastait singulièrement avec le calme qui était descendu sur ce quartier naguère si brillant, aujourd'hui désert et mort : plus d'équipages, plus de fenêtres illuminées : le silence et la nuit ; quelques domestiques oisifs se montraient seulement çà et là, se réunissant pour causer devant les portes des hôtels confiés à leur garde.

Parmi les hôtels qui n'étaient pas inhabités se trouvait celui du marquis de Lucillière ; le marquis, il est vrai, était passé en Angleterre avec son haras et son écurie de courses qui courait en ce moment même dans toutes les réunions où elle pouvait avoir des engagements, gagnant ainsi à son propriétaire quelques jolies sommes, que celui-ci n'était pas homme à dédaigner. Mais la marquise était restée à Paris. Pourquoi serait-elle partie ? Elle n'avait peur de rien ni de personne, et puis un siége, pour elle c'était le nouveau et l'inconnu : il fallait voir ça.

Ses amis intimes qui avaient quitté Paris, avaient voulu l'emmener ; elle avait résisté à leurs prières aussi bien qu'à leurs colères.

— Non, je veux voir ça.

Et elle était restée après avoir envoyé son fils en Bretagne.

Un jour, en passant devant son hôtel, le colonel avait vu au dessus de la porte cochère un immense drapeau à la croix rouge qui volait au vent.

Elle aussi avait voulu avoir son ambulance, seulement elle avait pris moins de peine que le colonel pour l'organiser : sous les combles, dans l'appartement de son fils, elle avait disposé six lits « où les blessés seraient tout à fait bien et pas gênants du tout ».

C'était Horace qui avait donné cette nouvelle au colonel et qui lui avait répété ces paroles, qui étaient celles mêmes la marquise.

Car il avait eu l'honneur de voir madame de Lucillière, qui avait même bien voulu l'arrêter dans la rue pour lui demander « quelles étaient ces machines que le colonel aisait élever dans son jardin. »

Il avait donné à la marquise toûtes les explications possibles, et elle avait paru vivement s'intéresser à tout ce qu'il lui avait dit.

Il croyait même avoir remarqué que la marquise était curieuse de visiter cette organisation; cependant elle ne l'avait pas demandé, et lui de son côté ne s'était pas permis de le lui proposer, parce que... Enfin il ne se l'était pas permis.

XIV

Les fusils étaient arrivés au jour fixé, et les objets d'équipement et de fourniment avaient été livrés dans les délais convenus

On avait pu procéder à l'élection des officiers et des sous-officiers.

Ce jour-là, Michel avait convoqué le colonel, mais celui-ci ne s'était pas rendu à cette convocation, et il avait chargé son oncle d'expliquer à Michel les causes de son absence.

Il avait fallu que Michel se contentât de ces explications, et l'on avait procédé aux élections, sans que le colonel figurât sur les rôles de la compagnie.

Michel avait été sergent-major; on le connaissait comme un homme ferme et droit, plein de courage; il avait formé le bataillon. C'étaient là des titres sérieux pour qu'on lui conférât un grade, mais, parmi ces titres, il y en avait un qui primait tous les autres : sa condamnation à quinze ans de prison, qui en ce moment eût pu lui tenir lieu de bien des qualités; il fut nommé commandant.

Antoine, malgré son âge, avait tenu à s'engager dans un bataillon qui irait au feu; mais, à l'exemple de son neveu, il ne voulut aucun grade, et il fut obligé de solliciter ses amis et ceux sur lesquels il avait de l'influence pour empêcher qu'on le nommât officier.

Ce n'était pas le temps où l'on attendait tranquillement que les régiments et les bataillons eussent parfait leur éducation militaire pour les mettre en service actif.

Les Prussiens avançaient toujours, sans que rien arrêtât leur marche régulière, si ce n'est quelques viaducs et quelques ponts sautés. Ils étaient à Compiègne, à Château-Thierry, à Provins, à Nangis, à Meaux, à Melun, et chaque jour leur cercle se rapprochait, chaque jour les chemins de fer de l'Est et du Nord annonçaient qu'ils diminuaient leur parcours : on n'allait plus que jusqu'à Creil, puis jusqu'à Pontoise seulement, puis jusqu'à Saint-Denis.

Un soir, à la nuit tombante, le concierge de l'hôtel Chamberlain vit passer devant son pavillon un homme boiteux et manchot, couvert de boue comme un chien perdu qui aurait erré sur les chemins par un temps de pluie : il paraissait accablé de fatigue, épuisé de besoin. Il demanda le colonel Chamberlain.

Le concierge avait vu venir, en ces derniers temps des gens d'aspect si étrange, qui avaient été reçus par le colonel, qu'il n'osa pas mettre ce misérable à la porte. Et de fait il eut raison, car ce misérable était Denizot, qui fut reçu affectueusement par le colonel et tendrement par Thérèse.

— Eh bien ! vous voyez, dit-il en se laissant tomber sur une chaise, je n'ai plus mon pot à colle : je l'ai abandonné quand je n'ai plus eu d'affiches. Ah ! j'ai joliment collé, et j'étais parvenu à coller tout aussi bien qu'un afficheur de profession; mais ça n'a servi à rien. Je suis allé au-devant d'eux, mais les brigands m'ont épargné la moitié du chemin : il a fallu reculer. Je collais toujours. Hier encore j'ai collé ma dernière affiche à Lagny, mais elle a failli me coûter cher. J'étais en train de passer mon pinceau sur le papier, quand des uhlans sont arrivés sur moi. Je me suis retourné vers eux et je leur ai dit un mot allemand que j'ai appris : *lesen sie das*, ce qui signifie « lisez cela. » Savez-vous ce qu'ils m'ont répondu? Il y en avait un qui avait une espèce de long pistolet; il m'a ajusté avec et m'a dit : « Si tu ne me fiches pas le camp, mauvais manchot, je te fusille. » Le brigand parlait français comme vous et moi. Alors il a fallu battre en retraite, et me voilà. A quoi est-ce que je vais être propre maintenant? Tout le monde a un fusil, et je ne peux pas en tenir un. Rien à faire. Malheur!

Mais le colonel le consola en lui disant qu'il allait lui donner quelque chose à faire en le mettant dans un poste où il pourrait rendre d'utiles services. Et il lui expliqua quels services il pouvait rendre dans l'ambulance.

— En voilà un bonheur!

Pendant la formation du bataillon de volontaires, Michel était venu trois fois seulement à l'hôtel Chamberlain, et encore n'avait-il fait que paraître et disparaître; il semblait même qu'il ne voulût pas avoir d'entretien particulier avec Thérèse : quelques mots d'affaires à la hâte et c'était tout. Il faisait cela sans bouderie, sans mauvaise humeur, non comme un jaloux, mais comme un homme qui ne veut rien donner d'un temps qui ne lui appartient pas.

Pendant que Denizot racontait les incidents de sa malheureuse campagne, Michel arriva.

Ce fut pour Denizot une grande joie de revoir son ami, mais Michel ne s'abandonna pas àl'expansion de son amitié; après quelques courtes paroles d'affection, il vint au sujet qui l'amenait.

— J'ai enfin reçu notre ordre de départ, dit-il sans s'adresser à personne directement.

Le colonel s'attendait à cette nouvelle d'un moment à l'autre, Thérèse l'attendait aussi; cependant ils se regardèrent.

— Demain matin, à neuf heures : nous nous réunissons boulevard Bourdon; tous les hommes sont prévenus.

— Et où allez-vous? demanda Sorieul.

— On nous envoie dans le bois de Vincennes, là on nous désignera notre poste.

Michel affecta de ne pas adresser ces paroles au colonel, comme s'il ne voulait pas lui rappeler qu'il y avait engagement de sa part de se joindre au bataillon le jour de l'entrée en campagne.

Mais celui-ci ne se méprit pas sur cette réserve.

— Vous dites à neuf heures, n'est-ce pas, au boulevard Bourdon? demanda-t-il, C'est bien, j'y serai.

— Mais, mon cher Édouard, s'écria Sorieul, c'est impossible; nous avons besoin de vous ici. Rappelez-vous que vous avez des rendez-vous fixés pour demain.

— Vous expliquerez pour quelle cause je les manque.

Sorieul n'insista pas auprès du colonel, mais il se tourna vers Michel.

— Est-ce que le colonel ne pourrait pas retarder son départ jusqu'à après-demain? Vous n'allez pas, que diable! échanger des coups de fusil avec les Prussiens dès votre arrivée sur le terrain; d'ailleurs vous ne trouverez pas de Prussiens, et, pourvu que le colonel arrive avant eux, cela suffit, il me semble.

— Le colonel est parfaitement libre, dit Michel.

— Mais non, je ne suis pas libre, dit-il; j'ai pris un engagement, je dois le tenir.

— Cependant... objecta Sorieul.

— Il ne faut pas pour la discipline que mon absence soit excusée par l'amitié de notre chef, cela serait d'un mauvais exemple. Je vous remercie, mon cher Michel; mais je n'accepte pas la faveur que vous m'accordez; vous pouvez compter sur moi demain, à neuf heures. Je vous demande maintenant la permission de vous quitter, j'ai des ordres à donner et des instructions à écrire. Sorieul, voulez-vous venir avec moi, et vous aussi, Denizot, que je vous fasse conduire à la chambre que je vous ai réservée, car je vous attendais.

Il laissa ainsi Thérèse et Michel en tête à tête.

Ils restèrent pendant assez longtemps en face l'un de l'autre, sans parler, Michel les yeux attachés sur Thérèse, celle-ci les yeux baissés.

— Vous ne me dites rien? demanda-t-il enfin d'une voix que l'émotion rendait hésitante. En venant ici, je m'étais promis de ne pas aborder de sujets douloureux pour vous comme pour moi; mais ces promesses qu'on prend seul avec soi-même sont bien faibles; je vous vois et je ne suis pas maître de retenir les paroles qui me montent du cœur.

— Pourquoi les retenir? dit-elle.

— Parce qu'il est lâche de parler pour vous adresser la demande qui me brûle les lèvres, que je voudrais refouler, et que cependant je ne peux pas ne pas dire.

Elle le regarda avec un sourire désolé, en lui tendant la main :

— Nous allons nous séparer, sans savoir quand nous nous reverrons, si nous nous reverrons.

Elle fit un geste pour l'interrompre, mais il poursuivit vivement :

— Soyez certaine que ce n'est pas la peur de la mort qui me fait parler ainsi, — nous sommes à un moment où chacun a dû faire à la patrie le sacrifice de sa vie, et pour moi ce sacrifice est fait; — c'est la peur de l'incertain.

— L'incertain?

— Je m'explique mal sans doute, et ce n'est pas ce mot qu'il faudrait employer; mais vous allez me comprendre : il y a bientôt un an, vous avez pris l'engagement de devenir ma femme...

— Je l'ai pris et ne l'ai point oublié.

— Vous aviez fixé pour la date de notre mariage la fin de la présente année. Votre père, il y a quelques jours, m'a demandé de reculer cette date ou plus justement de ne plus tenir à une date fixe, mais de remettre notre mariage au moment où la guerre sera terminée. Pour cela, il ne m'a donné que de bonnes raisons : ce n'est pas en ce moment qu'on doit penser à la joie et au bonheur. Cela est juste, et je n'ai rien eu à répondre. Mais à vous, Thérèse, je voudrais adresser une question.

— Je vous écoute, prête à vous répondre.

— Est-ce vous qui avez eu l'idée de reculer cette date?

— Non; j'ignorais même que mon père vous eût fait cette demande.

Un éclair de joie traversa son visage sombre, mais presque aussitôt il reprit son expression d'anxiété.

— Encore une question, dit-il, une seule : l'engagement que vous avez pris il y a un an, êtes-vous encore aujourd'hui décidée à le tenir.

Elle hésita un moment : elle avait pâli et sa poitrine se soulevait haletante.

— Vous hésitez? s'écria-t-il. Un mot, un seul, franchement, loyalement : oui ou non.

— Oui, dit-elle faiblement.

Puis, avec plus de force :

— Toujours!

XV

Le colonel avait une importante question à décider avec Sorieul, qu'il n'avait point encore osé aborder.

C'était celle de la direction de l'ambulance en son absence.

Sorieul en effet se considérait, de la meilleure foi du monde, comme le maître de la maison.

Il croyait avoir tout fait, et c'était avec une entière conviction, naïvement, sans aucune forfanterie, qu'il lui arrivait souvent de dire :

— Voici un arrangement qui m'a coûté fort cher, mais aussi je prétends qu'il est parfait. En pareille circonstance, fallait-il faire des économies? Non, n'est-ce pas? C'est ce que j'ai pensé, Certainement je suis pour les économies, mais encore faut-il qu'elles soient bonnes,

Comment dire à un homme aussi pleinement convaincu de l'importance de son rôle qu'il allait avoir quelqu'un au-dessus de lui dans cette maison, devenue la sienne?

Heureusement le colonel commençait à bien connaître l'oncle de Thérèse et à savoir par quels côtés il fallait prendre ce caractère.

— Vous savez à quelle pensée j'ai obéi en organisant notre ambulance? dit le colonel, la veille de leur départ.

— A une pensée d'humanité ; vous avez voulu venir en aide à nos glorieux blessés.

— J'ai voulu aussi que cette ambulance vulgarisât en France un système que je crois excellent et en fît abandonner un qui me paraît condamné par les mauvais résultats qu'il a constamment donnés.

— En un mot, remplacer les hôpitaux permanents par des hôpitaux temporaires. Je voudrais maintenant que cette ambulauce devînt un exemple dans un autre ordre d'idées.

— Je ne comprends pas.

— Je vais m'expliquer. Depuis quelques jours, nous avons entendu, n'est-il pas vrai? toutes sortes de théories nouvelles sur le rôle de la femme pendant le siége. Il y a des gens qui ont proposé de former des bataillons d'amazones et qui ont rappelé l'exemple de Beauvais, de Saragosse et de Missolonghi. A Sarragosse, les femmes ont eu une occasion de défendre leur ville qu'elles n'auront sans doute pas à Paris. Je ne suis donc pas pour les amazones. Mais cela ne m'empêche pas de penser ou plutôt cela me fait penser que les femmes peuvent rendre les plus grands services pendant ce siége, et des services égaux à ceux des hommes. Ainsi, pour ne pas m'égarer dans des considérations étrangères à mon sujet, pourquoi ne les emploierait-on pas plus activement dans les hôpitaux auprès des malades et des blessés? On confie les hôpitaux et les hospices aux hommes, pourquoi? Est-ce que les hommes s'entendent aux choses du ménage, à l'ordre, à la propreté, à la direction d'une maison?

— Moins bien que les femmes assurément.

— Eh bien ! alors, pourquoi ne pas remplacer partout où cela peut se faire les hommes par des femmes ? Voilà mon idée, celle que je veux appliquer ici. Notez qu'elle n'est pas nouvelle, et rappelez-vous la mission de miss Nightingale pendant la guerre de Crimée : rappelez-vous les hôpitaux organisés et dirigés par elle à Scutari et à Balaclava. Afin de frapper les esprits et provoquer l'exemple, comme je vous le disais tout à l'heure, je voudrais que Thérèse dirigeât notre ambulance. Que pensez-vous de cela ? Ne trouvez-vous pas que voilà une idée émancipatrice pour la femme ? Bien entendu Thérèse serait sous votre haute direction, vous resteriez près d'elle ; seulement, avec le tact qui vous caractérise, vous auriez soin de dissimuler votre influence, de sorte que pour tous ce serait Thérèse qui serait la maîtresse et la directrice ; Thérèse, votre nièce, votre élève.

Sorieul réfléchit un moment avant de répondre. Puis il claqua des mains, et se levant dans un mouvement d'enthousiasme irrésistible :

— Sublime, magnifique ! s'écria-t-il ; positivement, mon cher, vous êtes un homme original et pratique. Votre idée amènera une révolution dans le monde, c'est moi qui vous le dis ; vous vous souviendrez un jour de ma prophétie. Thérèse est absolument la femme qui nous est nécessaire ; c'est mon élève, je vous réponds d'elle. Quant à moi, vous avez bien voulu rendre justice à mon tact ; vous verrez que je ne vous ferai pas mentir.

— Ainsi voilà qui est entendu : je remets mon autorité à Thérèse ; pour tout le monde, vous et moi exceptés, elle est la maîtresse, c'est elle qui commande, c'est elle qui dirige. Seulement, vous restez près d'elle et vous êtes... comment dirai-je bien ? Vous êtes sa conscience,

— En un mot, son génie.

— Précisément.

Cette affaire terminée de cette heureuse façon, le colonel put s'occuper de toutes celles qu'il avait à régler avant son départ.

Jusqu'à une heure assez avancée dans la nuit, il écrivit des lettres et des instructions; puis, quand il n'entendit plus de bruit dans l'hôtel et fut certain de n'être pas dérangé, il prit dans son bureau une feuille de papier timbré et dans la bibliothèque un code qu'il ouvrit au chapitre des dispositions testamentaires.

Ce n'était pas la première fois qu'il entrait en campagne, et jamais il n'avait pensé à faire son testament; mais les conditions n'étaient plus les mêmes.

S'il était tué, c'était son oncle qui était son héritier; puis, quand son oncle mourrait, Anatole et Thérèse héritaient de leur père.

Anatole héritier pour moitié de sa fortune, ah! non, mille fois non!

Le code est d'une parfaite clarté dans les articles qui règlent les testaments; mais, par peur de formalités qu'il ne connaissait pas, le colonel n'osa pas faire ce testament comme il aurait voulu, avec des legs pour des institutions, des établissements ou des personnes qui, à un titre quelconque, lui étaient chères.

Il se contenta de suivre les prescriptions de la loi mot à mot.

« Je donne, par ce testament, tout ce que je possède
» à ma cousine Thérèse Chamberlain
» Paris, 16 septembre 1870.

« Edouard Chamberlain. »

» Cependant, comme cela était un peu sec, il voulut y
» joindre une lettre.

« Ma chère Thérèse,

« Vous trouverez ci-joint mon testament.
» Si je suis tué dans cette guerre, ce qui, à dire vrai,

» ne me paraît pas probable, mais enfin ce qui est pos-
» sible, je vous prie d'accepter ma fortune, que, vivant,
» je vous aurais demandé de partager avec moi, en de-
» venant ma femme.

» Car je vous aime, chère Thérèse, et si je ne vous ai
» pas avoué mon amour en vous demandant votre main,
» cela tient à des circonstances que votre père vous ex-
» pliquera.

» Aujourd'hui, au moment de m'éloigner, je veux vous
» donner ma dernière pensée, et vous dire que, tout le
» temps que durera mon absence, mon esprit et mon
» cœur seront avec vous.

» Si je reviens, ma première parole sera une parole
» d'amour.

» Si je ne reviens pas, ma dernière parole aura été une
» parole d'amour.

» Je vous aime ; ma vie désormais sera dans ces trois
» mots, qu'elle soit longue ou qu'elle soit brusquement
» abrégée.

» J'aurais voulu, dans mon testament, inscrire quel-
» ques legs, mais je m'en remets à vous pour distribuer
» une part de ma fortune, le quart, si vous le voulez bien,
» entre les institutions utiles de la France et de mon pays
» natal. Pour faire cette attribution, vous n'aurez qu'à
» vous inspirer de mes idées, et, tout bien réfléchi, ce
» m'est une satisfaction de penser qu'elle se fera par
» votre main.

» Adieu, chère Thérèse, et encore une fois, la dernière
» peut-être, recevez l'assurance de la profonde tendresse
» et de l'amour de votre ami, de votre mari.

» ÉDOUARD CHAMBERLAIN. »

Il mit la lettre et le testament dans une enveloppe qu'il cacheta, puis il se coucha gaiement.

Peut-être ne trouverait-il pas un lit de sitôt, il fallait profiter de cette dernière nuit.

Cependant il ne fut pas nécessaire de le réveiller.

A six heures, il était levé, et, laissant de côté ses vêtements habituels, il endossait l'uniforme des volontaires : le pantalon à bandes rouges, la vareuse et le képi. Ayant décidé lui-même l'équipement, il avait voulu qu'il se rapprochât autant que possible de celui de la garde nationale; seulement il avait tenu à ce qu'il fût plus solide et plus confortable : le drap de l'étoffe était de première qualité, les chemises de flanelle remplaçaient la toile ou le coton, des bottes étaient substituées aux souliers, enfin une ceinture de laine s'enroulait par-dessus la vareuse.

Comme il achevait d'enrouler cette ceinture, Horace entra dans sa chambre.

Il était vêtu, comme son maître, du pantalon à bandes rouges et de la vareuse.

Le colonel le regarda un moment étonné.

— Eh bien ! qu'est-ce que c'est que ce costume ?

— C'est celui du bataillon.

— Où l'as-tu eu ?

— Je l'ai commandé et payé de mon argent.

— Et pourquoi faire ?

— Voyons, mon colonel, ce n'est pas possible, n'est-ce pas, ce que vous m'avez dit ? Vous n'allez pas me laisser ici quand vous partez ?

— Qu'est-ce que je t'ai demandé ?

— Je sais bien, et je vous avais promis; mais je ne peux pas, non, je ne peux pas vous laisser partir. Qui est-ce qui a été près de vous dans vos campagnes ? Horace. Et vous voulez maintenant qu'il vous abandonne ? Non, vous ne ferez pas cela !

Si Horace riait facilement, il pleurait de même ; ses yeux s'étaient emplis de larmes et toute sa physionomie portait l'empreinte d'un violent chagrin.

— Veux-tu m'être utile? demanda le colonel; veux-tu chercher ta propre satisfaction ou la mienne?

— La vôtre.

— Eh bien! il faut que tu restes ici; je te confie la garde de ma cousine, tu veilleras sur elle et tu ne la quitteras pas. Songe qu'elle va, elle jeune fille, vivre au milieu des soldats! Tu dois être sans cesse à ses côtés. Tu me comprends? Ce n'est pas un ordre que je te donne, c'est un service que je te demande: me le refuseras-tu?

— Et si vous êtes blessé?

— Veux-tu bien ne pas dire de bêtises comme cela? D'ailleurs, si je suis blessé, je me ferai rapporter ici et tu me soigneras. Quitte cet uniforme.

Il fallut bien qu'Horace se résignât.

Quand le colonel descendit dans la salle à manger, il trouva Thérèse qui l'attendait; elle avait fait servir un déjeuner froid.

— Vous avez déjà commencé à remplir vos devoirs de maîtresse de maison, je vous remercie. J'allais vous faire prier de descendre; je suis heureux de vous trouver ici, car j'ai ceci à vous remettre.

Il lui remit l'enveloppe qu'il avait préparée dans la nuit.

Et comme elle le regardait, se demandant ce qu'elle devait faire de cette enveloppe:

— Serrez cela avec soin, dit-il; il y a là-dedans des papiers importants que je vous confie. Si... mon Dieu! il faut tout prévoir, si je ne revenais pas, vous ouvririez cette enveloppe et vous liriez ces papiers. Seulement, ne les lisez pas avant, je vous prie.

Puis, comme il la voyait tremblante d'émotion:

— C'est la recommandation de Barbe-Bleue partant en voyage, dit-il avec un sourire,

A ce moment, Antoine, Sorieul et Denizot entrèrent

dans la salle à manger ; Antoine, lui aussi, avait revêtu son uniforme.

On se mit à table, mais le colonel remarqua que Thérèse ne mangeait point ; pour lui il déjeuna de bon appétit, ne prêtant qu'une oreille distraite aux discours que Sorieul lui adressait sur l'hygiène du soldat en campagne.

Le moment du départ était arrivé.

— Mon brave Denizot, dit le colonel en donnant une poignée de main au manchot, j'ai un service à vous demander, c'est de nous servir de courrier ; vous avez de bonnes jambes, quoique boitant un peu.

— Un peu, excusez du peu.

— Enfin vous marchez bien ; voudrez-vous, toutes les fois que cela sera possible, m'apporter une note que ma cousine m'enverra sur notre ambulance ; vous lui rapporterez ma réponse.

— C'est entendu, comptez sur moi ; au moins j'aurai le plaisir de vous voir.

Pendant que le colonel adressait cette demande à Denizot, Antoine embrassait sa fille, qui se tenait auprès de la porte.

Le colonel, ayant bouclé son sac, et passé la bretelle de son fusil sur son épaule, était arrivé devant Thérèse.

Elle lui tendit la main.

— Comment, dit-il, vous allez laisser partir votre cousin sans l'embrasser?

Un flot de sang empourpra son visage ; elle fit cependant un effort pour ne pas détourner la tête, essayant de tenir les yeux levés sur les siens, mais son regard était agité par une étrange mobilité.

Il se pencha vers elle.

Alors vivement elle l'embrassa au front, et recula de deux pas, sans doute pour qu'il ne pût pas lui rendre ce baiser.

Mais en eût-il eu le désir qu'il en eût été empêché par Sorieul qui lui avait pris le bras.

— Ceux qu'il faudrait applaudir, disait-il, ce sont ceux qui restent ; je vous envie, vous qui allez faire l'histoire.

— En route, mon oncle, dit le colonel.

Puis, cherchant une dernière fois le regard de Thérèse :

— Au revoir, ma cousine, je ne dis pas à bientôt, mais au revoir.

Une heure après, ils arrivaient place de la Bastille, et de loin ils voyaient quelques hommes de leur bataillon qui étaient déjà rassemblés.

A ce moment, Antoine fut arrêté par un de ses amis, et le colonel, continuant son chemin, arriva auprès de ses nouveaux camarades.

Comme il ne les connaissait point, il s'adossa contre un arbre. Il était là depuis quelques minutes, lorsqu'un sergent s'approcha de lui.

— Qu'est-ce que vous faites là ? demanda le sergent.

— Vous voyez, j'attends.

— Tâchez donc de prendre une autre tenue ; vous n'êtes pas encore parti et vous vous appuyez contre cet arbre, comme si vous étiez éreinté.

Il se redressa, et portant la main à son képi en faisant le salut militaire :

— Oui, mon sergent, dit-il.

XVI

A mademoiselle Thérèse Chamberlain,
rue de Courcelles,
Paris.

« Bois de Vincennes, 21 septembre 1870.

« Ma chère cousine.

» Ce brave Denizot a-t-il pu, selon sa promesse, se
» mettre en route pour nous chercher ? Je n'en sais rien :
» mais ce qu'il y a de certain, c'est que nous ne l'avons
» pas vu.

» A cela il n'y a rien d'étonnant, car depuis notre dé-
» part nous ne sommes guère restés en place, et, avec le
» désarroi qui règne partout, je comprends très bien qu'il
» lui ait été impossible de nous trouver.

» S'il a couru après nous, le pauvre garçon doit être
» bien fatigué, car nous n'avons pas eu le temps de nous
» arrêter, et c'est là ce qui vous expliquera que je ne vous
» aie pas encore donné de nos nouvelles.

» Tout d'abord, soyez rassurée : ces nouvelles pour
» ceux à qui vous vous intéressez, sont aussi bonnes que
» possible. Votre père, Michel et moi-même, nous allons
» bien.

» Je profite d'un moment de repos pour vous écrire
» cette lettre, comptant sur un heureux hasard, à défaut
» de Denizot, pour vous la faire parvenir.

» Je dois vous dire tout d'abord que je suis très satis-
» fait de la tenue de mes camarades. Je crois que ce sont

» de braves gens et que Michel, ainsi que mon oncle,
» ont fait de bons choix.

» Ça été, je vous l'avoue, avec une certaine inquiétude
» que j'ai abordé notre bataillon, me demandant comment
» des hommes réunis depuis si peu de temps allaient dé-
» buter dans la carrière militaire.

» Heureusement il y a parmi nous un certain nombre
» de vieux soldats, et ceux de nos hommes qui n'ont pas
» servi, se modèlent sur ceux qui ont passé par le régi-
» ment.

» Cela a été sensible pour moi dès la première heure de
» notre réunion.

» Mon oncle a eu la bonne idée de me faire incorporer
» dans sa compagnie ; lorsque nous nous sommes alignés,
» j'ai voulu tout naturellement me placer près de lui.

» Mais mon oncle m'a donné un voisin qui n'avait jamais
» tenu un fusil entre ses mains et qui n'avait jamais
» marché au pas ; de l'autre côté j'avais un second voisin
» dans le même cas.

» Si bien que, quand nous nous sommes mis en marche,
» ceux qui ne savaient pas ce qu'ils avaient à faire, ont
» pris exemple sur ceux qui savaient manœuvrer. Pour mon
» compte, j'étais flanqué de deux voisins qui répétaient
» de leur mieux tous mes mouvements. Je crois que si
» je m'étais mouché d'une certaine manière, ils se seraient
» mouchés comme moi.

» Quant à Michel, qui a été soldat, il est parfaitement
» à son aise à la tête de son bataillon, et il nous com-
» mande comme s'il n'avait fait que cela toute sa vie,
» d'une bonne voix résonnante que tout le monde entend,
» avec un air calme et résolu qui doit donner du courage
» à ceux dont le cœur bat un peu trop vite ; je crois que
» nous avons en lui un excellent commandant, et je suis
» heureux de vous le dire après l'avoir vu à l'œuvre.

» Nous avons aussi six bons clairons qui savent sonner

» et qui font du bruit comme s'ils étaient quinze.

» Aussi, bien commandés, bien enlevés par nos clai-
» rons, nous n'avons pas trop mal défilé, et ceux qui
» étaient sur les trottoirs pour nous voir monter le fau-
» bourg Saint-Antoine, n'ont pas dû avoir trop mauvaise
» opinion de nous. Ce qu'on disait, je n'en sais rien;
» mais l'on ne se moquait pas, ce qui est beaucoup avec
» des Parisiens.

» Où allions-nous ? Je l'ignorais.

» On nous arrêta au milieu du bois de Vincennes, où
» l'on nous fit faire halte à côté d'autres troupes arrivées
» là avant nous.

» Pendant la première heure, on ne dit rien : on était
» bien aise de se reposer, et, bien que la course ne soit
» pas longue de la Bastille à la pyramide de Vincennes,
» il y avait plusieurs de nos hommes qui, n'étant pas ha-
» bitués au sac et au fusil, éprouvaient déjà une certaine
» lassitude et n'étaient pas fâchés de faire halte.

» Mais la halte se prolongeant, on commença à mur-
» murer.

» Puis ce qui avait été murmures tout d'abord, se
» changea en clameurs quand l'ordre vint de nous établir
» dans des baraques élevées sur ce terrain.

» Notre commandant (c'est Michel que je désigne et
» désignerai désormais ainsi) me fit appeler : je le trouvai
» dans une petite baraque avec deux de nos capitaines
» auprès de lui et mon oncle.

» C'était d'une sorte de conseil de guerre qu'il s'a-
» gissait.

» Le commandant me dit que voulant mettre à profit
» mon expérience de la guerre, il me priait d'assister à
» la réunion et de donner franchement mon avis.

» Il avait été trouver le général sous les ordres duquel
» nous étions placés et il lui avait demandé quelles étaient
» ses intentions à notre égard.

» Le général l'avait interrogé et, en apprenant comment » et depuis quand nous étions organisés, il lui avait ré» pondu que ce que nous avions de mieux à faire, c'était » de rester aussi longtemps que possible dans ce campe» ment pour nous exercer.

» A cette communication je répondis que le général me » paraissait sage et que c'était vraiment folie d'envoyer » au-devant de l'ennemi des gens dont plusieurs ne sa» vaient même pas tenir un fusil; qu'il fallait pour for» mer des soldats exercer non-seulement leurs bras et » leurs jambes, mais encore leur moral; qu'il n'était » pas naturel de marcher contre des canons qui vomis» saient la mort ou de se tenir immobiles sous une pluie » d'obus, qu'on n'arrivait à cela que par une éducation » progressive.

» On me laissa terminer mon discours; mais je vis » qu'il avait produit le plus mauvais effet sur les deux ca» pitaines, qui se demandaient assurément si j'avais fait » cet apprentissage des obus et si je n'étais pas un colo» nel en chambre ou d'antichambre.

» Mon oncle me soutint, le commandant parut hésitant, » mais finalement les deux capitaines l'emportèrent en » disant que rien ne serait plus mauvais pour le moral de » nos hommes que d'arrêter notre élan.

» Il fut donc décidé que le commandant et les deux ca» pitaines retourneraient auprès du général et insiste» raient pour qu'on nous employât aussitôt que possible » d'une façon active.

» En attendant, je fus désigné par le sort pour remplir » les fonctions de cuisinier, et je ne m'en acquittai pas » trop mal, si j'en juge par les compliments de mes ca» marades.

» Il y avait autrefois dans la vie militaire un moment « désagréable pour certaines personnes, c'était celui du » repas, quand il fallait plonger sa cuillère dans la ga-

» melle commune; heureusement nous avons chacun » notre gamelle et nous pouvons manger notre soupe » plus ou moins proprement, sans porter préjudice à l'ap» pétit de notre voisin.

» Manger, dormir, marcher, se battre, l'existence du » soldat en campagne tient dans ces quatre mots. Nous » avions mangé, nous n'avions plus qu'à dormir. Au » moins je le croyais, et c'était une tâche assez difficile » pour des gens, qui étaient habitués à passer la nuit dans » leur lit et qui se trouvaient couchés sur des planches » ou sur la terre. Il en est de dormir comme de marcher » ou de se battre, il faut un apprentissage.

» On dormait tant bien que mal, plutôt mal que bien, » quand on nous réveilla.

» Il fallait partir; le général avait consenti à employer » tout de suite « notre élan. »

» On charge les armes.

» Nous voilà en marche, il est deux heures du ma» tin.

» Où allons-nous? Un colonel a le droit de poser une » pareille question; un soldat va où ses chefs le con» duisent.

» Cependant mon oncle, qui reçoit les confidences de » notre commandant, m'apprend que dans la journée, des » éclaireurs à cheval. exécutant une reconnaissance, ont » eu un engagement avec des hussards prussiens, et » qu'on nous envoie fouiller le terrain compris entre la » Marne et la Seine.

» Mes camarades sont heureux de marcher au feu; » pour moi, je ne suis nullement rassuré. Que va-t-il se » passer, si nous sommes salués par un coup de fusil, un » seul? Il fait nuit; le silence emplit le bois, troublé seu» lement par le bruit de nos pas; dans l'obscurité les » arbres prennent des formes fantastiques. Je sais par ex» périence ce que sont les effarements de l'ombre.

» Nous avançons en assez bon ordre et après avoir tra-
» versé le village de Charenton, nous passons la Marne;
» au loin l'on aperçoit les lumières de Paris. Ce signe de
» vie rend la parole à ceux qui depuis le départ gardaient
» un silence plein de réflexions.

» Mais le pont est bien vite passé, et de nouveau nous
» entrons dans l'ombre et dans le silence.

» Nous avons avec nous deux compagnies de ligne;
» pendant qu'elles suivent la grande route, nous tournons
» à gauche et nous prenons des chemins qui longent la
» Marne.

» Nous avançons lentement : on parle peu et à voix
» basse; il semble que la Marne était la frontière, et que,
» la rivière passée, nous sommes en pays ennemi. En
» réalité, ne pouvons-nous pas, d'un instant à l'autre,
» nous trouver en présence de cet ennemi?

» Jusqu'au matin, nous continuons d'avancer, mais
» sans faire beaucoup de route; les yeux tâchent de per-
» cer l'obscurité. On s'arrête pour écouter : on ne voit rien,
» on n'entend rien; pas une fenêtre qui s'ouvre sur notre
» passage, pas un chien qui nous salue de ses aboiements,
» pas un coq qui chante. On est dans le pays des morts;
» les maisons, les étables sont désertes; gens et bêtes,
» tout a fui devant l'invasion. On frappe aux portes, per-
» sonne ne répond. Où sont les Prussiens?

» Cependant une lueur blanche emplit le ciel du côté
» de l'Orient, c'est le jour qui va venir. Mais la lumière
» douteuse du matin donne aux choses qui nous entou-
» rent des formes encore plus capricieuses qu'elles n'en
» avaient dans la nuit : un léger brouillard flotte sur les
» buissons, les grandit et les anime.

» Un coup de fusil éclate brusquement dans le silence,
» il est aussitôt suivi d'une fusillade à peu près géné-
» rale.

» Qui a tiré? sur qui a-t-on tiré? On n'en sait rien, et

» chacun tire parce qu'il a entendu tirer, droit devant lui, » sans viser ; on charge et on décharge son fusil avec » frénésie, on ne recule pas ; il est vrai que personne ne » tombe, et l'on tire toujours.

» Au bout de quelques minutes, les officiers, allant » d'homme en homme, font entendre leur voix et par- » viennent à arrêter le feu.

» On se regarde : personne n'est mort, personne n'est » blessé.

» On s'explique, et l'on trouve celui qui a tiré le pre- » mier : il a tiré parce qu'il a vu un uhlan qui l'ajustait. » Il est sûr de l'avoir touché, le uhlan est tombé à la » renversé.

» On cherche le uhlan à l'endroit où il a dû tomber, et » l'on trouve un gros saule percé de balles.

» Tout le monde, bien entendu, ne croit pas au saule. » Sans doute il y a un saule frappé de balles ; mais, der- » rière ce saule, il y avait un uhlan, et ceux qui ont tiré » avec conviction cherchent aussi avec conviction leur « uhlan.

« Mais cette fausse alerte n'a rien de grave : en réalité, « personne ne s'est sauvé, et, dans des circonstances pa- » reilles, j'ai vu des hommes, plus vieux soldats que nous « ne sommes, leur coup de fusil tiré, jeter leurs armes pour » courir plus vite. On n'a pas jeté ses armes, on est resté » en place : cela me donc bon espoir pour l'avenir.

» Nous nous remettons en marche. Le jour se lève et » nous montre la plaine déserte : pas de Prussiens, pas » de Français non plus ; nous sommes les seuls êtres vi- » vants dans ces riches campagnes, hier pleines de mou- » vement et d'activité.

» Après avoir longtemps côtoyé la rivière, nous nous » rapprochons de la grande route et rejoignons une des » compagnies de ligne, avec laquelle nous arrivons à un » plateau d'où la vue s'étend au loin sur une vaste plaine

» que ferment, à une assez grande distance, des collines » boisées. Ce plateau est celui de Montmesly, ces collines » sont celles de Boissy-Saint-Léger.

» Nos regards s'étendent jusqu'à ces collines et nous » n'apercevons pas d'ennemis; mais, sur la route qui » court devant nous, nous voyons des voitures, des char- » rettes et des groupes de gens qui se dirigent en toute » hâte vers Paris : les chevaux galopent, les gens mar- » chent à grands pas.

— » Les voilà ! crient les gens de la première voiture » qui passe.

» Et ils fouettent leur cheval, sans vouloir s'arrêter, » ils sont affolés, éperdus, par la peur.

» On barre la route et on arrête de force la charrette » qui suit: il faut que, bon gré, mal gré, les gens qui y » sont entassés répondent :

» — Les Prussiens ont couché à Boissy-Saint-Léger, » ils arrivent.

» Cependant un brave homme, qui ne se hâtait pas » trop et qui marchait chargé d'un panier dans le quel il » portait des pots de fleurs qu'il rentrait à Paris, veut bien » causer un peu plus longuement.

» En nous apercevant, il laisse même paraître un geste » de satisfaction.

» — A la bonne heure ! mes enfants, dit-il aux soldats » de la ligne ; je vois donc des pantalons rouges ; ça ré- » jouit le cœur ! Les Prussiens me suivent ; ils ont couché » cette nuit, au nombre de cinquante au moins, dans ma » petite maison, brisant tout, dévastant tout : je n'ai pu » sauver que ces pots de fleurs. Arrêtez-les, vous êtes en » bonne position, tapez dessus.

» Mais nous n'avions pas l'ordre sans doute de taper » dessus, car nous reprimes a route que nous venions » de parcourir.

» Ce fut seulement quelques heures plus tard que cet
» ordre nous arriva.

» Après avoir marché en avant, puis marché en revenant sur nos pas, on nous fit de nouveau marcher en avant pour éclairer une colonne qui voulait tenter une reconnaissance offensive.

» Cette fois l'heure de la bataille avait vraiment sonné, et ce n'était plus contre des saules qu'il fallait tirer.

» Comment allaient se comporter nos camarades?

» Arrivés sur les hauteurs que nous venions de quitter quelques heures auparavant, nous trouvâmes un grand changement dans cette plaine qui nous avait paru déserte : au milieu des bouquets d'arbres, sur la route et dans la plaine, on aperçoit confusément des troupes d'infanterie, dispersées çà et là, des batteries d'artillerie galopant à travers les champs, et la cavalerie, qui marchait en tête, se replie sur le corps d'armée qu'elle précédait.

» Placés sur un terrain qui s'en allait en descendant, nous aurions été dans une admirable position pour voir le combat; mais nous avions autre chose à faire qu'à voir.

» Bientôt une batterie d'artillerie vient prendre position derrière nous et ouvre le feu; des bois qui nous font vis-à-vis, au delà de la plaine, les Prussiens répondent.

» Les obus passent et sifflent par-dessus nos têtes, la fusillade s'engage entre les tirailleurs.

» Et les tirailleurs étaient nous, nous parmi lesquels se trouvaient des gens qui n'avaient jamais entendu les obus siffler, et qui avaient tiré leur premier coup de fusil dans la nuit même, sur notre fameux saule.

» Il faut avouer qu'il se produisit un certain effarement, et, un obus ayant éclaté à une vingtaine de mètres devant nous, plus d'un se jeta à terre.

» Mais notre commandant était resté debout.

» — Allons, mes amis, ce n'est rien, cria-t-il.

» D'autres aussi, parmi lesquels se trouvait mon oncle, » n'avaient pas baissé la tête, et ils excitaient ceux qui » avaient été surpris.

» Un autre obus éclata derrière nous, à courte portée, » cependant sans tuer ni blesser.

» Mais à la guerre rien n'est plus fâcheux qu'un bruit » qui vous surprend par derrière, et l'on peut presque » dire que le soldat qui tourne la tête pour voir ce qui lui » arrive dans le dos est à moitié démoralisé.

» S'il y avait eu un moment d'émotion au premier obus, » il y eut une panique au second.

» Par bonheur, un long mur se trouvait là, derrière » lequel ceux qui avaient les nerfs trop fortement ébranlés » purent se mettre à l'abri.

» Ce n'est pas ce qu'on peut appeler de la lâcheté, mais » de la surprise : ce que j'avais craint, se réalisait ; on » avait voulu marcher au feu, sans savoir ce que c'était » que le feu.

» Notre commandant, quelques officiers, votre père » coururent à eux.

» Pendant ce temps, la position devenait critique ; car » l'ennemi s'apercevant que les tirailleurs avaient lâché » pied, pouvait marcher sur l'artillerie.

» Un soutien nous fut envoyé, et peu à peu nos cama- » rades revinrent prendre leur place, le mouvement ner- » veux était calmé.

» Jusqu'à la fin de l'engagement, c'est-à-dire pendant » près de deux heures, nous gardâmes notre position.

» Je ne saurais vous dire, ma chère Thérèse, combien » je suis heureux de cette première expérience. Nos » hommes sont de braves gens qui deviendront de bons » soldats ; encore deux ou trois épreuves pareilles et ils

» ne baisseront pas plus la tête que ne l'ont baissée notre
» commandant et votre père.

» Il paraît que le but que se proposaient nos généraux
» n'était pas d'arrêter le passage de l'ennemi (ce qui,
» laissez-moi vous le dire, est bien regrettable ; car, en
» engageant plus de troupes, on aurait, je crois, obtenu
» ce résultat d'une importance capitale). On nous donna
» l'ordre de battre en retraite, et, à six heures du soir,
» nous reprenions notre campement dans le bois de Vin-
» cennes.

» Tel a été notre premier combat, duquel ceux que vous
» aimez sont sortis sains et saufs. Notre bataillon n'a eu
» que cinq blessés que j'aurai bien voulu vous envoyer ;
» mais cela m'a été impossible, car je n'avais pas le
» temps de m'occuper du service d'ambulance. Si j'avais
» quitté le feu, n'aurait-on pas pu dire justement que je
» n'avais pas fait mon apprentissage des obus.

» Le lendemain de cette expédition, nous avons été
» envoyés à Joinville, où nous nous sommes établis dans
» les jardins qui bordent la Marne, et dans la journée
» nous avons échangé des coups de fusil avec l'ennemi
» par-dessus la rivière.

» Cette fois il n'est pas venu tomber d'obus devant ou
» derrière nous, et tout s'est très bien passé ; d'ailleurs,
» abrités derrière des murs, nos hommes étaient dans les
» meilleures conditions pour s'aguerrir au feu, et ils ont
» conservé tout leur calme, s'appliquant à tirer de leur
» mieux.

» Dans la nuit d'hier, nous avons fait une petite expé-
» dition le long de la Marne, et après une fusillade assez
» vive, mais peu dangereuse — car on tirait au hasard,
» faisant plus de bruit que de mal, — nous avons obligé
» l'ennemi à abandonner son poste et à repasser rapi-
» dement la rivière.

» C'était votre père qui nous guidait, et, comme il con-

» nait admirablement cette contrée qu'il a parcourue si
» souvent la nuit, nous n'avions pas à craindre de nous
» égarer.

» On peut dire que c'est à lui que revient le succès de
» cette expédition.

» Nous voici maintenant revenus à notre campement,
» d'où je vous écris cette longue lettre.

« On nous dit qu'il est question de faire rentrer toutes
» les troupes dans Paris.

» Est-ce possible?

» On craint, parait-il, une attaque de vive force sur ce
» plateau de Vincennes, où l'ennemi aurait grand intérêt
» à s'établir, et, comme on a peu confiance en nous (nous
» et les autres troupes), on pense à nous faire replier sur
» Paris, abandonnant ainsi les redoutes de Gravelle et de
» la Faisanderie, qui ne sont pas encore armées.

» Je ne peux croire que nos généraux soient si pru-
» dents, et j'espère quand même qu'on nous permettra de
» nous défendre, alors que la défense est si facile et que la
» retraite aurait des conséquences si désastreuses.

» Envoyez-nous donc Denizot sur le plateau de Vin-
» cennes, et, avec un peu de persévérance, il a chance de
» nous trouver là ou dans les environs.

» Je ne saurais vous dire combien je suis impatient
» d'avoir de vos nouvelles, et je serai vivement reconnais-
» sant à Denizot de tout ce qu'il entreprendra pour calmer
» cette impatience.

» Il faut se rendre à l'appel, et malgré tout je dois vous
» quitter.

» Je ne peux plus ajouter qu'un mot, c'est pour vous
» assurer de la tendre affection de votre ami, de votre
» cousin.

» ÉDOUARD CHAMBERLAIN. »

XVII

A monsieur Édouard Chamberlain.

» Paris, 24 septembre.

» Mon cher cousin,

» Votre lettre, datée du 21, m'arrive ce matin seule-
» ment.

» Je n'ai pas besoin de vous dire, n'est-ce pas ? avec
» quelle joie je la reçois et la lis.

» Depuis neuf jours que vous êtes partis, nous étions
» sans nouvelles, car je ne peux pas appeler nouvelles
» les quelques renseignements que Denizot nous appor-
» tait, renseignements contradictoires d'ailleurs et sans
» aucune valeur, puisque dans ses voyages il n'avait pas
» pu vous voir.

» Quand je lui ai dit ce matin que j'avais une lettre de
» vous, il s'est arraché les cheveux. Une lettre ! Et il ne
» l'avait pas apportée ! Je suis bien certaine que celle-ci
» vous sera remise, et que n'importe comment il vous
» trouvera, dût-il rester jusqu'à ce moment sans manger
» et sans dormir.

» Ce n'était pas seulement l'absence de nouvelles di-
» rectes et précises de vous qui nous tourmentait, c'était
» encore ce que nous apprenions par les journaux ou par
» les rumeurs qui arrivaient jusqu'à nous.

» Car nous savions qu'on se battait autour de Paris, et
» nous savions aussi que vous aviez pris part au combat
» du 17, aux environs de Créteil.

» On parlait de morts et de blessés en grand nombre,

» sans pouvoir dire quels régiments avaient fait le plus
» de pertes.

» Mon oncle, qui heureusement a des connaissances
» partout, parvint à voir quelques-uns des blessés de
» votre combat, et il sut d'une manière à peu près cer-
» taine que nous n'avions rien à craindre pour cette fois.

» Mais nous n'étions pas plutôt rassurés de ce côté
» que de nouvelles inquiétudes vinrent s'abattre sur
» nous.

» Nous avions été avertis qu'une affaire se préparait au
» sud de Paris, et le matin, Horace était parti avec les
» voitures de l'ambulance pour Montrouge.

» Votre bataillon devait-il prendre part au combat?
» Nous n'en savions rien.

» La veille au soir, Denizot avait appris à Vincennes
» que vous étiez partis pour votre expédition, sans qu'on
» pût lui dire de quel côté vous vous étiez dirigés.

» Tout le personnel de l'ambulance était à son poste.

» Pour moi, j'étais dans la lingerie, mais les bandes
» que je roulais tremblaient dans mes mains.

» Vers une heure, on vint nous dire que tout était per-
» du. On avait vu des zouaves se sauver en hurlant dans
» les rues de la rive gauche, les Prussiens les suivaient,
» avant le soir ils seraient maîtres de Paris.

» A deux heures, la première voiture d'ambulance ar-
» riva, apportant deux blessés : l'un, grièvement à la
» jambe; l'autre, à la main. Il fallut s'occuper de ces
» malheureux.

» Cependant je ne pus pas m'empêcher de leur adres-
» ser une question, non à celui qui avait la jambe cassée,
» — il souffrait trop pour que j'eusse la cruauté de l'in-
» terroger, — mais à celui qui était blessé à la main.

» Où avez-vous reçu cette blessure?

» — A Châtillon.

» — Les *Volontaires de Paris* étaient-ils avec vous?

» Mais il ne connaissait pas les *Volontaires de Paris*, » il n'avait vu que des régiments de ligne et de la mobile.

» Horace rentra dans la soirée avec les deux autres » voitures, ramenant aussi deux blessés en bien mauvais » état.

» Il nous rassura sur votre bataillon en nous affirmant » qu'il n'avait pas été engagé ; il avait parlé à un officier » de l'état-major et il savait quelles troupes avaient pris » part à l'action ; toutes troupes de ligne et un bataillon » de mobiles.

» Ne soyez pas surpris du petit nombre de blessés qui » nous a été amené après ce combat, qui a dû être très- » meurtrier ; toutes les routes étaient encombrées de voi- » tures sur lesquelles on avait arboré le drapeau à la » croix rouge. Chacun voulait avoir son blessé, et on se » les disputait, on se les arrachait pour ainsi dire.

» Horace qui, vous le savez, ne perd jamais le senti- » ment des choses drôles, dit que c'était un spectacle cu- » rieux.

» — Venez avec moi, disaient ceux-ci ; vous aurez du » bon bordeaux.

» — Venez chez moi, disaient ceux-là ; vous serez dans » une bonne maison.

» Sur nos quatre blessés, Horace n'en eut qu'un seul » de bonne volonté, celui qui a reçu une balle dans la » main ; les trois autres, frappés aux jambes, ont été » ramassés par les brancardiers et emportés, sans avoir » la possibilité de choisir leur ambulance.

» Aussitôt après le pansement de mes blessés, je suis » entrée dans leur tente et je suis restée avec eux une » partie de la journée.

» Ils m'ont conté leurs affaires, et j'ai écrit des lettres » pour eux. Il fallait voir comme ils étaient heureux ! Ce » sont de braves garçons, tous pleins de cœur et de bons » sentiments.

» L'un est de Paris, les autres sont de la province; ils » appartiennent à différents régiments.

» Celui de Paris, — c'est le plus sérieusement blessé, » et il est possible qu'on lui coupe la jambe aujourd'hui » ou demain, — n'a pas voulu que j'écrive pour lui. Il a » fini par me donner l'explication de cette résistance : il » était le soutien de sa mère et de quatre autres frères et » sœurs, trop jeunes pour travailler. Quel coup pour la » pauvre mère que cette lettre!

» C'est parole par parole que je lui ai arraché son his- » toire; alors j'ai compris ce qu'il désirait; je lui ai pro- » mis d'aller moi-même porter cette triste nouvelle à sa » mère.

» Si vous aviez vu sa joie.

» Puis je lui ai dit encore que l'homme généreux qui » avait établi cette ambulance voulait que les malades » qu'il recevait trouvassent chez lui tout ce qui pouvait » assurer leur guérison, aussi bien physiquement que » moralement. De sorte qu'il ne devait pas se tourmen- » ter pour sa mère; si elle était dans le besoin, je prenais » l'engagement de lui venir en aide. Il devait donc n'a- » voir d'autre souci que sa guérison.

» Il me semble que vous m'approuverez et que vous » me direz que j'ai agi d'après votre inspiration. En tout » cas, si je me suis trompée, il faut que je dise pour ma » défense que je n'ai point regardé votre portrait. Ce n'é- » tait pas possible; j'étais penchée sur le lit de ce pauvre » garçon, dont les yeux fiévreux ne me quittaient pas.

» Dans la journée les nouvelles nous sont arrivées sur » le combat de la veille un peu moins effrayantes.

» J'aurai voulu accomplir ma promesse et aller voir la » mère de notre blessé, mais il m'a été impossible de le » faire aussitôt et j'ai dû attendre deux jours.

» D'ailleurs j'avais en outre une bonne raison pour » différer cette démarche : on devait décidément lui cou-

» par la jambe et je voulais pouvoir dire à la pauvre » femme comment son fils avait supporté cette opéra- » tion.

» C'est avant-hier qu'il a subi cette amputation qui a » très-bien réussi, et c'est hier seulement que j'ai fait ma » visite rue des Lions-Saint-Paul, où demeure sa mère.

» J'avais demandé à madame Bénard de venir avec » moi, et elle avait bien voulu m'accompagner.

» Tout ce que le pauvre garçon m'avait dit était par- » faitement vrai, mais il avait atténué la vérité plutôt » qu'il ne l'avait exagérée; il s'était engagé, et depuis son » départ sa mère, n'ayant plus de travail, était tombée » dans une effroyable détresse; peu à peu elle avait vendu » les différentes pièces de son mobilier pour manger, et, » n'ayant plus rien à vendre, on ne mangeait, plus, ni » les enfants ni elle.

» Alors je me suis rappelé vos recommandations, et » madame Bénard et moi nous sommes allées chez un » marchand où nous avons acheté des lits, des matelas, » du linge, des couvertures, et nous avons fait porter le » tout rue des Lions-Saint-Paul, devant nous.

» Puis j'ai dit à la pauvre femme que j'étais chargée, » par une personne généreuse, de secourir ceux qui » étaient dans le besoin, et que jusqu'au jour où son fils » pourrait travailler, elle recevrait cinq francs par jour, » qu'elle toucherait toutes les semaines en venant voir » son fils.

» Cinq francs, c'est peut-être beaucoup, d'autant mieux » que nous avions déjà dépensé une grosse somme pour » le mobilier; mais aussi pourquoi avez-vous commis » l'imprudence de me confier ce livre de chèques?

» Je n'ai pas pensé à l'argent, je n'ai pensé qu'à vous.

» Elle a voulu savoir le nom de cette personne géné- » reuse, et je lui ai dit qu'elle s'appelait Édouard Cham- » berlain.

» Il était alors environ trois heures de l'après-midi; » est-ce qu'à ce moment vous n'avez pas ressenti un » mouvement de satisfaction? le bonheur de cette femme » n'a-t-il pas été faire battre votre cœur?

» Il semble qu'il doit se faire de ces communications » mystérieuses. En tout cas, comme les riches peuvent » être heureux du bonheur qu'ils donnent!

» Pour moi, qui ne suis que la main par laquelle passent vos générosités, je suis toute fière d'avoir été choisie » par vous pour faire du bien à ceux qui souffrent.

» Quand nous sortîmes de la rue des Lions-Saint-Paul, » on n'entendait plus dans le sud les détonations du » canon et des mitrailleuses qui toute la matinée avaient » ému Paris.

» Rue de Rivoli, nous vîmes défiler des canons et des » mitrailleuses : les pièces étaient noircies par la fumée, » les hommes et les chevaux étaient blanchis par la pous- » sière. C'était le retour de la bataille : les chevaux » marchaient la tête basse, les hommes regardaient autour » d'eux d'un air morne.

» Instinctivement je serrai la main de madame Bénard, » et elle n'eut pas besoin de mes paroles pour comprendre » quels étaient mes pressentiments et mes angoisses.

» — Nous avions eu encore le dessous.

» Nous nous étions arrêtées, et nous regardions ce » défilé, le cœur serré, n'osant interroger ceux qui nous » entouraient.

» Mais bientôt un bataillon d'infanterie arrive; son » drapeau est orné d'un gros bouquet de fleurs fraîches.

» — Nous sommes vainqueurs!

» Et nos mains se pressent chaleureusement.

» Au loin les clairons sonnent.

» On voit sans doute sur notre visage combien vivement » nous désirons apprendre ce qui s'est passé, et un mon- » sieur nous adresse la parole :

» — Encore une journée comme celle-là, et l'armée » prussienne est disloquée. Nous venons de lui tuer dix » mille hommes à Villejuif et de lui faire vingt-cinq mille » prisonniers; les mitrailleuses ont tout fauché.

» Nous nous hâtons de rentrer pour porter cette bonne » nouvelle à nos blessés, qui se mettent à rire et à » chanter, même notre pauvre amputé, qui chante : *Mourir* » *pour la patrie!* et qui crie : « En avant! »

» Aujourd'hui il faut en rabattre. On n'a pas tué dix » mille hommes et on n'a pas fait vingt-cinq mille prison- » niers; mais enfin on a repoussé l'ennemi et repris une » partie des positions perdues quatre jours auparavant.

» Il me semble que c'est quelque chose et même que » c'est beaucoup.

» Il n'est donc plus question de se concentrer dans la » ville.

» On avance, et par suite on élargit le cercle qui nous » enserre et veut nous étouffer.

» Il est probable que, si ce mouvement se continue, » — et il faut espérer qu'il se continuera, — cela va » rendre l'échange de nos lettres de plus en plus lent, en » augmentant les difficultés que Denizot aura à vous » trouver.

» Mais, si douloureuse que soit cette privation de » nouvelles, je ne pourrai pas m'en plaindre, si elle est » causée par notre marche en avant. Ce n'est pas par nos » sentiments intimes que nous devons nous laisser ins- » pirer en ce moment, au moins quant à ce sujet.

» En avant! C'est en vous qui combattez qu'est l'espoir » de Paris et l'honneur de la France!

» Il n'est pas possible que des gens qui se battent pour » leurs femmes et leurs enfants, pour l'honneur et la » liberté de leur patrie, ne se battent pas bien.

» Je vous demande pardon d'oser avoir une opinion en » pareille matière; en réalité, ce n'est pas une opinion,

» c'est une confiance instinctive; c'est la foi, la foi aveugle » et irréfléchie, si vous voulez. Mais je voudrais que cette » foi passât un peu en vous, pour affaiblir les préventions » de l'homme de métier; surtout je voudrais qu'elle passât » en ceux qui nous dirigent, et qui, je le crains bien, ont » encore de plus grandes préventions que vous. Que » faire, si ceux qui sont chargés de la défense n'ont pas » confiance dans la défense?

» Enfin je parle là de choses qu'il ne m'appartient pas » de traiter, et si je vous les dis, c'est parce qu'elles » m'obsèdent l'esprit et me serrent le cœur.

» Et, pendant que je m'étends, j'oublie de vous donner » une nouvelle qui sans doute vous intéressera.

» Avant-hier, j'ai reçu la visite de madame la marquise » de Lucillière. Elle s'est présentée pour examiner l'am- » bulance et elle a demandé à me voir. Naturellement je » l'ai accompagnée dans sa visite. Elle a voulu tout » examiner: les tentes, la pharmacie, la cuisine, la » lingerie, les voitures.

» Elle a organisé aussi une ambulance chez elle, et elle » désirait, m'a-t-elle dit, s'inspirer de ce que vous aviez » fait, bien que cette ambulance ne ressemble nullement » à la vôtre, puisqu'elle est installée dans des apparte- » ments de l'hôtel Lucillière.

» Elle a été enthousiasmée par ce qu'elle a vu, et si je » vous répétais tout ce qu'elle a dit, vous en rougiriez » assurément; pour moi, j'étais confuse, car elle m'a » adressé des compliments que je ne méritais pas et que » je ne pouvais pas accepter.

» Cependant, malgré son enthousiasme pour notre am- » bulance, et malgré la conviction qu'elle paraissait » ressentir que les blessés devaient être beaucoup mieux » traités chez vous qu'ils ne le seraient chez elle, elle a » voulu nous enlever un de nos blessés.

» Elle n'en a pas encore et elle est désolée; elle prétend

» que son cocher, qu'elle avait envoyé à Montrouge le » jour du combat de Châtillon, n'est qu'un maladroit.

» — Donnez-m'en un, disait-elle à chaque instant.

» De guerre lasse et ne sachant plus comment trouver » de nouvelles formules de refus, je lui ai dit d'adresser » elle-même sa demande à celui qui est blessé à la main, » — le seul qui soit en état de quitter l'ambulance.

» Si vous saviez comme elle l'a cajolé pour le décider à » la suivre. A toutes les offres que madame de Lucillière » lui faisait, il riait et il répondait:

» — Non, merci; je suis bien ici, je ne peux pas faire à » cette demoiselle l'injure d'abandonner sa cuisine pour » une autre. Et puis qu'est-ce que diraient les camarades, » si je les plantais là? Nous sommes déjà amis; ils s'en- » nuieraient de moi et moi je m'ennuierais d'eux. Merci » bien. D'ailleurs il faut dire que la demoiselle (la demoi- » selle, c'est moi) nous a commencé la lecture d'un livre » qui m'intéresse, et j'ai envie de savoir la suite.

» Tout a été inutile; il a persisté dans son refus, riant » toujours, mais toujours refusant. Voilà, j'espère, un » triomphe.

» La visite de madame de Lucillière a duré près de » deux heures, et elle m'a longuement parlé de vous, » comme vous devez bien le penser.

» Ce qu'elle m'a dit, je ne pourrais pas vous le répéter; » mais ce qui résulte de cette longue conversation, c'est » qu'elle éprouve pour vous une vive affection.

» Je voudrais entrer dans quelques détails, mais l'heure » me presse; il faut que j'aille reprendre ma lecture « qui » intéresse mes blessés, » et, si j'étais en retard, ils » s'impatienteraient.

» Ils vont aussi bien que possible, et dans l'hôtel tout » marche admirablement, comme si vous étiez au milieu » de nous. Cela tient sans doute à ce que votre esprit y » est resté pour nous diriger et nous inspirer.

» Pour moi, je n'ai qu'à me louer de tout le monde, et
» particulièrement d'Horace, qui est le dévouement
» même.

» Tranquillisez-vous donc de ce côté, et ne soyez pas
» inquiet de ceux que vous laissez derrière vous, quand
» vous marcherez en avant.

» Croyez à toute l'affection de votre dévouée.

» Thérèse. »

XVIII

Cette lettre de Thérèse, écrite le 24, fut remise au colonel le 25.

Plus heureux cette fois que dans ses précédentes expéditions, Denizot parvint à sortir de Paris et à trouver les *Volontaires* dans le bois de Vincennes, où ils s'exerçaient au tir à la cible devant l'une des buttes adossées aux tribunes des courses.

Mais au moment où Denizot arriva auprès du bataillon, le colonel, un genou en terre, le fusil en joue, était en train d'ajuster la cible ; près de lui, Antoine attendait son tour pour tirer.

Avant de remettre les lettres dont il était porteur, il lui fallut attendre que l'exercice fût terminé.

Enfin le colonel put ouvrir la lettre.

C'était la première fois que Thérèse lui écrivait.

Ceux de ses camarades qui l'observaient le virent à plusieurs reprises sourire avec un air de contentement et d'allégresse.

Mais tout à coup son front se plissa, et les feuilles de papier tremblèrent dans sa main nerveuse.

La marquise !

Ce qu'il avait craint s'était réalisé.

Il relut tout le passage qui parlait de madame de Lucillière, en étudiant chacun des mots significatifs qui pouvaient lui donner quelque éclaircissement.

... Une visite de deux heures... parlé de vous... ne peux pas répéter ce qu'elle a dit... vive affection.

Il n'y avait qu'une chose à faire : aller à Paris.

En partant immédiatement, il serait revenu avant le soir, tranquille pour le reste du siége.

Rien de grave ne se passerait dans la journée, il régnait un calme parfait : pas une détonation de près ou de loin, pas de ces petits nuages blancs qui, en ces derniers jours indiquaient, alors qu'on n'entendait aucun bruit, qu'un combat se livrait à une certaine distance.

— Est-ce que vous ne me donnez pas une réponse? demanda Denizot, voyant qu'il ne se disposait pas à écrire.

— La réponse, je vais la porter moi-même en allant avec vous.

Il ne pouvait pas partir ainsi ; il était soldat, il lui fallait la permission de son commandant.

Là commençait déjà ce qu'il y avait de pénible dans l'exécution de son projet. Cependant il ne se laissa pas arrêter par la répugnance qu'il éprouvait à aller demander cette permission.

Michel se promenait devait le campement avec l'un de ses capitaines.

Le colonel marcha à lui et, portant la main à son képi :

— Mon commandant, dit-il, je viens vous demander un moment d'entretien ; pouvez-vous me l'accorder?

— Tout de suite, répondit Michel.

Et le capitaine s'éloigna.

Ils restèrent en face l'un de l'autre.

— Je viens de recevoir une lettre de... ma cousine, dit enfin le colonel.

— J'ai aussi reçu quelques lignes de Thérèse, dans lesquelles elle me dit que tout va bien à l'ambulance.

Ainsi leur antagonisme se marquait dans les paroles les plus simples : tandis que le colonel était obligé d'appeler celle qu'ils aimaient l'un et l'autre « ma cousine, » Michel affectait de l'appeler « Thérèse » tout court.

Mais, tandis que Michel ne pouvait parler que de quelques lignes, le colonel serrait dans sa main les cinq feuilles de papier qu'il venait de lire.

— Bien que je sois sans inquiétude du côté de l'ambulance, dit-il, je viens cependant vous demander la permission d'aller à Paris.

— A Paris !

— Il s'agit d'une courte absence ; je reviendrai ce soir.

Michel avait repris son sang-froid, et, de ses yeux sombres, il regardait son rival sans parler, sans répondre.

— Dans les conditions où nous sommes placés vis-à-vis l'un de l'autre, dit-il enfin, je ne puis pas vous refuser cette permission.

La réponse était telle que le colonel se redressa sous le coup qui venait de l'atteindre ; mais il fallait se taire et baisser la tête.

— J'attends cette permission pour partir, dit-il d'une voix qu'il tâcha de rendre calme.

Michel fut évidemment stupéfié par cette réponse et longuement, il regarda cet homme qu'il avait cru brave.

— C'est bien, dit-il ; venez avec moi, je vais vous l'écrire.

Le colonel le suivit, et en chemin ils n'échangèrent pas une seule parole ni un seul regard.

Au moment d'écrire la permission, Michel releva la tête :

— Pour combien de jours voulez-vous cette permission ? demanda-t-il.

Il poursuivait son avantage.

— Je vous ai dit que je rentrerais ce soir, répondit le colonel.

Michel tendit la permission, que le colonel prit sans un seul mot.

Ayant salué en soldat, et pour bien marquer qu'il n'était à cette heure qu'un soldat, il sortit.

Comme il se dirigeait vers l'endroit où il avait laissé Denizot, il aperçut celui-ci qui venait à lui avec Antoine.

— Est-ce vrai ce que me dit Denizot? demanda Antoine.

— Je vais passer une heure à Paris pour une affaire importante.

— Vous avez une permission du commandant? dit Antoine.

— Je viens de la lui demander.

Antoine parut réfléchir un moment comme s'il cherchait à comprendre ce qu'on lui disait. Puis tout à coup, prenant le bras de son neveu et l'entraînant à l'écart :

— Mon cher Édouard, dit-il, je vous prie, n'allez pas à Paris

— Mais, mon oncle...

Depuis ce matin, Michel a reçu plus de vingt demandes de nos camarades. Le dimanche, le beau temps, surtout la conviction où l'on était qu'on ne ferait rien aujourd'hui : tout cela avait éveillé les esprits. Et puis dans ce bois, il semblait qu'on était à la promenade. Enfin il y avait des gens qui avaient sérieusement besoin d'aller chez eux, pour voir si leurs femmes et leurs enfants avaient de quoi manger. Il y a un de nos camarades qui a quitté sa petite fille mourante, et qui depuis qu'il est sorti de Paris ne sait pas s'il l'a perdue ou si elle est sauvée; celui-là aussi a demandé une permission. A tous, aussi bien à celui-là qu'aux autres, à ceux qui voulaient se promener comme à ceux qui voulaient aller au secours de leur famille, Michel a refusé cette permission; car il ne pouvait pas en accorder une seule, sous peine d'être entraîné à en accorder dix, à en accorder cent. Tout à l'heure Denizot a dit que vous partiez avec lui.

— Pourquoi Denizot a-t-il parlé?

— Pourquoi avez-vous parlé vous-même? Quoi qu'il en soit, Denizot a été entendu, ses paroles ont été répétées, et il s'est élevé une sorte de rumeur dans tout le bataillon. Les uns disaient que le commandant ne peut pas vous refuser la permission que vous lui demandez, attendu que vous n'êtes pas un simple volontaire comme nous tous.

— Mais si, j'ai toujours voulu n'être que cela, et partout, en tout, je n'ai été que cela, vous le savez, vous l'avez vu.

— Les autres, au contraire, disent qu'il n'y a pas de raisons pour vous traiter autrement qu'ils n'ont été traités eux-mêmes, que nous sommes tous égaux devant la discipline, et que si vous ne vouliez pas vous soumettre à cette discipline, il ne fallait pas vous engager.

— Ils ont raison.

— Vous le reconnaissez. Mais reconnaîtrez-vous aussi qu'ils ont raison de dire que si vous allez à Paris avec une permission, ils iront, eux, avec ou sans permission, attendu que la loi est faite pour tout le monde et que tout le monde doit s'y soumettre ou tout le monde peut y manquer. C'est au soldat que je parle; c'est à l'homme qui, depuis qu'il est dans nos rangs, s'est efforcé par ses paroles aussi bien que par ses actes de nous inspirer l'esprit militaire. Je vous jure que si vous allez à Paris, Michel est perdu parmi nous. Il sait se faire obéir, il sait même faire respecter son autorité; on ne lui obéira plus, et l'on se moquera de lui. Ce n'est pas là ce que vous avez voulu, n'est-ce pas?

Le colonel réfléchit un moment; puis, prenant la permission qui était dans la poche de sa vareuse, il la déchira en quatre morceaux.

— Maintenant, dit Antoine, j'ai encore une demande à vous adresser, une prière : permettez-moi de dire tout haut que Michel vous a refusé cette permission.

A cette demande le colonel répondit par un geste de refus qui lui échappa ; mais presque instantanément cette révolte se calma.

— Je le dirai moi-même.

— Ah ! mon neveu, vous êtes un homme de cœur.

— Dites de volonté, mon oncle. Vous ne savez pas ce que me coûte le sacrifice que je viens de vous faire ; c'est mon bonheur que j'expose et que peut-être je perds.

XIX

A Mademoiselle Thérèse Chamberlain,
rue de Courcelles,

Paris.

« La Varenne, 20 novembre 1870.

« Ma chère Thérèse,

» Enfin je vais pouvoir causer avec vous un peu lon-
» guement, sans être étranglé dans ces courts billets que
» depuis trop longtemps j'étais obligé de vous écrire en
» courant, sans pouvoir vous dire autre chose que je suis
» vivant.

» Sans doute c'est là un point intéressant, et qui a sa
» valeur, aussi bien pour celui qui écrit que pour celle
» qui lit; mais enfin ce n'est pas tout, alors qu'on a tant
» de choses à se dire.

» Maintenant me voilà installé devant une table, assis » sur une chaise, ayant devant moi du papier et une » plume, au-dessus de la tête, un toit, sous les pieds un » tapis, dans des conditions à bavarder avec vous jusqu'à » ce soir.

» Si je ne dis pas jusqu'à demain, c'est qu'il nous est » interdit sous peine de bombardement, d'avoir de la » lumière la nuit et du feu le jour.

» Je vous expliquerai tout à l'heure à quoi tient cette » interdiction ; car il ne faut pas anticiper sur les événe- » ments, comme on disait dans les romans que je lisais » lorsque j'étais enfant.

» C'est peut-être un endroit agréable que la Varenne » pendant l'été. Je l'ignore puisque je suis entré dans ce » village pour la première fois par un triste jour d'hiver, » où il tombait des flots de pluie en même temps qu'une » grêle de balles; mais présentement c'est un maussade » séjour.

» Cependant, au point de vue militaire, ce séjour est » enviable, car c'est nous qui avons l'honneur de pénétrer » le plus avant dans l'armée allemande.

» Vous qui connaissez la Marne mieux que moi, ma » chère cousine, vous savez qu'avant de se jeter dans la » Seine, elle fait un large détour en forme de fer à cheval, » qu'on appelle la boucle de la Marne, et qui, commen- » çant à Joinville, vient se terminer à Gravelle. Dans » cette boucle, se trouvent de nombreux villages : Saint- » Maur, la Varenne, Port-Créteil. Le terrain sur lequel » ces villages sont bâtis, est peu élevé au-dessus du cours » de la rivière, et toute cette boucle n'est qu'une plaine » plate. Au contraire, les villages qui se trouvent sur la » rive opposée sont groupés sur des collines qui s'élè- » vent brusquement ; Champigny, Chennevières, etc.

» Si j'entre dans ces détails topographiques, c'est pour » que vous compreniez une aventure assez désagréable

» qui a failli me coûter cher, le jour de mon installation
» dans la jolie maison de campagne qui me sert d'habi-
» tation.

Nous arrivons, à la nuit tombante, devant la grille
» de cette maison; les balles ne sifflent plus au-dessus
» de nos têtes, mais la pluie verse toujours. Belle appa-
» rence, jardin en bon état, maison coquette. Nous frap-
» pons par acquit de conscience. Personne ne répond : ce
» qui ne nous surprend pas, puisque le village est désert,
» Nous forçons la grille, ce qui est vite fait, et nous en-
» trons dans le jardin; du jardin, nous pénétrons dans la
» maison en enfonçant la porte, ce qui est vite fait aussi.

» D'ailleurs nous n'avons pas de temps à perdre, nous
» sommes transpercés jusqu'aux os par la pluie et nous
» mourons de faim; nous avons hâte de nous abriter et
» de faire cuire la viande crue qu'on vient de nous distri-
» buer.

» Un de nos camarades allume une allumette et nous
» voyons que la maison n'a été que très imparfaitement dé-
» ménagée; on a enlevé seulement les objets de valeur. Les
» gros meubles, tables, chaises, lits, glaces, sont restés.

» Sur la cheminée du salon, des bougies sont encore
» dans les flambeaux; on les allume.

» Alors un de nos camarades envoie un coup de crosse
» de fusil dans la glace, qui vole en éclats.

» — Il ne fallait pas voter *oui*, » dit-il.

» On lui fait observer que le propriétaire de cette
» maison, que nous ne connaissons pas, a peut-être voté
» *non* lors du plébiscite, et que d'ailleurs, eût-il voté *oui*,
» ce n'est pas une raison pour tout briser chez lui ; mais
» cette observation, n'étant pas faite par un officier ayant
» autorité pour parler, ne produit pas grand effet. D'ail-
» leurs on pense à autre chose qu'à s'adresser mutuelle-
» ment des observations.

» On pense à s'organiser pour la nuit. Il y a longtemps

» que nous n'avons été à pareille fête : des chaises, des » tables, des lits. Comme il y a près de deux mois que je » n'ai dormi sur un matelas, je me réjouis à l'idée de la » bonne nuit que je vais passer, sans bottes à mes pieds, » un oreiller sous la tête.

» On a allumé toutes les bougies, et l'on cherche du » bois pour faire cuire notre souper : on n'en trouve pas ; » mais bien vite on s'en procure en faisant sauter quel- » ques frises du parquet, qu'on casse et qu'on entasse » dans la cheminée.

» Le feu flambe dans la cheminée et éclaire tout le » salon de grandes lueurs capricieuses : le bois est sec, » il brûle bien, et nous allons pouvoir faire rôtir notre » morceau de cheval, tout en nous séchant.

» Mais tout à coup un bruit que nous connaissons tous » maintenant frappe nos oreilles : c'est le sifflement d'un » obus qui arrive ; nous levons la tête ; les vitres de nos » fenêtres craquent, l'obus a éclaté dans le jardin.

» Un second sifflement se fait entendre, et un second » obus éclate dans le jardin, un peu plus près de la » maison.

» Un troisième arrive presque aussitôt, et cette fois le » haut d'une de nos fenêtres est démoli par un éclat, les » carreaux tombent dans le salon.

» Comme je n'avais qu'à me chauffer, je pouvais réflé- » chir, et il ne m'est pas difficile de comprendre d'où » nous vient ce bombardement.

» — Les Prussiens qui sont sur la colline, en face, » voient notre feu, et ils veulent nous empêcher de nous » établir ici.

» — On y est bien cependant.

» — Et le rôti commence à sentir bon.

» — Nous n'avons qu'une chose à faire, c'est de passer » à l'autre côté de la maison : nous sommes au sud, » allons au nord ; justement il y a une très belle chambre

» où nous serons admirablement. Les Prussiens, ne » voyant plus notre feu, puisque nous allons éteindre » celui du salon, croiront que nous nous sommes sauvés, » et ils nous laisseront tranquilles pendant toute la nuit » dans notre belle chambre.

» Cet avis est adopté. Nous déménageons vivement, et » nous nous installons dans la chambre dont les fenêtres » ouvrent vers le nord; puis nous allumons de nouveau » un feu superbe, c'est à peine si notre rôti a eu le temps » de refroidir.

» Nous sommes pleinement rassurés; les ennemis qui » nous voyaient ne peuvent plus nous apercevoir, puis- » qu'il y a une muraille qui nous cache.

» Mais, au moment où les flammes commencent à jeter » leurs lueurs dans la chambre, une vitre tombe à terre » avec fracas et un coup mat retentit dans la muraille » opposée.

» Cette fois, on ne nous bombarde plus, mais on nous » fusille avec des fusils de rempart : un lingot de fer est » incrusté dans la muraille.

» Après un premier mouvement de surprise, il est » facile de comprendre notre situation. Cette presqu'île » de Saint-Maur s'avance comme un bastion, comme un » coin, au milieu de nos ennemis, qui, de tous les côtés, » un seul excepté, nous enveloppent, et ceux qui viennent » de nous bombarder sont peut-être à trois ou quatre » kilomètres de ceux qui viennent de nous fusiller. Ils ne » se sont point donné le mot; mais, voyant un feu, ils » ont tiré dessus, ceux qui sont éloignés avec du canon; » ceux qui sont rapprochés, avec des fusils. Mais, pour » nous, peu importe le genre de projectiles ! Ce qu'il y a » de certain, c'est que nous devons éteindre notre feu au » plus vite et renoncer à notre rôti, renoncer même à » notre souper; nous devons nous coucher sans lumière » Les parquets du propriétaire sont sauvés,

» Cette mésaventure, plus drôle que grave, doit vous » faire voir mieux que mes explications quelle est notre » position.

» La nuit, nous ne pouvons pas avoir du feu ni de la » lumière, et, pour faire cuire nos aliments, nous devons » nous cacher dans des caves, afin qu'on ne nous fusille » pas à la lueur de notre cuisine.

» Si cette situation est désagréable pour faire la cuisine » ou pour se réunir le soir autour d'un bon feu, elle n'est » pas moins fâcheuse pour la promenade et la circulation.

» Aussitôt qu'on paraît dans une rue bien exposée, on » est salué par une balle qui casse une branche au-dessus » de votre tête ou qui vous couvre du plâtre qu'elle a » détaché d'un mur.

» Il faut certaines précautions pour marcher, et les » carrefours sont plus dangereux que ceux des boule- » vards : on se défile en rasant les murs, dans lesquels » nous avons percé des brèches.

» Tel est le joli village de la Varenne, cher aux Pari- » siens, que nous habitons pour le moment et probable- » ment même pour longtemps, car il est très important » pour les opérations futures de l'armée, si elle en fait, » que l'ennemi ne puisse pas s'établir dans cette pres- » qu'île, d'où il pourrait nous inquiéter sérieusement le » jour où nous voudrions passer la Marne à Joinville ou » à Créteil, pour aller l'attaquer et rompre son cercle » d'investissement.

» Il faut donc que nous la gardions.

» Et ce service est, je vous l'assure, des plus durs, » au moins la nuit. Aussitôt que l'ombre s'épaissit, » il faut abandonner les greniers et placer le long de la » rivière des sentinelles assez rapprochées les unes des » autres pour que personne ne puisse aborder sur la » berge sans être vu par elles.

« C'est là que commence la partie désagréable de notre

» tâche : quatre heures contre le tronc d'un arbre, au » coin d'un mur ou dans un trou creusé en plein champ, » cela peut paraître assez court à celui qui envisage cette » position tranquillement, les pieds sur ses chenets ; mais » celui qui est contre l'arbre ou dans le trou trouve le » temps moins rapide.

» Alors on a tout le temps de reprendre le cours de ses » réflexions jusqu'à la fin de sa faction. Chose curieuse, » quand je vois un de ces traits de feu courir sur la ri- » vière, mon esprit remonte toujours dans le passé, au jour » où, pour la première fois, je me suis promené sur les bords » de cette Marne, alors si tranquilles, si différents de ce » qu'ils sont aujourd'hui, et une vision passe devant mes » yeux, celle de ce martin-pêcheur qui s'est envolé devant » nous, aussi rapide que ces jets de poudre. Vous rappe- » lez-vous ce martin-pêcheur, chère Thérèse ? Moi, je » me plais dans ce souvenir qui m'aide à abréger ma fac- » tion. Aussi dirai-je franchement que je souhaite ces » coups de fusil ; ils me donnent la note et, m'enlevant » aux tristesses de l'heure présente, ils me reportent brus- » quement dans le passé.

« Il arrive cependant quelquefois que mes souhaits » sont dépassés.

» Ainsi cela s'est produit hier ; c'était mon tour de fac- » tion, que je devais prendre, lorsque la nuit serait venue, » dans un joli trou creusé dans la berge même de la ri- » vière. A l'heure dite, il faisait noir à ne pas voir à cinq » pas devant soi. Je me dirige vers mon trou en marchant » avec précaution sur l'herbe, pour ne pas attirer l'atten- » tion de nos ennemis, qui devaient se trouver embus- » qués dans une petite île. Mais, au moment où j'approche » de mon trou, voilà que je marche sur une plaque de tôle » qui se met à résonner ; je saute de côté, je bouscule une » vieille casserole, qui, elle aussi, chante une note fêlée. » Je ne prends pas le temps de réfléchir et vivement je

» me jette à plat ventre. Cette inspiration était heureuse,
» car l'île s'illumine et trois ou quatre balles me passent à
» un pied au-dessus du dos ; si j'étais resté debout, je les
» recevais dans le ventre. Sans me relever, je me traîne
» jusqu'à mon trou, écartant doucement avec la main une
» autre plaque de tôle que je trouvai sur mon passage.

» Une fois dans mon trou, je peux tranquillement réflé-
» chir.

» Qui a placé ces plaques de tôle et ces casseroles de
» manière que j'avertisse moi-même nos ennemis de mon
» arrivée ? Avons-nous des espions parmi les rares habi-
» tants qui sont restés dans le village ? Ce trou gênerait-
» il nos ennemis plus qu'un autre ?

» Il n'est pas facile de trouver des réponses à ces ques-
» tions, et mes quatre heures de faction se sont passées
» à chercher, sans arriver à rien de satisfaisant.

» La seule chose certaine, c'est que ces plaques ne sont
» pas tombées du ciel autour de mon trou et qu'elles ont
» été disposées là par quelqu'un ; aussi, en sortant, lorsque
» ma faction a été finie, ai-je marché à quatre pattes pour
» rejoindre au coin d'un mur ceux qui venaient me
» relever. Avec mes mains je tâtais autour de moi sur
» l'herbe, étant beaucoup plus adroit à me servir de cette
» partie de mon corps, à laquelle le tact donne des yeux,
» que de mes pieds.

» Voilà, chère Thérèse, quelle est notre position et
» quelles sont nos occupations.

» Combien de temps resterons-nous là, c'est ce que,
» bien entendu, je ne peux pas vous dire ; cependant il
» me semble que nous ne devons pas être bien éloignés
» d'une action décisive, à laquelle sans doute nous pren-
» drons part.

» Écrivez-moi aussi longuement que vous pourrez, et
» prenez quelques heures à nos blessés pour me les don-
» ner.

» Ne me parlez pas seulement de notre ambulance; cau-
» sez longuement, librement comme si nous étions au
» coin du feu.

» Et votre oncle Sorieul? il y a longtemps que vous ne
» m'en avez rien dit. Ne vous aide-t-il plus?

» Et madame de Lucillière? Ne l'avez-vous pas revue
» depuis sa visite à l'ambulance, où elle vous a parlé
» de moi avec une vive affection? » Que vous a-t-elle
» donc dit que vous ne pouvez pas le répéter à votre ami?

» ÉDOUARD CHAMBERLAIN. »

XX

En écrivant à Thérèse, le colonel ne pouvait pas ne pas parler de Michel, mais il le faisait toujours d'une manière incidente.

Jamais il ne manquait de rendre justice aux qualités « de son commandant, » reconnaissant ses mérites, célébrant son courage et sa prudence; seulement il ne disait que cela. Et son silence sur tous les autres points était significatif.

Thérèse le comprenait, et elle s'efforçait de lire entre les lignes des lettres qu'elle recevait aussi bien de son futur mari que de son cousin.

Car Michel aussi lui écrivait et dans toutes ses lettres il parlait de votre cousin Édouard. » Mais il parlait du cousin Édouard « exactement comme celui-ci parlait « du commandant Michel. »

Jamais il ne manquait de rendre justice aux qualités du soldat admirable qu'il avait sous ses ordres, alors que lui-même eût dû être sous les ordres de ce soldat devenu leur chef.

De ce côté, il agissait, lui aussi, avec une parfaite loyauté et sans laisser paraître le moindre sentiment de jalousie : M. Édouard était le meilleur soldat du bataillon, adoré de ses camarades, intrépide au feu, infatigable, toujours prêt pour toutes les besognes, aussi bien celles où il fallait verser son sang que celles où il fallait verser sa sueur; ce qui n'est pas moins méritant souvent, mais ce qui est beaucoup plus rare, — et il le disait.

Mais, lui aussi, il ne disait que cela.

Elle avait interrogé Denizot aussi adroitement qu'elle avait pu; mais Denizot appartenait à la classe des braves gens qui voient ce qu'on leur montre, sans jamais rien deviner de ce qu'on leur cache, ne soupçonnant même pas qu'on peut leur cacher quelque chose.

Denizot n'expliquait qu'une chose à Thérèse, — les mérites de son cousin.

Ces mérites, elle les connaissait et même elle ne les connaissait que trop.

Il était donc irrésistible pour tout le monde, comme pour elle.

Et ses conquêtes, ce n'était pas à la fortune qu'il les devait.

C'était...

C'était à des qualités qu'il n'était pas nécessaire qu'on lui expliquât; avant qu'il partît, elle savait bien qu'il serait tel qu'il venait de se montrer.

Elle eût voulut qu'on lui parlât de Michel, puisque c'était Michel qu'elle devait épouser, qu'elle devait aimer..

N'était-elle pas engagée envers lui? n'avait-elle pas encore, dans leur dernière entrevue, librement renouvelé cet engagement?

Pourquoi de tous côtés s'entendait-on pour mettre son cousin au premier rang? car, il n'y avait pas à s'y méprendre, c'était lui qui était le vrai commandant du bataillonlon; c'était en lui qu'on avait confiance, c'était sur lui qu'on comptait,

— Non seulement il devrait être chef de bataillon, disait Denizot, mais encore général de toutes les armées à la place de Trochu, qui est démonétisé, parce que, voyez-vous, Trochu, il parle bien, mais enfin c'est... enfin c'est un Sorieul.

Et ce n'était pas cela qu'elle demandait : ce qu'elle voulait savoir, c'était ce qui s'était passé, ce qui se passait entre eux, et cela précisément, personne ne pouvait le lui dire.

Il s'était passé ce qui devait fatalement résulter de la réunion de ces deux rivaux; leur antagonisme, tout d'abord soigneusement contenu par l'un aussi bien que par l'autre, était devenu une inimitié déclarée.

Le premier chagrin de Michel avait été causé par les lettres que Thérèse écrivait au colonel.

Et il avait d'autant plus cruellement souffert qu'il ne pouvait se plaindre à personne, pas plus à Antoine qu'à Thérèse elle-même; ne devait-elle pas rendre compte de ce qui se passait dans l'ambulance qu'elle dirigeait, à celui qui avait organisé cette ambulance et qui, malgré son absence, en était resté le véritable maître?

Ce n'était pas seulement auprès de Thérèse qu'il avait à lutter contre l'influence du colonel, c'était encore dans son bataillon même et auprès de ses amis.

Du matin au soir, dans toutes les circonstances, à propos des choses importantes comme des choses insignifiantes, on l'écrasait avec le nom d'Édouard. Antoine, ses officiers, ses soldats, ses camarades : tout le monde avait ce nom dans la bouche. Il émettait une idée, on répondait que c'était l'avis d'Édouard. Il était embarrassé, on lui disait qu'il fallait consulter Édouard. Il y avait une mission difficile à remplir, on lui conseillait d'en charger Édouard.

Le vrai commandant du bataillon, c'était le colonel avec sa vareuse de simple soldat.

Cependant il fallait reconnaître que ce commandant de fait ne se permettait jamais la moindre critique des actes ou des paroles du commandant de droit : on l'interrogeait, il donnait son avis; on ne l'interrogeait pas, il ne disait rien, n'approuvant pas, mais ne blâmant pas davantage.

Cet uniforme en drap fin que Michel portait, cette épée qu'il tenait dans sa main, lui étaient une souffrance; n'était-ce pas le colonel qui les avait payés, et qui, par une sorte d'ironie, n'avait voulu pour lui-même qu'une vareuse en drap grossier et qu'une simple baïonnette ?

Cette position respective des deux rivaux amenait entre eux des froissements continuels, où l'avantage restait presque toujours au colonel.

En plus de toutes les supériorités que lui donnaient la fortune et l'attitude qu'il avait su prendre, n'avait-il pas encore celle que lui donnaient l'éducation et le savoir-vivre ?

Il avait pu étudier, il avait pu voir les choses et les hommes; Michel n'avait pu que travailler,

Sans aucune forfanterie, et avec la conscience de ce qu'il était et de ce qu'il valait lui-même, Michel se croyait son égal pour le cœur et le caractère; mais, pour tout le reste, combien lui était-il inférieur !

Combien de fois n'avait-il pas la douleur de constater lui-même cette infériorité ?

Cependant, malgré tout ce qu'il y avait de mauvais dans sa situation, Michel n'avait jamais admis un seul instant qu'il devrait se retirer devant ce rival. Il lutterait, il lutterait jusqu'au bout.

En somme, il avait aux mains le double engagement pris par Antoine et par Thérèse.

Cet engagement, Thérèse l'avait renouvelé et affirmé le jour où ils s'étaient séparés.

Et avec Antoine, s'il n'avait pas demandé la confirmation de cet engagement, c'était parce qu'il savait cette confirmation parfaitement inutile.

C'était là la force de Michel, et elle était grande.

Cette force, le colonel la connaissait tout aussi bien que lui, et la lutte sourde qui existait entre eux, depuis leur réunion dans ce bataillon, la lui montrait plus redoutable qu'il ne l'avait cru tout d'abord.

Il n'était plus au temps où il disait à Antoine.

« J'irai trouver Michel, je m'expliquerai avec lui, et je lui demanderai Thérèse; il ne pourra pas me la refuser.

Il était convaincu maintenant qu'il la lui refuserait parfaitement, et même, à vrai dire, il n'aurait plus osé lui adresser une pareille demande, certain à l'avance de la réponse :

— Vous aimez Thérèse, c'est bien; vous aime-t-elle? Interrogeons-la.

Et tant que Thérèse ne serait pas libre, que son père ne lui dirait pas qu'il l'était lui-même, elle n'avouerait jamais assurément l'amour qui était dans son cœur et qui pour elle était un amour coupable.

Comment leur rendre à l'un comme à l'autre cette liberté? c'était ce qu'il cherchait sans trouver des moyens acceptables.

Un seul se présentait, brutal, mais simple, il fallait que l'un d'eux disparut.

Pourquoi cela n'arriverait-il pas un jour ou l'autre?

Ils étaient en guerre, aussi exposés l'un que l'autre à la mort.

Pourquoi l'un d'eux ne serait-il pas tué par une balle?

Cette solution radicale tranchait rapidement toutes les difficultés.

Deux hommes se présentaient pour épouser Thérèse :

l'un disparaissait, elle devenait la femme de celui qui restait.

— En avant, et au plus heureux des deux !

Comme il se disait que le siége se passerait peut-être tout entier sans que cette occasion se présentât, l'ordre arriva de se tenir prêt à marcher.

On se mit en route à trois heures sans bruit.

Le temps était doux, et la nuit annonçait une belle journée d'hiver.

A chaque instant, des lueurs fulgurantes éclairaient le ciel, et des détonations lointaines ou rapprochées éclataient de tous côtés ; il semblait que, sur tout le périmètre de l'enceinte, les forts avaient commencé la canonnade des positions de l'ennemi.

Une grande bataille se préparait-elle ou bien était-elle déjà engagée ?

En arrivant à Joinville et après avoir lu les proclamations du gouvernement et du général Ducrot, il n'y eut plus que des enthousiastes.

— C'est la grande trouée.

— Mort ou victorieux !

Cependant on ne traversa pas la Marne ce jour-là ; ce fut seulement le lendemain qu'on risqua l'attaque, et, comme on devait le prévoir, on trouva les Allemands prêts à se défendre vigoureusement, bien préparés bien approvisionnés.

Tous ceux qui, dans l'armée française, avaient le sens de la guerre, ou qui simplement connaissaient le pays, savaient quelle résistance ils allaient rencontrer : au delà de la rivière, une plaine dans laquelle l'ennemi, contrarié par les obus des forts, n'avait pas pu s'établir solidement ; mais, au delà de cette plaine, une série de coteaux défendus par des tranchées et des batteries fixes, des ouvrages en terre, des villages, des maisons, des murs crénelés.

Au nombre de ceux qui comprenaient les dangers de l'entreprise, se trouvaient le colonel et son oncle; le colonel parce qu'il avait l'expérience de la guerre; Antoine, parce qu'il avait cent fois parcouru ce pays et qu'il savait tous les avantages qu'il pouvait offrir à une défense habile.

Ils avaient couché dans une maison abandonnée avec une partie des hommes de leur compagnie, entassés quarante ou cinquante dans une petite salle à manger où, en temps ordinaire, douze convives se seraient trouvés trop tassés.

A deux heures du matin, le canon et les obus le réveillèrent.

Les forts avaient repris leur canonnade et la redoute de la Faisanderie tirait par-dessus leur tête.

Couchés à côté l'un de l'autre, ils s'éveillèrent en même temps.

— Allons voir ce qui se passe.

Comme ils n'étaient pas éloignés de la porte, ils purent sortir sans écraser trop de mains et sans heurter trop de jambes.

Devant la maison s'étendait un jardin qui descendait à la rivière, ils gagnèrent une terrasse d'où la vue n'était plus bornée par les maisons.

Le ciel était en feu et l'on voyait tous les forts et les batteries de Nogent, d'Avron et de la Faisanderie lancer leurs flammes sur la rivière, qui par moments s'illuminait de lueurs rapides; dans le Sud, on ne voyait pas les feux, mais on entendait les détonations qui roulaient sans interruption.

— Mon neveu, dit Antoine, l'heure est venue de nous faire nos adieux; car plus d'un parmi nous ne verra pas la nuit de demain.

— Mais mon cher oncle, je me suis trouvé à vingt combats, quatre grandes batailles, et me voilà!

— J'espère que nous nous reverrons; mais enfin j'ai voulu vous dire ce que j'avais sur le cœur. Si cependant nous ne nous retrouvons pas, je confie Thérèse à votre loyauté.

— Elle sera ma sœur jusqu'au jour où elle sera ma femme. Embrassons-nous, mon oncle !

Le colonel était un homme pratique. Pendant que la plupart de ses camarades dormaient encore, il força son oncle à partager avec lui une tranche de lard.

— Déjeunons ! dit-il.

Et gaiement il mangea sa tranche de lard avec une grosse miche de pain.

Puis, ayant remis ce qu'il lui restait de pain dans son sac :

— Maintenant, dit-il, je marcherai jusqu'à demain, s'il le faut ; à la guerre. c'est l'estomac qui donne du cœur, et je vous assure que, quand on marche contre une batterie, ceux qui ont mangé marchent mieux que ceux qui sont à jeun.

Plusieurs ponts ayant été établis, la rivière fut facilement et rapidement franchie par une partie de l'armée. La terrible canonnade de la nuit avait refoulé les Prussiens et les avait obligés à abandonner la plaine, qui se trouvait balayée par les canons des forts ; le carrefour de la Fourche, qu'ils avaient toujours et malgré tout occupé, était lui-même libre.

Mais, à une petite distance de la Fourche, se trouve un bois dans lequel ils s'étaient retranchés en construisant des barricades qui fermaient la route.

Des barricades, pour des Parisiens, c'était un plaisir. Le bois fut vivement emporté.

Michel marchait en tête de la compagnie ; mais il n'avait pas besoin d'exciter ses hommes, l'élan de tous était irrésistible, et il fallait plutôt les avertir de se modérer que les pousser en avant.

Avec son oncle et quelques-uns de ses camarades, le colonel s'était jeté dans le bois, au lieu d'attaquer la première barricade de front.

Surpris par cette irruption, quelques Allemands n'eurent pas le temps de se replier et furent entourés.

— Jetez vos fusils, cria le colonel en allemand et sans s'arrêter.

Quelques-uns obéirent, mais un sous-officier ajusta Antoine. D'un bond, le colonel sauta sur lui, et tous deux roulèrent à terre.

— Ne le touchez pas, cria le colonel à ses camarades; c'est un brave homme, vous auriez fait comme lui.

Il fallait se diriger vers la route pour remettre les prisonniers à ceux qui pouvaient les emmener.

Au moment où ils sortaient du bois, un officier d'état-major arrive au galop.

— Qui a fait ces prisonniers? crie-t-il.

— C'est Édouard, répondent quatre ou cinq voix.

Mais, comme s'il n'écoutait pas cette réponse, l'officier donne l'ordre aux hommes que l'entourent de débarrasser les avenues et la route des obstacles qui les barrent, pour faire passage libre aux troupes qui arrivent, ainsi qu'à l'artillerie, dont on entend le formidable cliquetis à une courte distance.

Cependant, tout en ne paraissant pas attentif à la réponse qu'il avait provoquée, il l'avait parfaitement entendue.

— Où est cet Édouard? demanda-t-il en regardant autour de lui.

A ce moment, le colonel fit deux pas en avant et, portant sa main à son képi :

— Le voilà, dit-il.

L'officier, qui ne l'avait pas vu jusque-là, le regarda avec stupéfaction; puis, levant les bras au ciel avec un mouvement de surprise :

— Comment! vous? s'écria-t-il.

— Eh oui, moi ! mon cher Gaston.

— Vous, soldat !

— Au bataillon des *Volontaires de Paris*, 1re compagnie.

Et ils se serrèrent la main avec joie, heureux de se retrouver sur le champ de bataille.

Mais il n'y avait pas de temps à donner aux épanchements ni aux bavardages de l'amitié.

La terre tremblait sous le roulement de l'artillerie, qui, les ponts traversés, arrivait au galop pour prendre position.

Et les volontaires, s'étant débarrassés de leurs prisonniers, s'élancèrent au pas de course pour rejoindre leur compagnie, qui avait continué d'avancer rapidement, sans rencontrer nulle part une résistance sérieuse capable d'arrêter leur élan.

Cependant les Allemands ne se sauvaient point, mais — pour employer un mot dont on a si souvent abusé dans cette guerre, ils se repliaient.

Michel, Antoine et le colonel étaient ensemble : le colonel, toujours en avant, entraînant ses camarades par la voix et plus encore par l'exemple.

A un certain moment, quand l'ennemi commence un mouvement offensif, le colonel sort de derrière le mur qui l'abritait, et seul il avance de quelques pas, tirant sans relâche et appelant ses camarades.

Cependant il faut se raprocher du mur, alors une main le prend par le bras et l'attire.

Il regarde, cette main est celle de Michel.

— Vous voulez donc vous faire blesser quand même ? dit Michel.

— Et vous, réplique le colonel, vous ne voulez donc pas vous faire tuer ?

Ces deux exclamations ont jailli de leurs bouches

sans qu'ils aient conscience de ce qu'ils disent.

Mais les paroles sont à peine prononcées qu'elles sont comprises par l'un et par l'autre dans toute leur étendue.

Un moment ils se regardent. Mais aux balles qui sifflent autour d'eux il faut répondre par des coups de fusil, ce n'est point l'heure des explications personnelles.

Et ils reprennent la lutte qui se prolonge toute la journée.

Mais le soleil s'est abaissé, l'ombre tombe sur la campagne les feux des canons deviennent de plus en plus clairs.

Tout à coup le colonel sent son fusil lui glisser de la main, le sang coule entre ses doigts : il est blessé.

Le feu dure encore quelques minutes, puis des deux côtés il s'éteint brusquement.

On peut regarder autour de soi et se tâter, la bataille est suspendue par la nuit.

On se réunit, on se groupe, on s'interroge.

— Eh bien ! dit le colonel, répondant à une question de son oncle, je crois que je suis blessé.

Il fait déjà sombre, on allume des allumettes : c'est au bras qu'est la blessure, une balle a déchiré les chairs qui saignent.

Attiré par la lumière, Michel s'approche.

— Blessé ? dit-il, il faut vous faire conduire à l'ambulance.

Mais le colonel a examiné sa blessure, qui n'a pas pénétré profondément ; les chairs sont seulement écorchées.

— A l'ambulance ? dit-il ; vous ne voudriez pas, mon commandant.

Et, ayant atteint son mouchoir, il prie son oncle de le plier pour lui bander le bras. Pendant que cela se fait, les soldats ont allumé des branches qui flambent ; il fait froid la bise est glacée.

Le colonel s'approche du feu et s'asseoit sur son sac.

XXI

Occupée par l'ambulance, Thérèse était nécessairement plus brève; cependant elle trouvait moyen, dans ses lettres à son cousin, de dire à peu près tout ce qui pouvait avoir de l'intérêt pour lui.

Une de ces lettres, prises au hasard, donnera une idée suffisante de cette correspondance et de l'état de leur esprit en ce moment :

« Paris, 10 décembre 1870.

» Vous me reprochez, mon cher cousin, de vous avoir » écrit une lettre trop courte; vous avez pleinement » raison, et je suis bien fâchée de n'avoir pas pu ce » jour-là causer avec vous comme je l'aurais voulu. Mais » j'ai eu des empêchements de toute sorte, que je veux » vous expliquer aujourd'hui, afin de vous prouver qu'à » ma faute il y avait des circonstances atténuantes.

» Vous savez quelle est maintenant la situation de » l'ambulance : toutes les tentes sont occupées, car vos » batailles de Champigny nous ont amené bien des » blessés. Vous même, n'avez-vous pas failli être parmi » eux? Mais vous n'avez pas voulu quitter le champ de » bataille, quoique bien d'autres, à votre place, et des » plus braves, l'eussent fait, m'a dit Horace.

» Pour tous ces blessés, ç'avait été une grande joie » que la dépêche du gouverneur de Paris dans laquelle il » disait « que cette dure journée était d'un effet moral » bien plus décisif que la première. » C'était leur récom- » pense que cette parole, et pas un ne regrettait son sang » versé. Si vous aviez vu quelle joie! On m'avait de- » mandé des plans et, sur la carte, on arrangeait et on

» suivait votre sortie ; mais quand on apprit que l'armée » était entrée dans le bois de Vincennes pour s'y con- » centrer, la colère et la douleur furent aussi grandes » que l'avaient été la joie et l'espérance. J'étais précisé- » ment en train de vous écrire. Tout à coup j'entendis » une clameur sous les tentes. J'abandonnai votre lettre » et courus voir ce qui se passait, pleine d'inquiétude. » C'était une véritable émeute. « Ma jambe ! » criait celui- » ci. Mon bras ! criait celui-là. Je vous supprime les ju- » rons et les injures. Je m'efforçai de calmer toutes ces » colères, car il fallait éviter toute cause de fièvre. Mais, » comme vous devez bien le penser, je n'y arrivai » pas facilement. Que répondre à celui qui me disait : » J'aurais bien donné mon bras sans me plaindre, pour » sauver Paris ; mais, puisqu'on rentre à Paris, qu'on me » rende mon bras ?

» Enfin j'essayai de tous les moyens, et, allant d'une » tente à l'autre, je n'eus pas le temps de retourner à » votre lettre. J'espérais l'achever le soir tranquillement ; » mais, au dîner, mon oncle Sorieul me dit qu'il avait » disposé de ma soirée.

» — Tu ne m'as pas encore entendu, petite, je t'em- » mène ce soir ; je veux que tu saches comment ton oncle » parle et que tu juges toi-même si je mérite la réputation » d'éloquence que l'on me fait.

» Car vous savez que mon oncle est maintenant un des » orateurs les plus écoutés des clubs, ce qui fait qu'il a » été obligé de négliger un peu l'ambulance.

» Je veux me défendre ; mais on ne résiste pas à mon » oncle, et puis d'ailleurs, je vois que je le fâcherais en » persistant dans mon refus. Tout ce que je lui ai dit est » inutile : nos blessés, nos écritures, etc., il veut que je » l'entende.

» Nous partons donc avec madame Bénard pour le « club de la *Revendication*, passage du Génie, tout au

» haut du faubourg Saint-Antoine ; c'est là que mon oncle
» doit parler.

» Quand nous arrivons, la salle est à peu près remplie,
» et il y a beaucoup de femmes qui, je crois bien, sont là
» pour trouver un peu de chaleur et fuir la maison, où il
» n'y a ni lumière ni feu ; peut-être même n'y a-t-il
» guère à manger, car tous ces visages sont pâlis, ces
» mines d'enfants sont tristes, ces yeux sont cerclés de
» noir. Ah ! quelle horrible chose que la misère, et pen-
» dant ce terrible siége surtout. N'est-il pas admirable
» que ceux qui souffrent le plus cruellement des priva-
» tions, de la faim, du froid, de la maladie, ne fassent
» pas entendre un mot pour demander que ce siége se
» termine au plus vite par la paix ?

» Nous nous installons dans un coin, madame Bénard
» et moi, et après que l'orateur qui occupait la tribune
» est descendu, mon oncle y monte. Avant qu'il ait parlé
» on l'applaudit : « C'est Sorieul ; bravo ! Sorieul. Mettez-
» nous un peu de cœur au ventre. »

» Sur ce mot, mon oncle commence son discours, et
» dit que malheureusement il ne peut pas, en ce moment,
» apporter des paroles de joie à ceux qui souffrent, car
» jamais les circonstances n'ont été plus terribles et elles
» exigent de nouvelles souffrances, de nouveaux sacri-
» fices. C'est parce qu'on n'a pas envisagé tout d'abord la
» situation d'un œil assez résolu, qu'elle s'est aggravée ;
» cela paraissait curieux, un siége, mais on ne compre-
» nait pas à quelles résolutions il fallait élever ses cœurs.
» Ce qu'il fallait tout d'abord, c'était creuser le *tombeau*
» *des Prussiens* ; dans cette zone désolée qui s'étend entre
» l'enceinte et les forts, il fallait à l'avance creuser d'im-
» menses fosses communes pour y ensevelir nos enne-
» mis après l'hécatombe. Leurs éclaireurs auraient vu
» ces préparatifs, et, quand ils auraient expliqué aux
» leurs quelles étaient nos occupations, ceux-ci auraient

» compris qu'un peuple qui prépare le tombeau de son
» ennemi ne veut pas mourir et qu'il ne mourra pas.

» Ici, un tonnerre d'applaudissements éclata; mon
» oncle continua :

» Voilà ce qu'il fallait faire pour l'extérieur; mais à
» l'intérieur il fallait aussi faire quelque chose, il fallait
» faire beaucoup; avant tout, il fallait nous imposer un
» *carême patriotique*. Que font les dévots? Ils jeûnent
» pour leur religion, n'est-ce pas? ils font abstinence
» à certains moments, ils se privent de certaines choses.
» Eh bien! il fallait que, pour la patrie, tout le monde
» jeunât.

» Quelques voix protestèrent :

» — Croyez vous que nous ne jeûnons pas?

» — Qu'on m'assure seulement du pain avec des pom-
» mes de terre, et je veux bien me priver de viande.

» Ce que j'entends dire, continua mon oncle, c'est quo
» tout le monde devait, dès le premier jour, se restreindre
» à ce qui était strictement nécessaire pour vivre, les
» riches comme les pauvres, ceux qui ont comme ceux
» qui n'ont pas; et alors nous aurions économisé les
» vivres qui ont été gaspillés. Calculez un peu ce qu'on
» aurait conservé, si chaque jour on s'était privé de la
» moitié de ce qui a été absorbé en superflu. Les Prus-
» siens n'auraient pas eu plus de chance de prendre Paris
» par la famine qu'ils ne le prendront par la force.

» Les applaudissements éclatèrent de nouveau mêlés
» aux cris :

» — Ils ne le prendront pas!

» — Nous faisons le carême patriotique, nous.

» Mon oncle parla ainsi pendant plus de deux heures,
» et quand il se tut, on leva la séance.

» Il était tard quand nous rentrâmes à l'hôtel, et voilà
» pourquoi ce jour là je vous écrivis si brièvement. Vous

» me direz dans votre prochaine lettre, si vous avez
» accepté mes explications et mes excuses.

» J'ai suivi exactement vos instructions pour les distributions de couvertures aux enfants; il y a déjà 4,200 couvertures de distribuées, et, selon votre ordre, il en sera donné tant qu'il sera nécessaire. Ce service est organisé de manière qu'elles aillent en bonnes mains; les mères vous bénissent.

» Et moi, mon cousin, moi, je vous envoie l'assurance de mon affection dévouée.

» THÉRÈSE. »

XXII

Les choses avaient continué comme elles allaient, les jours succédant aux jours, les heures d'ennui aux heures d'ennui, les fatigues aux privations, les privations aux fatigues, et l'on était arrivé au 1er janvier 1871 sans que la situation eût changé et sans que rien annonçât qu'elle dût changer un jour ou l'autre.

Ce jour-là, Antoine et le colonel étaient libres de tout service et ils s'étaient retirés dans la maison qu'ils occupaient avec deux autres de leurs camarades, en ce moment de garde.

Antoine paraissait triste, son neveu lui avait proposé de passer la soirée ensemble; ils causeraient intimement au coin du feu, ils souperaient en tête à tête.

La nuit était venue de bonne heure, car tout semblait se réunir, le ciel lui-même, pour rendre cette journée, ordinairement si pleine de joie, maussade et lugubre.

Ils s'étaient installés dans leur sous-sol, devant un bon feu qui les réchauffait et les égayait, mais cependant sans chasser la préoccupation d'Antoine.

Au moment où ils allaient mettre leur souper sur le feu, le colonel entendit une voix qui l'appelait au dehors.

— Mais c'est Denizot, s'écria Antoine se se levant vivement.

Plus prompt que lui, le colonel avait ouvert la porte de l'escalier.

— Il fait si sombre, dit Denizot au haut de l'escalier, que je ne retrouvais pas mon chemin.

— Qui donc est avec toi? demanda Antoine.

Antoine alors prit sur la table la bougie, plantée dans une bouteille, qui les éclairait, et la leva : la lumière courut dans l'escalier.

— Thérèse !

Ce nom s'échappa en même temps de la bouche du père et du cousin.

C'était Thérèse, en effet, qui sauta au cou de son père; puis, l'ayant tendrement embrassé, elle tendit ses deux mains à son cousin.

— Puisque vous ne pouviez pas venir à Paris, dit-elle, c'était à moi de venir à La Varenne.

— Je ne voulais pas l'amener, dit Denizot, et j'ai fait tout ce que j'ai pu pour résister; mais il n'y a pas eu moyen, elle voulait venir seule.

— Et je l'aurais fait.

— Alors j'ai pensé qu'il valait mieux céder; nous avons pris les bons chemins.

— Est-ce que tu pouvais penser, dit Thérèse, que je laisserais passer cette journée sans t'embrasser ?

— Assurément mon oncle ne vous attendait pas, ma chère cousine, car il était bien triste et je crois que je me serais évertué en vain à le distraire.

— C'est égal, dit Denizot, je suis curieux de savoir ce que le commandant va dire quand il va apprendre qu'une jeune fille est venu passer la soirée aux avants-postes; nous allons voir l'homme de la discipline.

— Quoi qu'il dise, il aura raison, répondit Antoine; cependant, pour moi, je suis si heureux que je ne puis pas gronder.

— D'autant mieux qu'il y a autre chose à faire dit Denizot, posant sur la table un panier qu'il avait apporté; c'est très bon de s'embrasser quand on ne s'est pas vu depuis plus de trois mois, mais c'est bon aussi de bien dîner. Que dites-vous de cela ?

D'un air de triomphe, il tira de son panier une petite dinde qu'il leva en l'air.

— Mon Dieu ! oui, il ne faut pas croire que vous rêvez, c'est bien une dinde, et elle n'est pas en carton comme au théâtre; elle est en chair et en os, pas très grosse, j'en conviens ce qui n'empêche pas qu'elle coûte juste 100 francs. Maintenant voilà un morceau de beurre frais pour l'arroser, pas bien gros non plus, mais il coûte 35 francs la livre. Maintenant, faites-moi place un peu devant le feu, que je m'occupe de la cuisine; il ne faut pas que vous regrettiez votre bouilli de cheval.

— Il faut aller chercher Michel, dit Antoine en se levant.

Antoine partit, et ils restèrent dans un coin de la cuisine, tandis que Denizot embrochait sa dinde avec un morceau de bois.

Mais tout d'abord ils ne parlèrent que de choses qui ne les touchaient pas personnellement, au moins dans leurs sentiments intimes, il fallut des préparations, des détours, pour que le colonel abordât le sujet qui depuis si longtemps le préoccupait.

Cependant il devait se hâter, car Michel habitait une maison qui était mitoyenne de la leur, et il pouvait arriver d'une minute à l'autre.

— Et madame de Lucillière, dit-il enfin, vous ne l'avez pas revu ?

— Non, pas depuis sa visite, qui a été la première et la dernière.

— Et que vous a-t-elle donc dit de moi que vous n'avez pas voulu me l'écrire ?

Il la vit baisser les yeux d'un air contraint et embarrassé.

— Je voudrais ne pas insister, dit-il en continuant; mais madame de Lucillière est parfois... si bizarre, que j'ai grande curiosité de savoir en quelles dispositions elle était ce jour-là, bonnes ou mauvaises, j'entends pour moi.

— Bonnes, je vous assure.

— C'est-à-dire que vous croyez ; mais il arrive quelquefois que sous une apparence bienveillante se cachent des intentions perfides, vous savez cela comme moi. Mais vous ne connaissez pas madame de Lucillière de sorte qu'il vous est difficile d'apprécier la sincérité de dispositions qui vous ont paru bonnes et qui peut-être sont mauvaises.

— Ne croyez pas cela; je vous assure que madame de Lucillière ne m'a parlé de vous qu'en bons termes et avec amitié.

— Mais encore qu'a-t-elle dit ?

De nouveau, Thérèse baissa les yeux et garda le silence ; mais bientôt elle releva la tête, donnant à son visage un air souriant, que démentait le tremblement de ses lèvres.

— Il y a des choses, n'est-ce pas, dit-elle, qui sont embarrassantes à répéter pour une jeune fille ? Eh bien ! je vous promets que, quand je ne serai plus jeune fille, je vous raconterai tout ce que madame de Lucillière m'a dit.

— Mais, ma chère Thérèse...

— Je vous en prie, n'insistez pas ; vous voyez comme vous me mettez mal à l'aise. Plus tard, je vous le promets, vous saurez tout.

Un bruit de pas retentit dans l'escalier, Michel et Antoine arrivaient.

Pendant que Thérèse allait au-devant de Michel, il réfléchit à ce qu'elle venait de lui dire. Sans doute, tout cela était bien vague : cependant il y avait un fait intéressant à noter : madame de Lucillière n'avait pas renouvelé sa visite, ce qui indiquait qu'elle n'était pas bien attachée aux idées de vengeance qu'il lui avait prêtées, ou bien, si ces idées existaient, elle avait dû se décourager en voyant qu'elle perdrait son temps avec Thérèse.

En tout cas, sa visite n'avait pas eu une influence fâcheuse sur les sentiments de Thérèse, qu'il retrouvait tels qu'ils étaient le jour où ils s'étaient éloigné de Paris : en elle, le même regard doux et tendre, le même sourire affectueux; dans sa voix, le même accent de sympathie et d'amitié.

La conversation devint générale. Que de choses à se dire depuis qu'on était séparé ! Ce qui s'était passé à l'ambulance, ce qui s'était passé aux avant-postes.

Pendant ce temps, Denizot veillait à la cuisson de la dinde, qui rôtissait devant la cheminée et répandait dans la cuisine un fumet que Michel, Antoine et le colonel n'avaient pas respiré depuis de longs mois.

On se mit à table, et le nuage sombre qui, pendant toute la journée, avait assombri le front d'Antoine se dissipa.

— C'est un dîner de la Marne, dit Denizot; il me semble que nous sommes au *Moulin-Flottant.*

Il y avait quelque chose cependant qui disait qu'on n'était pas au *Moulin-Flottant :* c'étaient, de temps en temps, les sourdes détonations des canons prussiens; quand l'entretien s'égayait un peu, un coup de canon le ramenait au ton grave.

Cependant Denizot, après avoir soigné la dinde, soignait le feu.

— Vous êtes habitués au froid, disait-il; mais Thérèse va s'enrhumer. Je réponds de sa santé.

Et il jetait dans la cheminée des frises de parquet les unes par-dessus les autres.

— Tu vas mettre le feu à la cheminée, dit Michel.

— La cheminée n'est-elle pas bonne?

— Je n'en sais rien; mais, si les Wurtembergeois voient s'élever des flammes ou des étincelles, ils vont nous envoyer des obus, et la santé de Thérèse pourrait être alors plus sérieusement compromise que par un rhume.

— Pas de danger, répondit Denizot: les cheminées, ça me connaît.

Il continua à entasser du bois dans le foyer. Mais ce que Michel avait craint se réalisa; tout à coup on entendit un ronflement et la flamme s'éleva plus rapidement: le feu était dans la cheminée.

Vivement on jeta un seau d'eau sur le foyer, mais cela ne pouvait pas éteindre le feu qui était dans le conduit.

— Sortons d'ici, commanda Michel.

Comme ils arrivaient dans le jardin, ils entendirent un sifflement qui arrivait: c'était un obus.

Le colonel saisit Thérèse par la main et la jeta à terre en se plaçant devant elle.

Bientôt un second sifflement se fit entendre, et cette fois l'obus tomba sur le toit même de la maison qu'il effondra.

— Ai-je été bête! disait Denizot; heureusement il ne reste plus que les os de la dinde.

Mais ce qui était plus grave, c'était que le dépôt de cartouches se trouvait dans la maison habitée par Michel et contiguë à celle qu'on bombardait.

Trois ou quatre obus suivirent celui qui avait crevé le toit, et bientôt aux flammes qui sortaient de la cheminée se joignirent d'autres flammes sortant du toit : un obus avait mis le feu à la maison.

Il fallait l'éteindre ou bien il fallait déménager le dépôt de cartouches, si l'on ne voulait pas le voir sauter.

— Aux cartouches! cria Michel à quelques hommes qui étaient sortis des maisons voisines.

Puis s'adressant à Thérèse :

— Éloignez-vous avec Denizot.

Les obus arrivaient toujours; les Wurtembergeois, voyant le succès de leur bombardement, continuaient de tirer sur la maison qui leur offrait un but lumineux.

Comme Thérèse allait s'éloigner avec Denizot, qui la tirait par le bras, le colonel s'approcha d'elle :

— Venez avec moi, dit-il.

Elle fut surprise de l'entendre parler ainsi.

— Comment! il ne courait pas aux cartouches!

Cependant elle le suivit.

A deux cents mètres environ de l'incendie se trouvait un hangar effondré.

Le colonel s'arrêta :

— Restez, dit-il; il n'y a pas de danger ici.

Il se mit à ramasser des morceaux de bois; puis, quand il en eut fait un petit tas :

— Allumez votre mouchoir avec une allumette, dit-il à Thérèse, et placez-le sous ce bois.

Sans attendre l'exécution de cet ordre, il se mit à fendre des morceaux de bois avec son sabre.

Bientôt la flamme s'éleva de ce petit foyer; alors il jeta dessus tout le bois qu'il avait trouvé en disant à Denizot de l'imiter.

— Maintenant sauvons-nous, dit-il en prenant Thérèse par la main.

Ils n'avaient pas fait cent mètres en courant, qu'ils entendirent un sifflement derrière eux; un obus arrivait sur le hangar. La ruse avait réussi : les Allemands, croyant avoir allumé un second incendie, le bombardaient pour qu'on ne pût pas l'éteindre.

On put procéder plus tranquillement au sauvetage des cartouches.

Quand elles furent en sûreté, Thérèse entendit un homme dire :

— C'est encore Édouard qui nous a sauvés de ce danger.

Et elle avait cru qu'il voulait s'éloigner !

XXIII

Depuis que les *Volontaires* étaient dans la boucle de la Marne, leurs officiers ne cessaient de demander qu'on les envoyât dans un poste où ils pourraient faire un service plus actif.

Les hommes étaient aguerris, bien exercés, rompus à la fatigue, habitués à la dure et aux privations; ils pourraient ailleurs être plus utiles que dans cette vaste guérite, où il leur était défendu de prendre l'offensive.

A rester toujours dans la même position, à faire toujours la même chose, ils perdaient peu à peu les unes après les autres quelques-unes de leurs qualités.

Enfin au milieu de janvier l'ordre de quitter la boucle de la Marne leur arriva.

Les préparatifs de départ furent vite faits et ce fut gaiement que l'on se mit en route.

Partis le matin de la Varenne avant le lever du jour, ils n'arrivèrent que le soir aux environs du Mont-Valérien, et ils campèrent dans les vignes.

Au matin à un signal parti du Mont-Valérien la bataille s'engagea.

Michel en tête de ses compagnies et, abrité derrière un mur au-dessus duquel il montre seulement son képi, dirige le feu de ses hommes.

Antoine et le colonel sont à côté l'un de l'autre, mais ils tirent peu et seulement quand ils voient une casquette noire et rouge surgir au-dessus d'un mur.

La fusillade continue assez longtemps, mais sans produire grand effet d'un côté comme de l'autre.

Pendant qu'elle se prolonge ainsi, d'autres troupes ont avancé à droite et à gauche : une sorte de mouvement tournant s'est prononcé, c'est le moment d'agir.

— En avant! crie Michel; à la baïonnette!

On le suit : les balles sifflent, quelques hommes tombent ou s'arrêtent; mais bientôt on est au milieu de la position. Les clairons sonnent.

Comme on ne pouvait avancer, comme on ne voulait pas reculer, on tâcha de s'établir le mieux possible dans quelques maisons à demi ruinées, pour répondre efficacement et sans trop de pertes à la fusillade de l'ennemi.

Tout d'abord Antoine et son neveu se trouvèrent dans la même maison. Mais ensuite ils se séparèrent : Antoine restant dans cette maison, le colonel poussant un peu plus en avant avec quelques hommes.

Et pendant plusieurs heures ils tiraillèrent ainsi, attendant le concours de l'artillerie, tandis qu'autour d'eux se livrait la bataille : ordre leur avait été donné de tenir là tant qu'ils pourraient, et ils tenaient, se désespérant de ne plus pouvoir avancer.

La place était mauvaise; quelques hommes avaient été blessés, et ceux qui restaient se croyaient abandonnés et sacrifiés.

Quelques soldats de la ligne se trouvaient avec les volontaires; deux ou trois voulurent se replier, et, comme le colonel tâchait de les arrêter :

— Vous ne voyez donc pas, dit l'un d'eux, qu'il s'agit

seulement de faire casser la gueule à quelques gardes nationaux pour que les braillards se taisent? Moi, je m'en vas.

Enfin, après plusieurs heures d'attente, une détonation retentit derrière eux : l'artillerie était arrivée.

Mais la réplique ne tarda pas : une grêle d'obus tomba sur les quelques maisons où ils s'étaient retranchés, et sans doute sur les pièces qui venaient d'arriver.

Tant que les Prussiens n'avaient été attaqués que par la fusillade, ils avaient répondu par la fusillade; le canon s'en mêlait, ils faisaient à leur tour parler le canon.

Si la position était mauvaise quand il n'y tombait que des balles, elle devint intenable quand il y tomba des obus.

A ce moment, Michel arriva dans la maison ou le colonel s'était, tant bien que mal, abrité avec quelques-uns de ses camarades, dont deux déjà étaient hors de combat.

— Je vous cherchais, dit Michel.

— Vous voyez, j'étais là.

— Il faut tenir.

— Nous tiendrons.

Et, sans plus de paroles, il continua de tirer par un trou de mur.

En reculant un peu pour prendre des cartouches, il aperçut Michel, qui s'était armé d'un fusil et qui tirait par la fenêtre.

Les obus continuèrent de pleuvoir autour d'eux, éclaclatant avec fracas, brisant, pulvérisant tout.

Trois de leurs camarades furent blessés, et bientôt ils ne furent plus qu'eux deux en état de tirer.

On n'entendait plus les détonations de l'artillerie qui était venue les soutenir; sans doute les pièces s'étaient retirées ou elles avaient été démontées par l'effroyable bombardement qui s'était abattu sur elles.

Cependant Michel et le colonel, ayant pris les cartouches de leurs camarades blessés, continuaient de tirer rapidement.

— Il faut nous faire tuer ! cria Michel.

— Tous deux?

— Oui, tous deux.

L'un et l'autre en étaient arrivés, par des routes différentes, à la même conclusion : « Au plus heureux des deux ! »

Et Michel, avec sa violence habituelle de sentiment, laissait échapper son secret.

Mais leurs fusils étaient les seuls dont ils entendissent les détonations : les maisons environnantes étaient abandonnées par leurs camarades, soit que ceux-ci se fussent repliés, soit qu'ils eussent été blessés.

L'ennemi se rapprochait, et il était évident que d'un moment à l'autre, il allait revenir en force pour éteindre cette résistance.

Tout à coup Michel s'affaissa.

— Blessé ! s'écria le colonel.

— Oui, allez-vous-en ; ne nous faisons pas tuer tous les deux, un seul suffit. Le sort a voulu que ce soit moi, partez,

— Sans vous? jamais!

Vivement le colonel s'accroupit devant Michel.

— Essayez de monter sur mon dos, je vous emporterai. Passez votre bras autour de mon cou, mais ne serrez pas trop.

Heureusement il y avait une porte de derrière ou plutôt une large ouverture faite par un obus.

Le colonel, chargé de son fardeau, se mit à courir aussi vite qu'il lui fut possible.

Ils étaient sortis des maisons, et ils allaient entrer dans les vignes où le matin ils avaient passé.

A une certaine distance devant lui, le colonel apercevait les lignes françaises qui se repliaient

Il ralentit le pas.

Mais les champs étaient coupés de fossés, qu'il fallait traverser; heureusement les balles ne les poursuivaient plus.

Au moment où le colonel, descendu dans un de ces fossés, essayait de gravir la pente opposée, il aperçut, à une courte distance, deux hommes en blouses blanches blottis derrière un buisson, deux brancardiers assurément.

— A moi ! cria-t-il.

Et il resta, le corps à moitié sorti du fossé, attendant qu'on vînt lui donner la main.

Les deux hommes s'étaient levés, l'un était de grande taille, larges d'épaules; l'autre était moins vigoureux, mais, chose étrange, il ressemblait à Anatole Chamberlain.

Ils avaient fait quelques pas pour venir au fossé; tout à coup ils s'arrêtèrent, et une voix — qui ressemblait à celle d'Anatole — dit :

— Oui, c'est bien lui.

Alors le colonel vit l'homme de grande taille étendre vivement vers lui une main dans laquelle brilla un revolver, et trois coups de feu retentirent.

Il se laissa glisser au fond du fossé et Michel roula près de lui.

— Restez là, dit le colonel.

S'armant de son revolver, il leva la tête au dessus du fossé.

Mais les deux brancardiers avaient disparu

Alors il revint à Michel :

— Êtes-vous blessé de nouveau ?

— Je ne crois pas.

Puis tout de suite :

— Vous l'avez reconnu ? demanda Michel.

— Qui ?

— Anatole.

— Ni vous ni moi, nous ne devons l'avoir reconnu.

De nouveau, ayant chargé Michel sur ses épaules, il put se rapprocher des lignes françaises.

XXIV

Le colonel était vigoureux, cependant le poids qu'il portait commençait à devenir lourd pour lui.

La terre était glissante, et il avait peine à détacher ses pieds de la glaise dans laquelle ils enfonçaient.

Mais ce qui surtout le gênait, c'était la façon dont Michel se tenait. Il est assez facile de porter un homme sur son dos, et tous ceux qui ont gardé souvenir des jeux de leur enfance savent qu'on peut marcher longtemps avec un pareil fardeau; mais c'est à une condition, qui est que celui qui se fait porter veuille bien s'aider des bras et des jambes : des bras, en pesant également sur les épaules et la poitrine; des jambes en serrant sa monture au-dessus des hanches.

Or ce n'était pas là ce que faisait Michel : il embrassait bien le colonel avec ses bras, mais il ne le serrait pas avec ses jambes.

— Je vous étouffe? dit Michel.

— Un peu; mais ne pourriez-vous pas me serrer avec les jambes?

— Je puis me servir d'une jambe, mais non de l'autre : sans doute elle est cassée.

— Souffrez-vous?

— Beaucoup, Laissez-moi glisser à terre, je vous prie.

— Je vous porterai bien; permettez-moi de respirer un peu seulement.

Michel, desserrant les bras, avait glissé à terre, se tenant sur sa jambe solide; il pria le colonel de lui tendre la main, et avec son aide il s'étendit sur la terre.

— Envoyez-moi des brancardiers, dit-il ils me trouveront là.

— Et si les Prussiens avancent?

Michel se souleva sur le coude, et, regardant du côté des coteaux :

— Ils ne se montrent pas, dit-il, d'ailleurs vous ne me laisserez pas là assez longtemps pour qu'ils m'emportent.

Leurs regards se croisèrent, et le colonel comprit ce qu'il y avait sous ces paroles.

— Non certes, dit-il.

Et, sans ajouter un mot, il se mit à courir vers les lignes françaises. Avant d'arriver, il vit des hommes venir audevant de lui.

Avec eux il retourna vers Michel et ils purent le rapporter; la fusillade redoublait sur la gauche, mais le pli de terrain dans lequel ils étaient ne se trouvait point exposé à son feu.

Il fallait trouver une voiture d'ambulance pour emporter Michel à Paris.

Au moment où l'on déposait Michel sur une banquette, Antoine arriva.

Ce fut un soulagement pour le colonel, qui était très inquiet de son oncle, dont il était séparé depuis plusieurs heures.

Pendant cette recherche de la voiture, la nuit était venue et elle avait éteint le feu, qui peu à peu avait cessé.

— Je vais accompagner Michel à Paris, dit le colonel à son oncle; venez-vous avez moi?

— Non; la bataille reprendra demain.

— Eh bien! demain, avant le jour, je serai là.

Il monta à côté du cocher.

La nuit était sombre; tout le champ de bataille était

enveloppé dans une épaisse obscurité, que trouaient seulement quelques feux de bivac qui éclataient çà et là : le silence avait succédé à la canonnade et à la fumée, le Mont-Valérien se taisait, et sur la route on n'entendait que le roulement des voitures qui se dirigeaient vers Paris.

Il était tard lorsqu'ils arrivèrent devant la porte de la rue de Courcelles.

Cependant cette porte était grande ouverte et la cour était éclairée par deux lampes qui donnaient une clarté suffisante pour qu'on pût se diriger.

La voiture vint se ranger devant le perron.

A ce moment, Thérèse, attirée sans doute par le roulement de la voiture, parut dans le vestibule.

Vivement le colonel sauta à bas de son siège et courut à elle.

Enfin l'apercevant, elle poussa un cri étouffé et s'arrêta :

— Michel blessé... légèrement, dit il; votre père sain et sauf.

On s'était empressé autour de la voiture pour descendre Michel étendu.

Il se souleva sur son coude.

— Ce n'est rien, dit-il en tendant sa main qui était libre à Thérèse.

Puis, comme elle s'était approchée de lui, il ajouta à mi-voix :

— C'est vous qui allez me soigner.

Son visage que la douleur avait contracté, s'illumina d'un sourire.

Cependant le colonel s'était informé pour savoir dans quelle tente on pouvait installer le blessé, et il avait donné des ordres pour qu'on le transportât avec précaution. Cela fut vite fait, le chirurgien arriva aussitôt.

Denizot et Sorieul étaient aussi entrés dans la tente,

celui-ci en poussant des exclamations appropriées à la circonstance, Denizot les larmes aux yeux.

Le moment était venu d'examiner la blessure, Thérèse sortit de la tente.

Le colonel se demanda ce qu'il devait faire; s'il sortait, Michel ne croirait-il pas qu'il voulait réjoindre Thérèse; s'il restait, ne croirait-il pas que c'était pour savoir quelle était la gravité de la blessure.

Les infirmiers s'occupaient de déshabiller le blessé.

— Docteur, dit Michel, je dois vous prévenir avant tout que je veux garder ma jambe.

— Vous ne savez pas quelle est votre blessure.

Pendant que ces paroles s'échangeaient, la jambe avait été mise à nu et les infirmiers s'étaient empressés de laver le sang autour de la blessure.

Le chirurgien put alors l'examiner.

— Eh bien? demanda Michel.

— Il y a fracture de l'os...

— Et votre avis? demanda Michel sans écouter.

— Mon avis est que l'amputation est nécessaire et qu'elle doit être faite.

— Et, si elle ne se fait pas, puis-je guérir? Ai-je une chance, si faible qu'elle soit, une seule?

Sorieul voulut intervenir, Denizot aussi s'approcha; quand au chirurgien, il paraissait irrité par cette obstination d'un blessé qui se plaçait au-dessus des lois de la chirurgie.

Pour le colonel, se tenant à l'extrémité de la tente, il ne disait rien, car il comprenait très bien la pensée qui inspirait cette obstination.

Si on lui coupait la jambe, Michel ne pouvait plus être le mari de Thérèse, et, en présence de ce danger, il jouait sa vie pour garder sa jambe : la vie sans Thérèse, il n'en voulait pas.

— Je vois, dit Michel, que mon obstination vous

étonne tous; cependant c'est bien simple : j'aime mieux mourir que de me laisser couper la jambe. Si vous pouvez me guérir, je suis prêt à endurer sans me plaindre tout ce qu'il faudra souffrir : si vous ne pouvez pas me guérir, laissez-moi mourir.

— Mais, commandant, dit le chirurgien, qui ne comprenait rien à cette défense désespérée, la souffrance d'une amputation...

— Ce n'est pas la souffrance que je crains, je veux ma jambe et j'ai bien le droit de la défendre, il me semble : votre responsabilité est dégagée.

Le colonel s'avança :

— Ne serait-il pas possible de procéder à un pansement provisoire? dit-il.

— Qu'on me panse, qu'on me fasse tout ce qu'on voudra, dit Michel, mais qu'on ne me coupe pas la jambe.

Le colonel attira le chirurgien en dehors de la tente.

Thérèse était là, debout, dans le jardin, attendant pour savoir.

— Eh bien ! s'écria-t-elle.

— Il faut lui couper la jambe, mais il s'y oppose.

— Il est fou, dit le chirurgien; la bataille et la fièvre l'ont exalté.

— Peut-être y a-t-il exaltation, dit le colonel; mais de sang-froid il persisterait dans sa résolution. Une seule personne pourrait le faire changer.

— Faut-il que j'essaye? demanda Thérèse.

— Il s'agit de sa vie, dit le chirurgien.

— J'y vais, s'écria Thérèse.

Mais, comme elle faisait un pas pour entrer dans la tente, le colonel la retint par le bras.

— Ma chère cousine, dit-il, un mot, une question : Croyez-vous que je veuille sauver Michel?

— Comment ! si je le crois?

— Le croyez-vous?

— Mais oui, assurément.

— Eh bien! ne faites pas auprès de lui la tentative que vous voulez, peut-être ne comprendrait-il pas le sentiment qui vous inspire.

— Mais, mon cousin, c'est moi qui ne vous comprends pas.

Le chirurgien comprenait encore bien moins toutes ces paroles obscures, et ses regards allaient du colonel à Thérèse et de Thérèse au colonel. Assurément il y avait dans tout cela un mystère. Lequel? il n'avait pas à le chercher.

— Michel est désespéré de sa blessure, continua le colonel, et j'oserais presque dire qu'il est encore plus malade moralement que physiquement; ayons donc grand soin de ne faire rien qui puisse aggraver cet état moral. Voilà pourquoi je crois que vous ne devez pas lui demander de consentir à cette amputation. En disant tout à l'heure qu'une seule personne pourrait le décider à cette amputation, j'allais ajouter que par malheur cette démarche était impossible; vous m'avez interrompu.

— Mais alors que faire? s'écria Thérèse.

— Est-il donc condamné à mort, demanda le colonel, si vous ne lui coupez pas la jambe?

— Condamné, fatalement condamné, non; mais enfin l'amputation est indiquée et elle devrait être faite. Mais ce n'est pas à dire qu'il ne puisse pas guérir; il est jeune, vigoureux, sain : tout est possible. Seulement, les probabilités, je dois le dire, ne sont pas pour la guérison. Il va courir des risques très graves, et cette amputation que nous ne ferons pas aujourd'hui, il faudra la faire sans doute dans quelque temps.

— Oh! dans quelque temps, dit le colonel, les circonstances ne seront plus ce qu'elles sont aujourd'hui, et alors il acceptera peut-être cette amputation.

— Il est bien certain, dit le chirurgien, que nous ne pouvons pas l'exécuter comme un condamné.

Il rentra dans la tente, tandis que le colonel et Thérèse restaient dans l'allée.

Alors le colonel lui fit le récit de la lutte qu'ils avaient soutenue, mais en arrangeant les choses et sans rapporter les paroles de Michel; de même il tut aussi les coup de revolver.

— Et vous l'avez porté? s'écria-t-elle, c'est vous qui l'avez sauvé?

Elle prononça ces quelques mots avec un accent qui frappa le colonel; il lui sembla que, s'il y avait de l'admiration dans cet accent, il y avait aussi de la surprise.

— Voulez-vous voir si je puis entrer dans la tente? dit-elle.

Et quelques instants après, il revint la chercher pour l'amener auprès du blessé.

Alors tous ceux qui n'étaient pas utiles dans la tente, sortirent.

Michel et Thérèse restèrent seuls, n'ayant avec eux qu'un infirmier, qui allait çà et là remettant toutes choses en bon ordre.

Il la prit par la main et l'attira près de lui, de manière à pouvoir lui parler à l'oreille, sans craindre d'être entendu.

— Vous étiez dans l'allée tout à l'heure quand le chirurgien et le colonel sont sortis? demanda-t-il.

— Oui, j'attendais pour savoir ce qu'on pensait de votre blessure.

— Et le chirurgien vous a dit, n'est-ce pas, qu'il fallait me couper la jambe?

— Mais... oui.

— Et il vous a dit aussi que si je ne consentais pas à cette amputation, je ne devais pas guérir?

— Il a dit...

Elle hésita, n'osant répéter les paroles du chirurgien et ne voulant pas non plus les altérer.

— Je vous en prie, dit Michel en insistant du regard et de la main.

— Il a dit que les probabilités n'étaient pas pour la guérison ; mais que cependant, comme vous étiez jeune et vigoureux, la guérison était possible.

— Ah ! il a dit cela, s'écria Michel, il a dit cela ?

Et doucement il pressa la main de Thérèse ; puis, revenant à ses questions :

— Et c'est le colonel, n'est-ce pas, qui a décidé le chirurgien à ne pas me couper la jambe ?

— Le colonel a dit qu'il ne fallait rien faire qui pût aggraver votre état moral.

— C'est bien cela, et il a parlé pour qu'on ne me coupe pas la jambe ? C'était cela que je voulais savoir.

Thérèse le regarda un moment sans comprendre, puis tout à coup joignant les mains :

— Oh ! Michel, dit-elle, n'est-ce pas lui qui vous a sauvé ?

— Et cela est héroïque, n'est-ce pas ? mais il y a des héros qui savent très bien calculer.

Elle ne répondit rien, mais doucement elle retira sa main.

— Voulez-vous donc me laisser seul ? dit-il.

— Non, mon intention est de rester près de vous jusqu'à ce que vous dormiez.

— Et si je ne dors pas ?

— J'attendrai.

— Est-ce que le colonel reste ici ?

— Je ne crois pas ; et j'ai entendu tout à l'heure donner des ordres pour qu'on selle deux chevaux.

Ces paroles parurent calmer Michel.

Pendant ce temps, le colonel, accompagné du chirurgien et de Sorieul, visitait les tentes de l'ambulance, qu'il voyait pour la première fois; car, lorsqu'il était parti, le service n'était pas complètement organisé et elles n'avaient pas encore reçu de blessés.

— Eh bien! disait Sorieul, êtes-vous content, mon ami? trouvez-vous que j'ai bien organisé tout cela?

Mais, peu sensible aux éloges que Sorieul se décernait, le colonel écoutait ceux que le chirurgien décernait à Thérèse.

— Certainement, disait Sorieul, elle s'est très bien pénétrée de notre esprit; vous savez, l'impulsion première, tout est là : aussi, cette impulsion donnée, j'ai pu me relâcher dans mon activité ici et l'employer ailleurs. Vous avez assurément entendu parler de mon influence dans les clubs. Je crois que j'ai rendu quelques services à l'hygiène de l'esprit public : soutenir les cœurs, élever les âmes, c'était une belle tâche à remplir.

Sa visite terminée, le colonel voulut monter dans son appartement, ayant encore quelques instants à lui avant de partir.

Au moment où, arrivant au haut de l'escalier, il allait entrer dans le vestibule qui précède cet appartement, il aperçut Denizot qui semblait se promener là en long et en large d'un air inquiet.

Le colonel ne se demanda pas ce que signifiait cette inquiétude, elle était bien naturelle chez un ami de Michel.

Comme il allait entrer dans le vestibule, Denizot l'arrêta.

— J'aurais un mot à vous dire.

— Eh bien! entrons.

— Non; avant d'entrer, si vous voulez bien.

— Mais, mon brave Denizot, je veux tout ce que vous voulez.

— Voilà ce que c'est : je ne vous ai pas dit, n'est-ce pas, que j'ai amené Pistolet avec moi.

— Votre pierrot?

— Oui, mon pierrot; j'ai laissé les deux autres à un ami, mais Pistolet, je l'ai amené ici parce que je ne pouvais pas m'en séparer; mais, quand je m'en allais à la Varenne, j'en étais assez embarrassé, parce que j'avais peur pour lui, rapport à des inimitiés qu'il s'est attirées dans l'hôtel, et puis rapport aussi à ce qu'il se serait peut-être sauvé pour rejoindre ses camarades. Alors j'ai eu l'idée de le mettre quand je partais, dans la volière du vestibule où il y avait des oiseaux des îles.

Le colonel avait complètement oublié qu'il y eût une volière dans le vestibule : c'était celle qu'Ida, au moment de quitter Paris, avait fait apporter chez lui.

— Bon! je mets donc Pistolet dans la volière et je pars; mais, à mon retour, qu'est-ce que je trouve?

Denizot baissa la tête.

— Eh bien!

— Eh bien! ce méchant Pistolet avait tué tous les oiseaux des îles, et lui-même était à moitié mort; une bataille terrible. Pistolet a guéri et s'est remplumé, mais je n'ai pas pu ressusciter les oiseaux des îles. Voilà le malheur que je vous avais toujours caché, mais que je dois vous avouer, au moment où vous allez rentrer chez vous. Excusez-moi.

Le colonel se mit à sourire.

— Si vous saviez ce que Pistolet a fait, dit-il, vous seriez moins désolé, mon pauvre Denizot. Ces oiseaux des îles étaient des Prussiens, où plus justement ils appartenaient à une jeune Allemande, qui me les avaient confiés.

— Pistolet a battu les Prussiens, s'écria Denizot en sautant.

— C'est très beau sans doute, mais cependant je suis fâché de cette victoire; j'aurais voulu rendre ces oiseaux à leur maîtresse. Si l'on vous tuait Pistolet, ne seriez-vous pas peiné?

— Oh! une Allemande! dit Denizot.

Il grimpa l'escalier pour aller embrasser son héros.

XXV

Il faisait encore nuit noire quand le colonel, de recherche en recherche, envoyé à droite, renvoyé à gauche, parvint à retrouver son bataillon, logé dans les maisons de Suresnes, mais la bataille ne reprit point comme on le croyait. On annonça un armistice et la rentrée des troupes commença sur tout le périmètre de la place, et, pour la première fois depuis le commencement du siège, ceux qui, depuis cent trente-sept jours se battaient, se virent face à face avec ceux qui voulaient qu'on se battît encore, et ce ne furent point des regards fraternels que leurs yeux échangèrent.

Au moment où les hommes du bataillon des *Volontaires* allaient se séparer, le capitaine qui avait remplacé Michel comme commandant fit former le carré, et il annonça que, tant que le travail n'aurait pas repris, chacun toucherait sa solde, comme s'il était encore en campagne, et que cette solde serait payée à partir du jour où le gouvernement supprimerait celle qu'il donnait.

Il ne dit point qui ferait les fonds de cette paye, mais il n'était pas besoin d'explications à ce sujet.

On chercha Édouard Chamberlain, on ne le trouva point, et l'on sut qu'il venait de s'éloigner avec son oncle pour rentrer chez lui.

Elle fut lugubre, cette rentrée, et, pendant toute la route, ils n'échangèrent pas un seul mot, marchant côte à côte en silence, sans lever les yeux sur les gens qui les regardaient.

En arrivant, Antoine courut au lit de Michel, et ce fut

avec des larmes dans les yeux que ces deux hommes s'embrassèrent.

Si Sorieul n'avait pas assisté au dîner, on n'eût pas dit un mot, et l'on aurait mangé, la tête basse, son morceau de pain noir qui se collait entre les dents; mais Sorieul avait des paroles appropriées à toutes les circonstances, même les plus tristes, et ce fut presque un soulagement d'entendre sa voix; au moins cela empêchait de penser.

Ce ne fut pas seulement la tristesse qui abrégea le dîner, ce fut encore la fatigue; Antoine et le colonel étaient harassés.

Cependant, au moment où celui-ci se retirait dans sa chambre, son oncle le suivit.

— Mon cher Édouard, j'ai à vous parler.

— Asseyez-vous, mon oncle.

— Bien que les circonstances ne permettent guère qu'on s'occupe d'affaires particulières, il y a cependant urgence pour nous à établir dès maintenant notre situation respective. J'ai pris un engagement envers vous, et vous en avez pris un envers moi.

— Je vous ai promis qu'avant la fin de ce siège, je n'adresserai pas un mot d'amour à ma cousine, et d'autre part je vous ai promis encore que jusque-là il n'y aurait aucune explication ni aucune querelle entre Michel et moi.

— Et moi, je me suis engagé à ne pas consentir au mariage de Michel et de Thérèse avant la fin du siège.

— Le siège, il me semble, peut être considéré comme fini depuis hier.

— Dans l'état où est Michel, voulez-vous engager une lutte avec lui? ne trouvez vous pas juste de lui laisser au moins la liberté de se défendre?

— Mais c'est cet état précisément qui me paraît vous dégager.

— Michel n'est pas mort.

— S'il ne meurt pas, il sera à coup sûr estropié, donnerez-vous votre fille à un invalide? Michel sortant du lit sur lequel il est couché en ce moment, aura-t-il le droit de vous dire : « Me voici, je suis l'homme à qui vous avez promis la main de votre fille? »

— J'ignore ce que Michel me dira, mais je désire que le jour où il parlera, il puisse le faire librement, et je veux pouvoir lui répondre librement aussi. En ce moment vous devez comprendre que ma réponse ne serait pas libre, puisque je l'adresserais à un mourant.

Le colonel réfléchit un moment avant de répondre.

— J'ai voulu réfléchir et, en un pareil sujet qui me touche si vivement au cœur, ne pas parler à la légère. Il me paraît que vous avez pleinement raison, et je vous demande même pardon de n'avoir pas senti tout d'abord et au premier mot, combien vous aviez raison. Je prends donc l'engagement que vous désirez, c'est-à-dire que de nouveau je consens à ne pas adresser une parole d'amour à ma cousine, et d'autre part je consens aussi à ne provoquer aucune explication avec Michel jusqu'au jour où il sera en état de se défendre; je penserai que le siége a duré quelques semaines de plus.

— Je comptais sur votre réponse, mon neveu.

— Laissez-moi vous dire, mon cher oncle, que vous comptez toujours beaucoup trop sur mes réponses. J'aime Thérèse; je l'aime plus aujourd'hui que je ne l'aimais hier, comme je l'aimais plus hier qu'il y a trois mois; c'est un sacrifice très douloureux que je m'impose et que je vous fais de ne pas lui parler de mon amour. Vous ne savez pas à quelles tentations j'ai dû résister pour tenir ma parole, et je prévois que les tentations nouvelles qui se présenteront ne seront pas moins cruelles. Cependant je consens à prendre cet engagement; mais cette fois j'y mets une condition, qui est que Thérèse reste ici.

— Nous ne pouvons pas demeurer chez vous.

— J'espère bien que vous y demeurerez, cependant; mais, en attendant que cela soit, vous sentez que Thérèse ne peut pas abandonner l'ambulance.

— Mais, si Michel?...

— Il me semble qu'elle soigne Michel.

— Je voulais dire que si Michel demandait à quitter l'ambulance.

— Michel ferait ce qu'il voudrait; je demande seulement que Thérèse ne la quitte pas. Si Michel se sent gêné ici, il peut se faire transporter dans une autre ambulance. Je m'opposerai autant que possible à son départ, mais enfin je ne lui ferai pas violence pour le garder. Pour Thérèse, c'est différent; le jour où il serait question qu'elle sortît d'ici, je parlerais; je lui dirais que je l'aime, que je lui demande d'être ma femme, et nous verrions alors si elle sortirait. D'ailleurs, à la jalousie de Michel devez-vous sacrifier la joie de tous ces pauvres blessés dont Thérèse est la Providence? Que deviendraient-ils si elle partait?

— Elle restera, dit Antoine.

Le colonel n'avait point imaginé que les choses s'arrangeraient ainsi, et lorsqu'il avait su qu'il allait rentrer à Paris, il n'avait eu qu'une pensée, — entretenir Thérèse de son amour et lui demander si elle voulait l'accepter pour mari. Michel n'avait point occupé son esprit; d'ailleurs était-il encore en vie, ou, s'il vivait, ne devait-il pas mourir un jour ou l'autre? Il n'y avait plus à compter avec lui. Ce n'était pas lui qui avait eu la chance d'être le plus heureux des deux, et la chance s'était montrée si favorable au colonel qu'elle lui avait permis de tendre la main à son rival.

La communication de son oncle le surprit donc désagréablement; mais, le premier moment de déception passé, il se dit qu'après tout, ce retard dans l'accomplissement de ses désirs n'était pas bien grave : ne verrait-il pas Thérèse chaque jour? ne vivraient-ils pas de la même vie, sous le même toit?

Le lendemain matin, sa première sortie fut pour aller chez madame de Lucillière.

Il lui en coûtait de se présenter dans cette maison, où il s'était bien juré de ne jamais remettre les pieds; mais il avait un trop vif désir de savoir ce qui s'était dit entre la marquise et Thérèse, ou plutôt ce que la marquise avait dit à Thérèse, pour rester enfermé dans ce serment.

Il la ferait parler, il tâcherait de savoir, enfin il verrait.

Mais il ne sut rien et ne vit rien; car madame de Lucillière, profitant la première de l'ouverture des portes, avait quitté Paris la veille. Elle en avait assez de ce siége qui lui avait paru devoir être amusant et curieux. Curieux, oui assurément; mais amusant, non, mille fois non. Du pain noir, pas de gaz, ses chevaux mangés; mais c'était une abomination. Et elle s'était échappée au plus vite, exaspérée contre ceux qui parlaient de se défendre à outrance. Paris s'était défendu, cela suffisait; il arrive un moment où l'on peut se rendre honorablement, — les peuples comme les individus.

Il ne put donc pas apprendre ce qu'il avait si grande envie de savoir; mais à sa déception il y eut au moins cette compensation, qu'il fut à l'abri des machinations de la marquise, et c'était quelque chose qui avait bien son prix.

Si les derniers temps du siége avaient été durs à passer, les premiers jours qui suivirent la conclusion de l'armistice furent lugubres pour Paris : c'était un anéantissement de toutes les forces, une morne douleur, un dégoût amer pour tout et pour tous.

Pour se soustraire à cette tristesse, le colonel s'empressa d'accomplir les formalités qui devaient lui permettre de sortir de Paris, et presque chaque jour il s'en alla faire de longues courses dans la banlieue pour visiter les travaux des Prussiens.

Il était redevenu le colonel Chamberlain en quittant son uniforme de volontaire, c'est-à-dire citoyen américain, et ces visites lui étaient plus faciles qu'elles ne l'eussent été pour un officier français; le président de l'Union ne venait-il pas de se montrer habile courtisan de la fortune en adressant ses compliments et ses éloges au nouvel empire d'Allemagne?

Ce n'était guère que le soir qu'il rentrait à l'hôtel pour l'heure du dîner : ainsi il échappait aux difficultés d'un tête-à-tête avec Thérèse. A table, en présence d'Antoine ou de Sorieul, il pouvait se montrer affectueux pour sa cousine, sans se laisser entraîner par des élans de tendresse qui eussent bien vite compromis son engagement.

De temps en temps seulement, il allait faire une visite à Michel et toujours cette visite était courte,

— Je viens prendre des nouvelles de votre santé.

— Je vous remercie.

C'était à peu près tout.

Sans être bonne, cette santé n'était pas aussi mauvaise que le chirurgien l'avait craint tout d'abord. Les complications graves qu'on redoutait ne s'étaient point réalisées, et il semblait possible maintenant que Michel sauvât non seulement sa vie, mais encore sa jambe : sa jeunesse et sa vigueur avaient donné un démenti aux lois de la médecine.

— Si j'avais voulu laisser couper ma jambe, disait Michel, j'aurais peut-être succombé à l'amputation, et, en tout cas je n'aurais plus ma jambe, tandis que je l'ai et ne suis pas mort. Voilà pour le présent; pour l'avenir, nous verrons bien.

Il avait tout d'abord été convenu que Sorieul, Antoine

et Denizot, s'arrangeraient ensemble pour que l'un d'eux restât toujours auprès de Michel afin de le distraire.

Mais cette convention n'avait pas été fidèlement exécutée pendant longtemps.

Sorieul, qui était candidat dans les élections, — « candidat de lui-même », comme il disait, — ne pouvait guère rester à l'hôtel; il avait des démarches à faire, des réunions à préparer, des discours à prononcer, qui prenaient tout son temps.

Repris par la vie politique, Antoine n'avait guère plus de liberté.

Si bien que, de tous ses amis, Michel n'avait de fidèle près de lui que Denizot.

Mais, loin de se plaindre de cet abandon; il s'en réjouissait; car il lui permettait de passer plusieurs heures par jour en tête à tête avec Thérèse, ce qui ne lui eût pas été possible, si Sorieul ou Antoine avaient tenu leur engagement. Denizot était sans conséquence, on l'envoyait faire une course ou simplement se promener, et le tête-à-tête était obtenu.

C'étaient les bonnes heures de son existence, que celles qu'il passait ainsi, ayant Thérèse près de lui, lisant ou causant.

Cependant jamais il ne lui adressait une parole d'amour, et jamais même il ne faisait l'allusion la plus légère à leur mariage.

Mais il la regardait, il la voyait tourner légèrement dans la tente, c'était de sa main qu'il prenait le verre ou la tasse qu'elle lui préparait, et il était heureux, il lui souriait. Pourquoi cette réserve et ce silence?

C'était la question que Thérèse se posait sans lui trouver une réponse; chaque jour, elle s'attendait à ce qu'il romprait ce silence, et jamais elle n'entrait dans la tente sans se demander si ce ne serait pas pour ce jour-là.

Cependant les jours, les semaines s'étaient écoulés.

Sorieul n'avait point été nommé aux élections et il n'avait même obtenu qu'un petit nombre de voix, ce qui l'avait stupéfié.

— Comment! lui, pas nommé, par ce Paris dont il avait si souvent réchauffé le cœur? C'était à n'y rien comprendre.

Puis les jours et les semaines avaient recommencé leur cours et l'on était entré dans la seconde quinzaine de mars.

La Commune s'était établie à Paris et, dans les nouvelles élections qui l'avaient constituée, Sorieul, plus heureux cette fois, avait été nommé.

On avait voulu porter Antoine comme candidat dans son arrondissement; mais il avait obstinément refusé, en publiant dans les journaux une lettre qui l'avait fâché avec le plus grand nombre de ceux auprès desquels il avait pendant si longtemps lutté.

Dans cette lettre, il disait qu'au lieu de prendre les armes, il fallait les déposer et se contenter, pour le moment, de poursuivre par l'association le triomphe de l'organisation du travail, et longuement, éloquemment, il avait développé les raisons qui, selon lui, rendaient à cette heure une insurrection criminelle.

Reproduite et commentée dans tous les journaux, cette lettre avait soulevé contre lui les colères de tous ses anciens amis.

— C'est une ganache.

— C'est un traître.

— La fortune de son neveu l'a corrompu; riche, il raisonne maintenant comme les riches.

XXVI

Lorsqu'il avait vu quelle tournure prenaient les événements, le colonel s'était empressé de faire partir pour Versailles les blessés de l'ambulance qui étaient en état de supporter le voyage.

Il leur donnait des vêtements civils et veillait lui-même à leur faire franchir une porte de Paris; plusieurs fois il les accompagna jusqu'à Versailles.

Il ne garda dans l'ambulance que ceux qui étaient encore trop grièvement malades pour être exposés à se voir incorporer de force ou de bonne volonté dans les bataillons de la Commune.

De ce nombre était Michel qui n'avait pas encore quitté son lit.

Cependant une grande amélioration s'était produite dans son état, il était bien certain, depuis longtemps déjà, qu'on ne serait pas obligé de lui couper la jambe et, vers la fin de mars, il se trouvait, moralement et physiquement, en état de soutenir tous les discussions qu'on voudrait engager avec lui; le moment était donc venu pour le colonel de rompre le silence auquel il s'était condamné.

Bien des raisons l'engageaient à quitter Paris, et il ne voulait partir qu'en emmenant Thérèse, sa femme, avec lui.

Cette révolution qui commençait lui inspirait des craintes, qu'il ne se précisait point, mais qui cependant l'inquiétaient.

Il avait peur pour son oncle, qu'on accusait de plus en plus violemment d'être un traître;

Il avait peur pour Thérèse;

Et même il avait peur pour lui.

Les coups de revolver qui avaient accueilli son appel dans le fossé du champ de bataille de Saint-Cloud, lui avaient enfin ouvert les yeux sur Anatole, et il était à peu près convaincu que l'homme qui avait tiré ces coups de revolver, n'était autre que ce fameux *Fourrier*, dont M. Le Méhauté, le juge d'instruction, lui avait si souvent parlé lors de la tentative d'assassinat de la forêt de Marly. C'était bien l'homme répondant au signalement qui lui avait été alors donné : grande taille, large poitrine, physionomie arabe. Comment Anatole et le *Fourrier* se trouvaient-ils sur le champ de bataille? Étaient-ils là pour lui envoyer une balle dans le dos? Il n'en savait rien, mais cela était possible; en tous cas, ils avaient assez vivement saisi l'occasion qui se présentait à eux de lui envoyer cette balle dans la poitrine pour qu'on crût que cette rapidité de décision indiquait un accord arrêté depuis longtemps. Si cet accord existait au mois de janvier 1871, il avait pu exister plusieurs années auparavant, c'est-à-dire quand le juge d'instruction l'avait affirmé, et il pouvait exister encore maintenant. Or, dans les conditions qui se préparaient pour Paris, l'association de ces deux hommes était vraiment redoutable, et ce n'était point pusillanimité que d'en avoir peur. Les deux tentatives manquées, celle de Marly et celle de Saint-Cloud, étaient là pour dire combien vivement ils convoitaient l'héritage du colonel et quels moyens ils employaient pour l'obtenir. Quoi de plus facile pour eux que de profiter d'une émeute populaire, qui assurément se présenterait un jour ou l'autre, pour accomplir leur dessein? Qui les empêcherait, le jour où cette émeute éclaterait, de pénétrer avec quelques bandits dans l'hôtel et de tuer tous ceux qu'ils trouveraient : Antoine et Thérèse, en même temps que le colonel. Du coup, Anatole se trouvait l'héritier de cette fortune. Anatole était-il capable d'un pareil crime? Le colonel ne voulait pas le croire ; mais il suffisait que son associé, le terrible *Fourrier*, en eût l'idée. Anatole n'aurait rien fait, et il hériterait tranquillement. N'était-ce pas la combinaison qui avait mis un couteau aux mains de l'assassin de la forêt de Marly ?

Précisément parce qu'il était brave, le colonel trouvait que c'était une puérilité de s'exposer, soi et les siens, à un danger inutile.

Il valait donc mieux s'éloigner, tant que durerait la tourmente, et se mettre tous à l'abri, Antoine, Thérèse et lui-même.

Arrêté à ce parti il le communiqua à son oncle, mais, bien entendu, sans lui parler d'Anatole, du *Fourrier* et des dangers qu'il prévoyait.

On pouvait maintenant traiter une affaire sérieuse avec Michel : le moment était donc venu d'aborder franchement la question terrible, à laquelle il n'osait même pas penser.

Plus Antoine connaissait son neveu, plus il le voyait et plus il l'aimait. C'était son fils : comment n'eût-il pas été heureux de lui donner Thérèse !

Mais il était engagé envers Michel, pour lequel il avait aussi une vive amitié : comment lui reprendre Thérèse ?

Aux premiers mots de son neveu, il voulut se rejeter encore en arrière, mais il dut reconnaître que l'attente, pénible pour tous, ne devait pas se prolonger plus longtemps, et il promit d'avoir le lendemain avec Michel l'explication décisive que son neveu demandait.

Il était bien évident qu'il fallait se décider à en finir.

Jamais Antoine n'avait éprouvé embarras pareil à celui qu'il ressentait le lendemain matin en entrant dans la tente de Michel ; que dire ? comment commencer l'entretien ?

— Comment as-tu passé la nuit ?

— Mais très bien, je vous remercie.

— Alors tu es bien, tout à fait bien ?

— Aussi bien qu'un homme dans ma position peut l'être.

— De sorte que tu peux, n'est-ce pas, t'occuper d'affaires sérieuses ?

— Mais oui, si vous voulez.

— Ah ! si tu ne te sens pas en état, nous pouvons remettre à demain ou à un autre jour l'entretien que je désire avoir avec toi.

Michel avait jusque-là répondu avec une sorte d'enjouement, mais ces paroles lui firent lever la tête et montrer dans ses yeux un mouvement d'inquiétude.

— C'est relativement à... Thérèse et à... notre situation l'un envers l'autre.

Si Antoine n'avait pas tenu les yeux baissés en parlant, il aurait vu l'inquiétude qui avait contracté le visage de Michel, se changer en une expression désolée.

Il fut un moment sans répondre ; puis, d'une voix qui tremblait légèrement :

— Je comprends ce que vous voulez, dit-il ; mais, avant d'avoir avec vous cet entretien, j'ai besoin d'en avoir un avec Thérèse. Voulez-vous me donner jusqu'à... jusqu'à lundi ?

— Tout ce que tu voudras.

— Eh bien ! lundi nous reprendrons cet entretien, et je vous répondrai relativement à Thérèse, ainsi qu'à notre situation l'un envers l'autre. A lundi.

En apprenant ce nouveau délai, le colonel laissa échapper un geste de mécontentement ; cependant il n'insista pas. Après avoir tant attendu, il pouvait bien attendre quatre jours encore.

Le dimanche, lorsque Thérèse entra dans la tente de Michel elle le trouva revêtu de son uniforme et étendu sur un fauteuil mécanique. Son uniforme avait été bien brossé, les boutons avaient été soigneusement astiqués ; il avait fait couper sa barbe et ses cheveux.

— Quelle surprise ! s'écria-t-elle.

— Je voulais vous la faire depuis quelques jours déjà,

mais j'ai attendu pour être sûr de pouvoir aller jusqu'au bout de ce que j'ai à vous dire; car j'ai à vous parler, si vous voulez m'entendre et me donner quelques instants.

Il n'y avait pas à s'y tromper; il était guéri : c'était de la date de leur mariage qu'il allait lui parler.

Il l'avait attentivement regardée, et il resta les yeux attachés sur elle, pendant quelques instants encore, avant de prendre la parole. Enfin il se décida :

— Ce que j'ai à vous dire, je vous l'aurais dit depuis longtemps, si ma guérison avait marché plus vite; mais, par un sentiment que vous comprendrez tout à l'heure, je ne voulais pas que ce fût un mourant ou un estropié qui eût avec vous cet entretien, et mourant je ne le suis plus, pas plus que je ne serai estropié. Le docteur prétend que je marcherai droit comme tout le monde, et je le crois. Cet entretien, comme vous devez bien le deviner, doit avoir pour sujet notre mariage.

Elle inclina la tête pour dire qu'elle l'avait en effet deviné.

— La date de notre mariage avait été fixée par vous à la fin de 1870; puis, la guerre déclarée, cette date a été reportée à la fin du siége; puis, par suite de ma blessure, elle a été reportée encore au moment de ma guérison. Me voici guéri. L'heure serait donc venue d'arrêter le jour de notre mariage, si, pendant ces délais successifs, il n'était pas survenu une série de faits qui rendent une explication nécessaire entre nous.

Elle le regarda avec une expression d'angoisse, mais il détourna les yeux.

— Quand vous avez consenti à devenir ma femme, vous ne m'aimiez point, et vous ne donniez ce consentement que par tendresse pour votre père et par amitié pour moi; car, si vous ne m'aimiez point d'amour, vous m'aimiez au moins d'amitié.

— D'une amitié profonde, je vous le jure.

— Oh ! je vous crois, et ce fut cette amitié dont vous me donniez à chaque instant des preuves qui me fit espérer que vous pourriez m'aimer réellement un jour ; ce fut elle qui me fit persévérer dans mon projet de mariage, car moi je vous aimais !...

Il s'arrêta.

— ... Je vous aime passionnément. Cet amour pouvait-il naître dans votre cœur ? Je le pensais alors et je me disais : « Je l'aimerai tant qu'elle finira par m'aimer. » Cela se fût-il réalisé ? Je le crois, et ce sera ma consolation de continuer à le croire. Mais pour cela il eût fallu que personne ne vînt se placer entre nous, et ce ne fut pas ce qui arriva. Lorsque vous aviez donné votre consentement à notre mariage, votre cœur n'était pas libre...

Elle leva la main pour l'interrompre, mais il continua :

— Ne craignez pas, je ne dirai rien que vous ne puissiez entendre : je ne veux ni vous peiner ni vous blesser ; vous allez le voir tout à l'heure. Vous n'étiez pas libre ; votre cœur, à votre insu et sans que vous en ayez conscience, s'était donné. Mais celui que vous aimiez, sans vous l'avouer, ne pouvait pas alors être votre mari, puisqu'il allait devenir celui d'une autre femme. — Par suite de circonstances que je ne connais pas, ce mariage ne se fit pas, et la guerre nous réunit tous. Si je ne me trompe, il avait déjà ressenti pour vous une vive tendresse ; à vivre près de vous, à vous voir continuellement, à vous connaître, cette tendresse se changea vite en amour.

— Michel, je vous en prie, murmura-t-elle.

— Oh ! ne me dites pas non ; j'ai suivi avec des yeux trop clairvoyants ce qui s'est passé alors en lui comme en vous, et il faut bien que je vous l'explique pour vous faire comprendre et pour me faire pardonner les paroles cruelles et injustes qui, à ce moment, m'ont plus d'une fois échappé. J'étais jaloux, et quand je songeais à ce qu'il était et à ce que j'étais moi-même, je souffrais horriblement. Comment ne l'auriez-vous pas aimé? N'avait-il pas tout pour vous éblouir, pour vous séduire; même la délicatesse, même la noblesse du cœur? Il pouvait rester près de vous, il ne le fit pas, et, pour son sacrifice même, vous avez dû l'aimer. Je ne faisais que mon devoir; lui faisait plus qu'il ne devait. Nous partîmes ensemble: moi son chef, lui mon soldat, mais par cela seul à vos yeux héros. Il le fut réellement, je dois le dire, et, par son courage, par l'éloge unanime que vous avez entendu faire de lui, par les bénédictions que vous avez recueillies pour sa générosité, vous n'avez pu que l'aimer davantage. Qu'étais-je auprès de lui? La lutte cependant était si ardente entre nous qu'il m'a entraîné à la bataille pour me tuer, et que je l'y ai mené à mon tour pour le faire tuer lui-même.

Elle releva la tête par un geste d'épouvante et d'horreur.

— Sur le champ de bataille, j'ai été, aussi comme toujours et partout, le vaincu. J'ai reçu cette blessure. Il pouvait m'abandonner et revenir ici près de vous, débarrassé de moi; il ne l'a pas fait, il a risqué sa vie pour sauver la mienne! Quand chaque jour, vous êtes entrée ici, j'ai cherché dans vos yeux s'il vous avait parlé de son amour, et, à la loyauté de votre regard, à la pression de votre main, j'ai vu qu'il n'avait pas parlé. Pour reprendre la lutte, il a voulu attendre ma guérison. Eh bien! aujourd'hui, que je suis à peu près guéri, c'est moi qui la commence. Thérèse, levez les yeux sur les miens, je vous en prie, et dites-moi, si après les paroles que vous venez d'entendre, vous me croyez capable d'exiger l'accomplissement de la promesse que vous et votre père m'avez faite. Non, n'est-ce pas? Eh bien! cette promesse je vous la rends. J'aurais été heureux, ah! oui, bien heureux, Thérèse, chère Thérèse, de devenir votre mari. Vous étiez tout pour moi, le passé, le présent, l'avenir; je n'avais vécu, et je ne vivrais que pour vous! Ah! je vous aimais!...

Il s'arrêta un moment, étouffé par l'émotion.

— ... Je vous aimais! Je vous aime assez pour vouloir votre bonheur, et près de lui vous serez heureuse! Vous aimera-t-il plus que je vous aime? Non, je vous le jure. Mais vous, vous l'aimerez: tandis que moi, vous ne pourriez pas m'aimer. Au moins vous me donnerez votre amitié, et, pensant au sacrifice que je vous fais, vous n'aurez pour moi qu'un tendre souvenir.

Les yeux baignés de larmes, elle lui tendit les deux mains.

Pendant plusieurs minutes, ils restèrent sans parler.

Le premier, il reprit l'entretien :

— Demain, dit-il, je quitterai cette maison.

— Eh quoi?

— Ah! je ne suis pas un saint; je souffrirais trop de voir... son bonheur.

— Mais qui vous soignera? où irez-vous?

— Je pense que Denizot voudra bien venir avec moi. Nous retournerons dans notre maison du faubourg, celle qui a été la vôtre, je vivrai où vous avez vécu, où je vous ai vue grandir, où je vous retrouverai à chaque pas. Il a bon cœur, Denizot, me voyant seul... et triste, je pense qu'il viendra avec moi. Nous parlerons de vous toujours.

XXVII

C'était le dimanche matin qu'avait eu lieu cet entretien entre Michel et Thérèse.

En choisissant ce jour, Michel avait voulu se mettre en état de répondre à Antoine, ainsi que cela avait été convenu entre eux.

Le colonel n'était pas alors à l'hôtel; il était parti le matin pour aller à Versailles prendre des mandats de poste qu'il envoyait à plusieurs de ses blessés.

A ce moment, pour se rendre de Paris à Versailles il fallait faire un voyage. Tout d'abord, on allait à Saint-Denis qui était occupé par les Prussiens; à Saint-Denis, on trouvait des voitures pour Maisons-Laffitte qui passaient par Épinay et Argenteuil, car les obus pleuvaient de la presqu'île de Gennevilliers; à Maisons on prenait une autre voiture pour Saint-Germain, et à Saint-Germain une autre pour Versailles.

Le colonel ne pouvait donc être de retour que le lundi. Le mardi, le mercredi, on ne le vit pas paraître.

Horace partit à son tour pour Versailles, mais tous ceux avec lesquels le colonel avait des relations ne l'avaient pas vu; à la poste, on put affirmer d'une façon absolue que le colonel n'avait pas fait de versements, ni le dimanche, ni le lundi, ni le mardi.

Chacun se mit en recherches. On s'adressa à Sorieul, que ses fonctions de membre du gouvernement mettaient à même de savoir la vérité.

Mais, quand on lui manifesta la crainte que le colonel eût été arrêté, il poussa les hauts cris.

— Arrêter quelqu'un qu'on sait être de mes amis, allons donc ! c'est fou ce que vous dites là.

Cependant, quand on lui eut fait observer que ceux qui avaient arrêté le colonel, s'il était vrai qu'il eût été arrêté, avaient pu ignorer que leur prisonnier était l'ami de Sorieul, le membre de la Commune, il se radoucit et voulut bien promettre de faire des recherches pour savoir « si une erreur n'avait pas été commise. »

Ces recherches ne furent pas longues.

Il avait acquis la certitude que le colonel n'avait pas été arrêté, au moins à Paris ; pourquoi aurait-on arrêté un homme tel que lui ?

Seulement il avait bien pu être arrêté à Versailles, car les Versaillais étaient capables de tout ; au moins c'était l'opinion présente de Sorieul.

On chercha à Versailles, mais là on obtint la même réponse qu'avait faite Sorieul : pourquoi aurait-on arrêté le colonel Chamberlain ?

Cette disparition était mystérieuse.

Jusqu'à ce moment Michel n'avait parlé à personne des coups de revolver qui les avaient accueillis, le colonel et lui, ou plutôt qui avaient accueilli le colonel dans le fossé du champ de bataille de Saint-Cloud.

Les circonstances présentes lui faisaient un devoir de ne pas se taire plus longtemps et de dire la vérité à Antoine.

Il raconta l'attaque qui avait répondu à l'appel du colonel, et expliqua comment, selon lui, cette disparition mystérieuse pouvait être la conséquence de cette attaque. Le colonel avait des ennemis, ils avaient voulu l'assassiner autrefois dans la forêt de Marly, ils avaient renouvelé leur tentative à Saint-Cloud ; ne l'avaient-ils pas encore renouvelée à Paris ou sur le chemin de Versailles, en réussissant cette fois ?

Mais cette façon de rattacher ces diverses tentatives les unes aux autres, éveilla les soupçons d'Antoine.

— Comment était cet homme qui a tiré les coups de revolver ? demanda Antoine.

— Grand, large d'épaules, avec un nez d'oiseau de proie.

— Et l'autre ?

Michel, surpris par cette question, voulut improviser un signalement ; mais il s'embrouilla et balbutia.

— Je ne l'ai pas bien vu, dit-il enfin.

Antoine avait été pris d'un tremblement qui faisait claquer ses dents.

— Jure que tu ne l'as pas vu, dit-il d'une voix sourde.

— Mais...

— Jure-moi sur ton honneur que tu ne l'as pas reconnu.

Michel, atterré, garda le silence.

Antoine se laissa tomber sur une chaise et se cacha la tête entre ses mains. Des paroles entrecoupées s'échappaient de ses lèvres.

Après un moment de prostration, il abaissa un peu ses mains, mais cependant sans cesser de cacher son visage :

— Ainsi, dit-il, tu penses que la disparition d'Édouard est la suite des tentatives d'assassinat de Marly et de Saint-Cloud.

— Je me dis que l'homme au revolver a pu, trouvant le colonel dans un endroit favorable à son dessein, l'assassiner.

— L'homme au revolver est probablement un bandit célèbre qu'on appelle le *Fourrier ;* mais il n'est que le complice d'un autre bandit, car celui qui a voulu faire assassiner Édouard n'est pas un ennemi, comme tu le supposes ; c'est... c'est un héritier. Voilà où conduit la loi de l'héritage.

Édouard tué par Anatole, — le fils de son cœur, — par le fils de son sang.

A qui s'adresser pour organiser des recherches dans le

désarroi général où l'on se trouvait et quand rien n'existait plus ?

Michel, qui devait quitter l'hôtel Chamberlain, ne partit point comme il l'avait annoncé à Thérèse.

Il n'avait pas à fuir devant le bonheur de Thérèse, c'était de sa douleur et de son désespoir qu'il était témoin.

Au moins il lui apportait sa sympathie, et, refoulant sa propre douleur, il lui parlait de celui qu'elle aimait, il faisait son éloge, et cherchait à la convaincre qu'il devait revenir un jour ou l'autre.

Près de lui, elle pouvait pleurer librement, et par de douces paroles il berçait cette douleur qu'il ne pouvait consoler.

— Il y a des hommes qui doivent mourir jeunes ? il y en a d'autres au contraire qui ne doivent pas mourir, si grands que soient les dangers auxquels ils s'exposent : cela se pressent rien qu'en les regardant. Eh bien ! votre cousin est de ceux qui ne peuvent pas mourir. Est-ce que s'il avait pu être tué, il ne l'aurait pas été déjà cent fois ? Il ne l'a pas été cependant, et ma conviction est qu'il ne le sera pas de sitôt ; un jour ou l'autre, nous le verrons revenir, ou nous recevrons de ses nouvelles.

— Votre conviction ?

— Oui, ma conviction. Est-ce que notre conviction ne s'établit que sur des preuves matérielles ? Est-ce qu'il n'y a pas des choses auxquelles vous croyez, sans pouvoir vous expliquer à vous-même pourquoi vous avez cette croyance ? Eh bien ! ma croyance à propos de votre cousin, est de celles-là. Je vous assure que vous le verrez revenir, et il nous donnera des raisons qui prouveront qu'il ne peut pas être tué. Il y a des gens qui marchent dans la vie et à travers les dangers, comme s'ils étaient protégés par une cuirasse invisible : c'est ce qu'on appelle quelquefois la chance. Votre cousin est protégé par une cuirasse de ce genre. Vingt autres à sa place auraient été tués ; lui ne l'a pas été, il ne le sera pas.

Elle ne pouvait pas ajouter une foi absolue à ces paroles, et cependant elles lui faisaient du bien, elle se les répétait.

— Pourquoi pas? se disait-elle tout bas.

Dans les conditions où elle se trouvait, c'était déjà beaucoup que de pouvoir douter ; car, si dans le bonheur le doute conduit au désespoir, dans le malheur par contre il mène à l'espérance.

Elle était toute disposée à croire à cette inviolabilité prestigieuse dont parlait Michel, et, si quelqu'un la possédait en ce monde, cette inviolabilité, c'était assurément son cousin.

Mais s'il était vrai qu'il fût encore en vie, pourquoi ne donnait-il pas de ses nouvelles?

Les choses en étaient là lorsqu'un matin madame Bénard, entrant dans le cabinet de travail du colonel, — où Thérèse se tenait maintenant pendant presque toute la journée, les yeux attachés sur le portrait de son cousin, — lui dit qu'un homme demandait à la voir et voulait lui parler sans témoin.

— Amenez-le, dit-elle.

— Mais, mademoiselle, s'il est vraiment ce qu'il paraît être, cela n'est pas prudent. Voulez-vous que je place M. Horace dans la chambre de monsieur? il sera à portée de votre voix et viendra, si vous l'appelez.

— Il y a des sonnettes.

— On peut vous empêcher de toucher au bouton.

— Ne placez pas Horace dans la chambre de mon cousin, car il ne faut peut-être pas que ce que cet homme veut me dire soit entendu ; mais enfin qu'on se tienne en garde, de manière à venir, si j'appelle. Seulement, je vous en prie, ma bonne madame Bénard, veillez vous-même à ce qu'on n'écoute pas aux portes.

Elle vit entrer un homme d'assez mauvaise mine, à l'aspect rampant, vêtu, comme presque tout le monde l'était à ce moment, du pantalon à bandes rouges et de la vareuse des gardes nationaux.

— Vous avez à me parler ? dit-elle.

— Oui, si vous me jurez que personne ne nous écoute.

— Je vous le promets.

— Ce n'est pas assez : il faut lever la main et jurer que c'est la vérité.

Elle leva la main.

— Je jure qu'on ne nous écoute pas ; cependant, si j'appelais, on serait à portée de m'entendre et de venir à mon secours, je vous en préviens.

— Je ne vous veux pas de mal, au contraire ; vous allez voir ça tout à l'heure.

— Alors que voulez-vous ? Parlez vite.

— C'est y vrai, que vous pouvez me payer tout de suite dix mille francs en or ?

Elle avait entendu parler de réquisitions qui se faisaient en ce moment, elle crut qu'il s'agissait d'une opération de ce genre.

— Non, dit-elle ; je n'ai pas dix mille francs en or.

— Je m'en doutais, j'ai été rudement bête de me déranger. Mais, vous savez, tant pis pour vous, puisque vous n'avez pas d'argent, vous n'aurez pas les lettres.

— Quelles lettres ?

— Des lettres que je suis chargée de vous remettre par quelqu'un qui m'envoie ici.

Un mouvement d'espérance la souleva.

— De qui ces lettres ? s'écria-t-elle.

— Je vous le dirai, si vous me promettez les dix mille francs. Pour vous remettre ces lettres, je risque ma vie. S'*ils* découvrent que c'est moi qui ai porté ces lettres, mon affaire est sûre : fusillé. On en a fusillé pour moins que ça. Je veux risquer ma vie, mais pas *à l'œil* ; donnant, donnant. Dites-moi que vous pourrez trouver les dix mille francs en or, et je vous remets un billet qui vous commande de me les payer ; sans cela, je m'en vas.

Un billet commandant de payer dix mille francs : il n'y avait que son cousin qui pût écrire un pareil billet. Il était donc en vie !

— Vous aurez ces dix mille francs ! s'écria-t-elle.

— Quand ?

— Vous devez comprendre que je n'ai pas dix mille francs dans ma poche, et en or encore ? Il faut que je les envoie chercher.

— Non, je n'ai pas de confiance. S'il faut aller chercher les dix mille francs, allons-y ensemble seuls tous deux ; comme cela, je serai sûr que vous ne voulez pas me jouer un mauvais tour.

— Et qui me dit que vous ne voulez pas m'en jouer un vous-même ?

— Le billet.

— Où est-il, ce billet ?

— Dans ma poche.

— Eh bien ! montrez-le moi, donnez-moi la preuve que je dois vous payer ces dix-mille francs, et nous allons ensemble les chercher ; vous n'avez pas confiance en moi, quelle confiance voulez-vous que j'aie en vous ?

Il se décida enfin à chercher, ce billet, et pour cela déboutonna la ceinture de son pantalon à bandes rouges. Sous ce pantalon, il avait une cotte bleue ; dans la poche de cette cotte, il prit un billet plié en quatre qu'il tendit à Thérèse.

Son écriture ! c'était bien son écriture.

« Veuillez payer dix mille francs en or au porteur de ce
» billet ; en échange, il vous remettra une lettre cachetée
» pour vous et une autre pour Michel.

» ÉDOUARD CHAMBERLAIN.

» 20 avril 1871. »

— Où est-il ? s'écria-t-elle.

— Ça, la lettre vous le dira quand vous aurez payé les dix mille francs.

— Partons, dit-elle ; vite, venez.

Elle sortit si brusquement qu'elle faillit jeter la porte sur madame Bénard, qui se promenait dans le vestibule.

— Vivant ? ma chère madame Bénard ! s'écria-t-elle, j'ai une lettre !

A ces mots prononcés d'une voix vibrante, Michel et Horace sortirent de la chambre du colonel.

Elle courut à Michel qui se tenait appuyé sur ses deux béquilles.

— Vous aviez raison, dit-elle ; ô mon bon Michel !

Elle lui tendit le billet.

— Et où courez-vous ainsi ? dit-il après avoir lu le billet.

— A l'*Américan Bank* pour donner les dix mille francs à cet homme.

— Envoyez Horace.

— Non, il veut que j'aille avec lui.

Les craintes de Michel s'éveillèrent ; il voulut la retenir, mais elle n'écouta rien.

— Je reviens tout de suite, dit-elle.

S'adressant au garde national, qui se tenait collé contre la porte, une main dans la poche de sa vareuse, comme s'il était sur la défensive :

— Partons, dit-elle.

A peine avaient-ils descendu quelques marches de l'escalier, que Michel se tourna vers Horace :

— Prenez un revolver, dit-il, et de loin, sans vous montrer, suivez-les.

— Ne craignez rien, dit Horace ; avant qu'on touche à mademoiselle Thérèse, on m'aura tué.

XXVII

Lorsque Thérèse sortit de l'hôtel, accompagnée de son garde national, la canonnade se faisait entendre sans relâche du côté des Ternes, de Neuilly et d'Asnières; aux roulement des mitrailleuses se mêlaient les feux de peloton et les détonations de l'artillerie.

Thérèse marchait si rapidement, que son compagnon, qui venait derrière, avait peine à la suivre.

— N'ayez donc pas peur, dit-il; les obus des Versaillais ne viendront pas jusqu'ici.

Marchant ainsi, ils arrivèrent à la rue Castiglione, le garde national avait fini par rejoindre Thérèse et, de temps en temps, comme un homme communicatif qu'il était, il lui faisait part de ses observations.

En apercevant l'énorme barricade précédée d'un large fossé qui obstruait la rue, il laissa échapper un geste d'admiration.

— Voilà de la belle ouvrage! dit-il.

Puis en passant devant la colonne, il lui montra le poing.

— Vous savez, dit-il, on va lui enlever le ballon.

Mais Thérèse n'écoutait pas; elle allait toujours de son pas léger, respirant à peine.

Ils arrivèrent à la porte de la banque.

La grande inquiétude de Thérèse était de savoir si elle trouverait quelqu'un pour lui répondre.

Il n'y avait pas un seul client dans le grand salon, autrefois plein d'étrangers qui venaient là lire les journaux et faire leur correspondance, mais quelques employés étaient à leur poste.

Parmi eux Thérèse reconnut un jeune Américain qui

souvent était venu à l'ambulance, elle alla à son guichet.

— Pouvez-vous me payer en or un chèque de dix mille francs, demanda-t-elle.

L'employé salua poliment, et dit qu'il allait voir si ce payement était possible ; presque aussitôt il revint dire que les dix mille francs étaient à la disposition de mademoiselle Chamberlain.

Elle prit les dix rouleaux dans ses deux mains et les déposant sur une table :

— Les lettres ? dit-elle.

— C'est vrai tout de même, dit le garde national avec un geste d'étonnement.

De nouveau, ayant déboutonné la ceinture de son pantalon, il prit dans sa cotte deux lettres qu'il déposa sur la table.

Vivement Thérèse les saisit et chercha celle qui lui était adressée ; puis, après avoir mis celle de Michel dans sa poche, elle ouvrit d'une main tremblante celle qui portait son nom, et, sans faire attention à son garde national qui engouffrait ses rouleaux dans sa poche elle commença à lire debout au milieu du salon.

« Prison de Mazas, cellule n° 40.
19 avril 1871.

« Chère Thérèse,

» Après un long silence, je puis enfin vous écrire avec
» l'espérance que ma lettre parviendra entre vos mains.
» Qu'avez-vous pensé de ce silence ? Par quelles inquié-
» tudes, par quelles angoisses avez-vous passé, vous et
» mon cher oncle ? J'ai le cœur serré en pensant à ce
» que vous avez dû souffrir, n'apprenant rien de moi,
» malgré vos recherches, — car je suis bien sûr que vous
» m'avez cherché.

» Vous m'avez cru mort, n'est-ce pas?

» Vous savez que, le jour où j'ai disparu, j'étais parti » le matin pour aller à Versailles.

» Après avoir pris mon billet pour Saint-Denis, j'étais » entré dans la salle d'attente, où ne se trouvait personne. » Il me sembla que quelques gardes nationaux venaient » regarder dans cette salle et fixaient leurs regards sur » moi; mais je n'y pris pas autrement attention.

» Un officier galonné, ouvrant la porte sur le quai, » vint à moi et me demanda si j'étais bien le colonel » Chamberlain. Sur ma réponse affirmative, il me pria » de le suivre pour un renseignement qu'on avait à me » demander. Sottement, et me figurant qu'il s'agissait de » quelqu'un qui se réclamait de moi, je le suivis.

» Nous sortîmes de la gare, lui en tête, moi derrière » lui.

» Il me conduisit à une courte distance de là, dans une » sorte de bureau de police où se trouvaient des gardes » nationaux qui jouaient aux cartes, et, s'approchant » d'un autre officier plus galonné, il lui parla à l'oreille.

» Alors celui-ci, venant à moi vivement, me dit que » j'étais accusé d'entretenir des intelligences avec Ver- » sailles, et qu'il allait me conduire à la préfecture de » police, où je m'expliquerais.

» Je protestai vigoureusement, et ma première pensée » fut de résister; mais je n'avais pas d'armes. Sur un » signe de leur chef, quelques gardes nationaux avaient » pris leurs fusils et s'étaient placés devant la porte; » j'eus la faiblesse de céder.

» On me fit monter dans un fiacre; un garde nationa » s'assit à mes côtés, un autre devant moi, et auprès de » celui-là l'officier qui était venu me chercher dans la » gare.

» Lorsqu'il fut assis, il prit dans sa ceinture un des

» deux revolvers qui s'y trouvaient, et le tenant à la
» main, le canon dirigé sur moi :

» — Si vous voulez vous échapper, me dit-il poliment,
» je vous brûle la cervelle.

» Je n'avais rien à répondre; je regardai par la portière
» sans m'occuper de mes gardiens.

» Arrivés à la préfecture, on me conduit dans un
» bureau où se trouvait un chef de bataillon, qui était en
» train de peigner sa barbe devant une glace :

» — Que voulez-vous que je fasse de ce coquin-là?
» dit-il sans tourner les yeux de mon côté.

» Mon officier, qui avait laissé ses hommes à la porte,
» lui parla à l'oreille pendant quelques instants, et ses
» paroles furent assez intéressantes pour arracher le chef
» de bataillon à sa contemplation.

» — Ah! vous conspirez avec l'infâme gouvernement
» de Versailles? me dit-il, alors votre affaire est faite :
» bon à tuer. En attendant, je vas vous viser un écrou qui
» sera serré.

» Et il me visa cet écrou en écrivant quelques mots
» sur une feuille de papier.

» — Enlevez, dit-il, c'est pesé.

» De nouveau, je voulus protester et m'expliquer, mais
» il me coupa la parole.

» — Videz vos poches, me dit-il, ou je vous fais
» fouiller.

» Je boutonnai mon paletot; mais il appela ses hommes,
» et, ne voulant pas engager une lutte, je vidai mes
» poches.

» J'avais quelques billets de banque et mes lettres pré-
» parées pour nos soldats. Il saisit les lettres et les par-
» courut; alors, se mettant à rire :

» — Vous ne soutiendrez pas que vous ne conspiriez
» point? dit-il.

» Puis, ayant compté mon argent, il m'en donna un
» reçu, mais il ne me le rendit pas.

» — Il ne faut pas exposer les surveillants à la tentation, dit-il; demain vous vous expliquerez avec le juge d'instruction. Allez.

» J'étais résigné à subir ce qu'on m'imposerait; puisque je devais paraître devant le juge d'instruction le lendemain, ce n'était qu'un jour et une nuit à passer.

» Après tout je n'avais jamais vu une prison: cela pouvait être intéressant.

» Je me mis à examiner la cellule où l'on m'avait enfermé: elle était assez convenablement meublée, cette cellule: un lit en fer, scellé au mur; une table pliante, scellée aussi au mur par une chaîne solide, et sur une tablette un gobelet en fer, une cuiller en bois et un bidon plein d'eau; avec cela, un parquet ciré et des murs peints à l'huile.

» Je venais de passer quatre mois aux avant-postes dans de moins bonnes conditions; mais ce que nous avions aux avant-postes et ce que je ne trouvais plus dans ma prison, c'était la vue et l'air, car la fenêtre s'ouvrait en vasistas et ses vitres étaient en verre rayé; pas même la vue du ciel pour distraction.

» C'était à mourir d'ennui dans ces quatre murs; heureusement je n'avais qu'un jour à y rester.

» A trois heures, on m'apporta un pain bis et une portion de haricots servis dans une gamelle en fer: ce n'était pas un dîner bien confortable: mais cela importait peu; je tâchai de faire causer le gardien, qui me répondit brutalement que j'étais au secret et qu'il n'avait rien à me dire.

» Lorsque la nuit tomba, il vint m'allumer le gaz, sans prononcer une parole.

» Ce que j'avais de mieux à faire, c'était de me coucher et de dormir. Mais, moi qui ai dormi partout, à cheval,

» sous la pluie, dans la neige, dans la boue, sous les
» balles et sous les obus, je ne pus pas trouver le sommeil
» dans cette prison : les plus légers bruits me faisaient
» sursauter, comme si j'avais été frappé par une commo-
» tion électrique; dans le milieu de la nuit, j'entendis
» deux détonations qui me jetèrent à bas de mon lit.

» J'écoutai, l'oreille collée à la porte: il me sembla
» entendre des gémissements. Mais je ne pus pas décou-
» vrir d'où ils venaient; de mon imagination surexcitée
» peut-être.

» Je m'attendais à paraître le lendemain devant le juge
» d'instruction. La journée s'écoula, sans que vînt mon
» tour d'être appelé; et cependant nous avions une
» sonnette dans notre corridor, qui tinta souvent, mais
» ce ne fut jamais pour moi.

» Combien longue cette journée!

» Le soir, quand le gardien vint allumer mon bec de
» gaz, je lui demandai si je ne pouvais pas avoir du
» papier et une plume pour écrire; il me dit que ceux qui
» étaient au secret n'écrivaient pas, et il referma ma
» porte sans rien vouloir entendre de ce que je lui
» disais.

» Je ne dormis pas, cette nuit-là, mieux que j'avais
» dormi la première, car l'inquiétude que j'avais tout
» d'abord voulu chasser pesait sur moi du lourd poids
» d'un cauchemar; si ce juge d'instruction ne me faisait
» pas appeler, si je ne pouvais pas écrire, je resterais
» donc enfermé dans cette cellule.

» Et ce n'était pas seulement à moi que je pensais;
» c'était encore à vous, chère Thérèse. Combien grande
» devait être votre inquiétude! Où alliez-vous me cher-
» cher? Pas dans cette prison, puisque personne ne
» savait que j'avais été arrêté.

» Dans la nuit, j'entendis encore des détonations. D'où
» venaient-elles? pourquoi, sur qui tirait-on?

» Je ne veux pas vous décrire jour par jour mes an-
» goisses et mes émotions pendant le temps que je passai
» dans cette cellule.

» Dès le second jour je ne croyais plus au juge d'ins-
» truction, comme vous devez bien le penser, et je n'avais
» plus qu'une idée, c'était de trouver un moyen pour
» vous faire savoir que j'avais été arrêté et où j'étais em-
» prisonné.

» J'essayai tous les moyens de séduction auprès de mes
» gardiens; un seul consentit à m'écouter, mais sans
» vouloir me donner le papier et le crayon que je de-
» mandais.

» — On vous a fouillé, n'est-ce pas?

» — Oui.

» — On sait donc que vous n'avez ni papier ni crayon;
» si je vous en procurais, il ne serait pas difficile de dé-
» couvrir que vous les tenez de moi, et, pour toutes les
» fortunes du monde, je ne veux pas m'exposer à être
» fusillé. Vous savez, les chassepots partent vite en ce
» moment.

» Je voulus qu'il allât vous prévenir de mon arresta-
» tion.

» — Attendez, me disait-il, patientez; ça va changer,
» ça ne peut pas durer comme ça.

» Attendre, patienter, cela était facile à conseiller,
» mais difficile à pratiquer.

» Cependant l'espèce de sympathie que ce gardien me
» témoignait me fit du bien, et ce me fut un chagrin
» quand son tour de service l'éloigna; j'attendis son
» retour avec impatience, et je recommençai à tâcher de
» le gagner.

» Je crois que j'allais le décider à vous porter la nou-
» velle de mon arrestation, quand un matin, on ouvrit
» ma porte et l'on me dit de faire mon paquet, parce que
» j'allais être transféré.

» Mon paquet, je n'en avais pas à faire, puisque j'étais
» arrivé à la Conciergerie, les mains vides, n'ayant pour
» tout linge que celui que je portais sur moi et dont, bien
» entendu, je n'avais pas pu changer.

» On me fit descendre dans une cour où se trouvait
» une voiture cellulaire; le cocher était sur son siège et
» il n'attendait plus que moi pour partir.

» Des yeux, je cherchais autour de moi à qui m'a-
» dresser pour vous envoyer une parole, mais je ne
» trouvai que des gens en qui je ne pouvais avoir con-
» fiance; d'ailleurs on ne me laissa pas le temps de faire
» un choix.

» — Montez, allons, montez vite.

» Une seule cellule était ouverte, mais elle était occu-
» pée; je voulus reculer, on me poussa par derrière et
» l'on me ferma la porte sur le dos. La voiture se mit à
» rouler.

» — Asseyez-vous sur mes genoux, me dit mon com-
» pagnon; toutes les cellules ont deux voyageurs.

» Il fallait faire ce qu'il me disait, car ces cellules sont
» très petites, et en restant debout je gênais autant que
» j'étais gêné moi-même.

» Je m'assis donc sur ses genoux, mais je me relevai
» aussitôt car j'avais rencontré un corps dur qui m'avait
» produit une étrange sensation; il me semblait que je
» m'étais assis sur la peau d'un animal, un éléphant ou
» un hippopotame.

» — Qu'est-ce donc que cela? dis-je.

» — C'est mon tablier de cuir, parce que, de mon état,
» je suis cordonnier, et, quand on m'a arrêté, on ne m'a
» pas laissé même le temps de mettre mes habits. Il y a
» huit jours que je suis au secret, et vous?

» Puis il me raconta qu'il avait été emprisonné parce
» qu'il avait refusé le grade de capitaine, ne voulant pas

» servir la Commune, bien qu'il fût pour le peuple et ré-
» publicain.

» — Il y en a d'autres que moi qui ne veulent pas mar-
» cher avec eux, ainsi Chamberlain...

» Il connaissait votre père, chère Thérèse; nous fûmes
» tout de suite amis, quand je lui eus dit qui j'étais. Mais
» nous arrivâmes à Mazas et nous fûmes séparés; car on
» me plaça dans une cellule d'attente, et lui dans une
» autre.

» Je restai près de deux heures dans cette cellule, et
» l'on vint me chercher pour me conduire à la cellule que
» je devais occuper définitivement.

» Comme je ne devais pas être plus mal à Mazas que je
» ne l'avais été à la Conciergerie, je n'étais pas fâché de
» ce changement.

» Assurément Mazas n'est pas un plaisant séjour;
» mais enfin c'était autre chose, et j'espérais trouver là
» une occasion pour vous écrire.

» Je commençai par demander le directeur; le surveil-
» lant me dit qu'il le ferait prévenir, et ferma ma
» porte.

» J'étais dans une nouvelle prison; celle-là ressem-
» blait à celle de la Conciergerie, seulement elle était gla-
» ciale. Le lit était remplacé par un hamac et, ce qui me
» parut bien confortable, l'escabeau par une chaise. Une
» autre différence, désagréable celle-là, était le rempla-
» cement du parquet par un pavage en brique, ce qui
» contribuait à augmenter le froid de cette glacière.

» En attendant le directeur, s'il devait venir, je me mis
» à tourner autour de mon appartement; mais c'est là un
» exercice abrutissant dans un si petit espace. Cependant
» je le continuai autant pour passer les heures de l'at-
» tente que pour me réchauffer.

» Enfin ma porte s'ouvrit.

» — Attention, *citoyen*, me dit le surveillant; voilà » *monsieur* le directeur.

» Le directeur me demanda ce que je voulais. Je lui » répondis : Deux choses, paraître devant un juge d'ins- » truction d'abord, ensuite écrire à ma famille.

» Il me répondit qu'il serait fait droit à mes de- » mandes.

» Aussitôt je vous écrivis, et par prudence je ne vous » dis que quelques mots : j'étais à Mazas et je vous priais » d'en avertir Sorieul.

» Puis, ma lettre prise par le gardien, j'attendis plus » tranquillement ; mon horrible cellule était moins froide, » je n'étais plus seul.

» Mais les heures et les jours s'écoulèrent sans que je » visse paraître un juge d'instruction et sans que rien vînt » me dire que vous aviez reçu ma lettre.

» J'écrivis de nouveau, mais avec moins de confiance » cette fois.

» Je demandai aussi à revoir *monsieur* le directeur.

» Mais il ne se rendit pas à ma demande, et l'exaspé- » ration de l'attente recommença à me tourmenter : il » était évident qu'on voulait me maintenir au secret.

» Si je voulais vous faire parvenir de mes nouvelles, il » me fallait gagner un gardien.

» Avec celui qui nous surveille, il n'y avait rien à » tenter ; c'est un homme à mine rébarbative, qui assuré- » ment est geôlier par tempérament ; il aime à faire souf- » frir les prisonniers et à les tourmenter.

» Je l'appelle « la petite poste », parce que quand nous » sortons de notre cellule pour nous rendre au prome- » noir, il nous force à courir, afin que nous ne soyons » pas vus par les détenus devant les cellules desquels » nous passons, et il nous crie d'une voix furieuse : » « Allons, la petite poste! » La petite poste, comme » vous l'imaginez, c'est un trot allongé.

» Heureusement dans le surveillant du promenoir, je » trouvai un homme qui devait se laisser gagner, si l'offre » le tentait.

» En passant près de lui je m'approchait et lui dis à mi- » voix :

» — Dix mille francs pour vous, si vous me portez une » lettre rue de Courcelles.

» Il fut ébloui : l'offre, en effet, était belle, mais ce n'é- » tait pas le moment de lésiner.

» J'étais entré dans le promenoir; j'y restai le temps » permis, et, en sortant, je m'arrêtai auprès de mon » homme en me baissant comme si j'avais laissé tomber » quelque chose.

» — En or? me dit-il.

» — En or.

» — Faites votre lettre pour après-demain, et un bon » pour les dix mille francs.

» Voilà, chère Thérèse, comment je suis parvenu à » vous écrire cette lettre, qui, je l'espère, arrivera entre » vos mains.

» Mais ce n'est pas seulement pour vous dire où je » suis, et pour que vous avertissiez votre oncle de mon » arrestation, que je vous écris; c'est encore pour vous » adresser une prière.

» Et cette prière, ma chère Thérèse, je vous demande, » au nom de votre amitié, de l'écouter. Cette lettre reçue, » quittez Paris et emmenez votre père avec vous; il est en » danger ici. Je ne puis vous expliquer en ce moment » quels dangers il court, mais plus tard je vous les dirai. » Pensez seulement à mon compagnon de la voiture cel- » lulaire.

» Vous ne me refuserez point, et vous aurez égard à la » première prière que je vous adresse : il faut que vous » et votre père, vous quittiez Paris sans retard. Ne vous

» inquiétez pas de moi, la protection de votre oncle me
» suffira ; emmenez, emmenez votre père.

» J'ai encore mille choses à vous dire, et celles-là plus
» sérieuses que toutes celles que je viens de vous écrire ;
» mais il me répugne de les toucher en ce moment, car je
» ne veux pas que plus tard se mêle à leur souvenir une
» impression pénible.

» Cependant, comme je veux appuyer ma prière sur un
» droit qui vous oblige à faire ce que j'exige de vous, je
» vous demande d'ouvrir le paquet que je vous ai remis
» au moment de mon départ pour les avant-postes.

» Vous verrez là, chère Thérèse, au nom de quels sen-
» timents je vous parle en ce moment, et vous y verrez
» aussi un témoignage de ma vive tendresse pour vous.

» Pensez à moi, comme je pense à vous.

» ÉDOUARD CHAMBERLAIN

» Une dernière fois, laissez-moi vous recommander
» encore d'emmener votre père en dehors de Paris.

» Faites cela, et vous m'aurez donné la preuve que nos
» cœurs, comme nos volontés et nos désirs, sont unis. »

XXVIII

Thérèse avait lu cette longue lettre debout, au milieu du salon ; lorsqu'elle leva les yeux, sa lecture achevée, elle aperçut Horace devant elle.

— En bonne santé ? demanda-t-il.

— Emprisonné à Mazas. Nous allons le faire délivrer, je vais à l'Hôtel-de-Ville parler à mon oncle, voulez-vous rentrer et porter cette lettre que mon cousin écrit à Michel ?

— Je le voudrais, mademoiselle, mais j'ai promis à Mr. Michel de ne pas vous perdre de vue. Je ne peux pas porter cette lettre, si vous allez à l'Hôtel de Ville ; je vais l'envoyer.

Thérèse connaissait l'obstination d'Horace, elle savait qu'elle n'obtiendrait rien en insistant ; il valait donc mieux accepter son secours que d'engager une discussion avec lui : ce serait du temps perdu, et elle n'en voulait pas perdre.

D'un autre côté, elle ressentait une certaine inquiétude à la pensée de confier à un commissionnaire une lettre dont l'affranchissement avait coûté cinq mille francs : bien certainement, si le colonel écrivait à Michel, c'était pour une chose importante.

Elle s'approcha du guichet, derrière lequel se trouvait le commis auquel elle s'était adressée en entrant :

— Pourriez-vous, dit-elle, envoyer par quelqu'un de sûr, à l'hôtel Chamberlain, porter une lettre écrite par le colonel.

On savait à la banque la disparition mystérieuse du colonel ; en entendant parler d'une lettre écrite par lui, on interrogea Thérèse, et elle dit que le colonel était à Mazas.

Ce fut une explosion d'exclamations.

Le premier mouvement de surprise passé, le commis auquel Thérèse parlait dit qu'il allait lui-même porter cette lettre.

Alors Thérèse la lui donna en y joignant deux lignes pour dire à Michel qu'elle partait pour l'Hôtel de Ville, afin de voir son oncle.

Depuis que Sorieul avait été nommé membre de la commune, il ne demeurait plus à l'hôtel Chamberlain, ses électeurs ne lui eussent pas pardonné d'habiter un hôtel du faubourg Saint-Honoré, et d'autre part les discussions qui s'étaient élevées entre Antoine et lui rendaient une intimité impossible entre les deux beaux-frères. Il avait donc repris son logement de la rue de Charonne.

Si Thérèse ne le trouvait pas à l'Hôtel de Ville, elle irait rue de Charonne; mais, l'Hôtel de Ville étant sur son chemin, c'était par là qu'elle devait commencer ses démarches.

Ils arrivèrent à la place de l'Hôtel-de-Ville, sur laquelle étaient alignés des canons et des mitrailleuses; des clairons sonnaient, des tambours battaient aux champs, et sur le quai, dans la rue de Rivoli, des cavaliers vêtus d'une chemise rouge et la tête empanachée de plumes galopaient sans crier gare; leurs sabres sautaient, de çà, de là, avec un bruit de ferblanterie, et, à les voir lever la tête en jetant à droite et à gauche des regards de vainqueurs, on sentait combien ils étaient glorieux de ce tapage.

Thérèse, suivie d'Horace, pénétra assez facilement dans l'Hôtel de Ville, mais bientôt un factionnaire lui barra le passage avec son fusil, et prit un air redoutable pour lui demander si elle avait un laissez-passer.

Elle fut obligée de déclarer qu'elle n'en avait point; mais elle venait voir son oncle, le citoyen Sorieul, et elle avait cru qu'elle n'avait pas besoin de permission pour entrer.

— Le citoyen Sorieul s'occupe du peuple, il n'a pas le temps de recevoir les femmes; ça serait du propre. Allons. passez au large !

Heureusement, à ce moment même, arrivait un ancien ami de son père qui, lui aussi, était membre de la Commune.

Elle courut à lui; mais tout d'abord il ne la reconnut pas, bien qu'il l'eût vue cent fois rue de Charonne, au temps où il venait aux réunions d'Antoine Chamberlain.

— Et que voulez-vous ici, mon enfant?

— Voir mon oncle Sorieul.

— Montez avec moi.

Toujours accompagné d'Horace, elle le suivit dans une grande salle encombrée de paille, de fusils, de sacs, de couvertures, de tables, et de gardes nationaux qui dormaient, mangeaient, jouaient ou buvaient.

Deux huissiers, assis gravement au milieu de cette foule, répondirent que le citoyen Sorieul n'était pas encore arrivé.

Le parti de Thérèse était pris : ne trouvant pas son oncle, elle voulut demander la liberté du colonel à cet ancien ami de son père.

— Mais, mon enfant, je n'ai pas le temps.

— Il s'agit de sauver la vie de mon cousin, arrêté depuis plus de quinze jours et au secret; je vous en prie.

Il y avait tant d'éloquence dans ce cri qu'il se laissa toucher.

— Venez avec moi, dit-il.

Horace voulut les suivre, mais elle lui fit signe d'attendre.

Lorsque la porte de la pièce dans laquelle elle était entrée se fut refermée, elle commença le récit de l'arrestation et de l'emprisonnement du colonel, et, sans se reprendre, sans s'interrompre, debout, parlant dans les yeux de celui qui l'écoutait, elle dit tout ce qu'il était utile de dire, et elle termina en demandant un ordre pour la mise en liberté immédiate de son cousin.

Mais les choses ne pouvaient marcher avec cette rapidité et cette simplicité.

— Votre cousin, ma chère enfant, est un otage; son arrestation et sa mise au secret sont, j'en conviens, indignes, et je ne sais qui s'en est rendu coupable. Je vous promets que cette mise au secret va cesser. Mais, pour sa libération, c'est autre chose. Versailles nous fait une guerre de sauvages, il assassine nos femmes et nos soldats; il faut que nous nous défendions et que nous prenions nos sûretés; depuis qu'on sait que nous avons des otages aux mains, on a peur; nous ne pouvons pas renoncer à nos moyens de défense.

Sorieul, en arrivant, interrompit ce discours, que Thérèse écoutait avec stupéfaction.

Lorsqu'il apprit que le colonel était arrêté. il ne prit pas cette nouvelle comme son collègue.

— Il faut que je sache qui s'est permis de faire arrêter mon ami, s'écria-t-il; car tout le monde sait que le colonel Chamberlain est mon ami. Il sera mis en liberté ce soir, j'en fais mon affaire personnelle; compte sur moi.

Thérèse eût voulu avoir un permis d'entrer à Mazas; mais, à ce mot, Sorieul se récria :

— Ce n'est pas d'un permis pour entrer à Mazas qu'il s'agit, mais d'un permis pour en sortir, et je te donne ma parole d'honneur de te conduire Édouard avant ce soir; rentre chez toi, et attends-le, fais préparer un bon dîner pour ton cousin.

Pendant que Thérèse faisait cette visite à l'Hôtel de Ville, Michel lisait la lettre du colonel, qui lui avait été apportée par le commis de l'*American Bank*.

Elle était ainsi conçue, cette lettre :

« Mazas, 20 avril 1871.

« Cette lettre est pour vous seul.

» Veuillez donc, si on vous la remet devant mon oncle
» et ma cousine, ne pas la laisser lire par eux.

» En même temps que je vous écris, j'écris à Thérèse,
» et je lui raconte en détail comment j'ai été arrêté et
» successivement emprisonné à la Conciergerie et à Mazas,
» avec secret absolu.

» Si ces détails vous intéressent, faites-vous-les conter

» par Thérèse; entre nous il ne doit être question que de
» choses plus graves, car ce n'est pas pour moi que je
» vous écris, c'est pour Thérèse et c'est pour mon oncle,
» qui l'un et l'autre sont en grand danger.

» C'est de ce danger que je viens vous demander de les
» sauver.

» Vous n'avez pas oublié, n'est-ce pas? les coups de
» revolver qui ont été tirés sur nous ou plutôt sur moi?
» Ces coups de revolver faisaient suite au coup de couteau
» que j'avais reçu dans la forêt de Marly. Maintenant
» mon arrestation fait suite à ces deux tentatives d'assas-
» sinat et à quelques autres commises pendant la guerre.

» On veut me tuer pour avoir ma fortune.

» Je n'ai pas besoin de vous nommer ce *on*, vous l'avez
» vu et reconnu.

» Est-ce lui qui a eu l'idée de ce meurtre? Je ne le
» crois pas, mais il est sous la domination d'un homme
» capable de tous les crimes et qui a combiné cette affaire.
» Cet homme, qu'on appelle le *Fourrier* ou la *Prestance*,
» est un bandit célèbre dont vous avez dû entendre
» parler.

» La combinaison de ce bandit est des plus simples :
» si je suis tué, ma fortune revient à mon oncle, et de
» mon oncle elle passe aux mains de Thérèse et de...
» celui que vous avez vu.

» Entre ma fortune et ce dernier, il y a donc trois per-
» sonnes : moi d'abord, puis mon oncle, puis Thérèse.

» Le premier à frapper, c'est donc moi.

» Puis viendront mon oncle et Thérèse.

« Est-il possible qu'un pareil projet ait pris naissance
» dans la tête de celui qui a été votre camarade et votre
» ami?

» Vous vous refusez à le croire, je pense.

» Moi-même j'ai été longtemps sans vouloir admettre
» la possibilité d'une pareille combinaison, et, lors de la

» tentative de Marly, j'ai même combattu de toutes mes » forces, les soupçons du juge d'instruction, qui avait » très finement trouvé le mobile de cet assassinat.

» Si je ne voulais pas croire qu'un cousin pouvait faire » assassiner son cousin, à plus forte raison je ne pouvais » pas admettre qu'un fils pouvait faire assassiner son » père ; un frère sa sœur.

» Mais, depuis que je tourne dans ma cellule, j'ai eu le » temps de réfléchir, et mon esprit, toujours tendu sur » une même idée, est arrivé à une clairvoyance qui, j'en » suis certain, ne m'abuse pas et ne m'égare pas.

» Ce n'est pas *lui* qui a eu l'idée de l'assassinat de la » forêt de Marly.

» Et présentement il n'a pas davantage l'idée de l'as- » sassinat de son père et de sa sœur.

» C'est son complice, son associé, qui a ces idées et » qui poursuit leur exécution.

» Peut-être admet-il la nécessité de ma mort, et cela je » le croirais volontiers.

» Mais celle de son père et de sa sœur ne s'est pas » probablement présentée à son esprit; en tout cas, on » n'aura pas dû la lui présenter. On lui aura dit que, » moi mort, il était l'héritier certain de ma fortune, et » qu'alors il lui serait facile d'escompter cet héritage.

» Mais ce calcul, j'en suis certain, n'est pas celui du » *Fourrier;* ce qu'il veut, ce qu'il poursuit, c'est notre » mort à tous, la mienne d'abord, celle de mon oncle et » de Thérèse ensuite, et enfin celle de son associé, si » celui-ci ne lui fait pas sa part assez belle.

» Pour ma mort, je pense qu'il obtiendra ce qu'il cher- » che : il m'a déjà fait emprisonner; comment? je n'en » sais rien ; mais sa main est dans mon arrestation, j'en » suis certain, et ce commencement est déjà un succès » pour lui.

» Sans doute on cherchera à me faire mettre en liberté;

« mais je doute qu'on réussisse, car le motif de mon arrestation est bien trouvé : intelligence avec le gouvernement de Versailles, ce que je ne peux pas nier; de plus je suis un otage, et cela réuni suffit pour que l'on me garde.

» Pendant que je serai enfermé ne se présentera-t-il pas quelque soulèvement populaire, quelque grande catastrophe qui poussera au massacre des prisonniers? Cette éventualité me paraît probable.

» Alors il est bien certain que je serai un des premiers massacrés, sans que la Commune soit absolument responsable de ma mort, autrement que par mon arrestation.

» Vous voyez que je raisonne avec calme et sans passion; cela doit vous convaincre que je ne me trompe pas?

» Mais, si je suis tué, et je ne vois pas par quel moyen échapper à la mort, il ne faut pas que mon oncle et ma cousine soient exposés au même danger; car, il me paraît certain qu'en même temps qu'on me fera disparaître, on tâchera de se débarrasser d'eux.

» Il ne faut donc pas qu'ils restent à Paris.

» Et c'est pour cela que je vous écris, c'est pour que vous les emmeniez hors Paris.

» J'ai déjà écrit à Thérèse, dans ce sens, en lui demandant de faire sortir de Paris son père, qui me paraît menacé d'arrestation.

» Mais je ne sais pas si elle réussira et je vous prie d'unir vos efforts aux siens.

» Quels moyens employerez-vous? je ne les vois pas, car il est bien entendu que vous ne pouvez pas expliquer à mon oncle les dangers que je redoute pour lui et pour Thérèse. Il est déjà assez malheureux par son fils, sans encore jeter de pareilles idées dans son esprit.

» Cherchez, usez de votre influence; réclamez, comme
» un service personnel, que mon oncle et Thérèse vous
» accompagnent. Enfin sortez au plus vite de Paris tous
» les trois.

» Surtout tâchez de les empêcher de s'occuper de moi,
» et représentez-leur qu'ils ne peuvent rien; tandis que
» Sorieul, qui peut beaucoup, fera tout au monde pour
» me sauver, s'il a seul la responsabilité et la gloire de
» ma délivrance.

» Comme j'ai longuement réfléchi à ce triste sujet, et
» avec une application d'esprit que vous pouvez com-
» prendre sans qu'il soit utile que j'insiste, je crois avoir
» à peu près tout prévu.

» J'ai donc dû admettre que vous ne réussiriez pas
» dans vos tentatives auprès de mon oncle qui, malgré
» tout, voudrait s'occuper de ma délivrance.

» Dans ce cas, emmenez au moins Thérèse.

» Puis, pour diminuer les dangers que courra mon
» oncle, employez, je vous prie, un subterfuge qui m'est
» venu à l'idée.

» Ce qui inspire le plan du *Fourrier*, c'est la pensée
» que mon héritage doit nécessairement revenir à mon
» oncle; s'il me savait un autre héritier plus proche, la
» vie de mon oncle et de ma cousine serait peut-être
» sauvée.

» Faites donc copier par Horace les quelques lignes
» suivantes en forme de lettre :

» J'ai reçu par votre gardien de Mazas le testament
» que vous m'avez envoyé; il est en sûreté, selon votre
» désir, je vous en donne l'assurance. En même temps, per-
» mettez-moi de vous adresser mes félicitations pour ce
» que vous faites en faveur de votre jeune enfant; bien
» que non reconnu, il n'en est pas moins votre fils, et
» vos parents dans la ligne paternelle, je veux dire votre

» oncle et votre cousine, — seront bien assez riches de » la rente viagère que vous leur laissez. »

» Au bas de cette lettre, vous apposerez une signature » à peu près illisible; puis vous ferez mettre la lettre à » la poste, adressée en mon nom, à Mazas.

» Cette lettre sera lue, et comme elle prouvera que » malgré le secret rigoureux qui m'a été imposé, j'ai » trouvé moyen de communiquer avec l'extérieur, elle » fera un certain bruit dans la prison où le *Fourrier* doit » avoir des complices.

» En voyant son plan renversé, peut-être renoncera-t- « il à en poursuivre l'exécution, et s'il me fait tuer, ce ne » sera plus que pour se venger d'avoir échoué et aussi » pour que je ne dénonce pas, quand la marche des » choses sera rétablie, celui qui m'a envoyé trois coups » de revolver à Saint-Cloud.

» En tout cas, mon oncle et Thérèse seront sauvés : » ce que nous devons l'un et l'autre chercher avant » tout.

» Dans mon inquiétude qui est grande, ce m'est un » soulagement de penser que vous êtes près d'eux pour » les défendre. Car je sais que leurs vies ne pourraient » être mises en des mains plus courageuses et plus » loyales que les vôtres. Ce qui humainement peut être » fait, sera fait par vous, j'en suis certain.

» Et cette lettre écrite, je me sens presque rassuré en » vous adressant mes adieux.

» ÉDOUARD CHAMBERLAIN »

Les difficultés étaient grandes pour Michel; car il était bien certain qu'on ne pouvait pas parler à Antoine ni à Thérèse des dangers qui les menaçaient, et l'un et l'autre, l'oncle comme la cousine, voudraient rester à Paris pour essayer de sauver le colonel.

Quand Thérèse revint de l'Hôtel de Ville, il ne s'était encore arrêté à rien ; des moyens se présentaient à son esprit, mais pas un seul n'était tout-puissant.

— Il sera libre ce soir ! s'écria Thérèse dès la porte.

Mais Michel connaissait Sorieul et sa puissance d'illusion. Sans doute, Sorieul allait faire tout ce qu'il pourrait pour obtenir la mise en liberté du colonel, et il n'y avait pas à craindre qu'il épargnât sa peine et ses paroles.

— J'ai aussi reçu une lettre du colonel, dit Michel, dans laquelle il me charge de vous emmener hors Paris, vous et votre père ; il me donne la responsabilité de votre salut, et vous devez sentir que, dans les conditions où nous sommes vis-à-vis l'un de l'autre, je dois tout faire pour lui prouver que je suis digne de cette marque de confiance. Je compte donc sur vous pour me faciliter ma tâche et m'aider à décider votre père.

— Mais nous partirons tous ensemble demain, et ce sera le colonel lui-même qui décidera mon père.

Fallait-il avouer ses craintes et dire que le colonel ne serait probablement pas libre le soir comme elle l'espérait ? il ne l'osa pas.

D'ailleurs Thérèse n'était pas en disposition de l'entendre ! elle avait hâte de s'enfermer dans le cabinet de son cousin pour ouvrir cette enveloppe dont il lui parlait dans sa lettre.

Combien de fois, pendant le siège, l'avait-elle prise dans ses mains et regardée ! Que d'heures elle avait passées ainsi en pensant à lui ! Qu'y avait-il dans cette enveloppe mystérieuse ? Quels doux rêves ! et comme alors le temps fuyait vite en laissant en elle de tendres souvenirs.

Enfin elle allait savoir.

Cependant son cœur se serra en déchirant le papier de l'enveloppe.

Elle renfermait une feuille de papier timbré, avec quelques lignes d'écriture, et une lettre.

Elle laissa la feuille de papier timbré et vivement elle prit la lettre.

« ... Je vous aime, chère Thérèse, je vous aime; ma vie désormais sera dans ces trois mots... Recevez l'assurance de ma profonde tendresse et de l'amour de votre ami, de votre mari. »

Sa femme! elle?

Et ce soir même il allait revenir près d'elle.

Ensemble, pour toujours!

XXIX

Quand Antoine rentra, Thérèse courut à lui pour lui lire la lettre du colonel et pour lui raconter sa visite à l'Hôtel de Ville.

Mais, si Antoine fut heureux d'apprendre enfin que son cher Édouard était vivant et bien portant, il resta froid quand elle lui parla de l'engagement pris par Sorieul.

— Oh! père, tu doutes de mon oncle! s'écria-t-elle.

Je doute de sa puissance; il n'est pas le gouvernement, et, bien qu'il fasse partie de ce gouvernement, son influence y est nulle. Ton oncle n'est pas un homme d'action, il n'a pas d'ambition personnelle; il est satisfait quand on l'écoute, mais c'est tout.

Les craintes d'Antoine étaient fondées; au moment où il achevait ces mots, Sorieul arriva seul.

— Non seulement on n'a pas voulu le mettre en liberté, s'écria Sorieul, mais je n'ai pas pu le voir; on m'a empêché de communiquer avec lui, moi membre de la Commune. Et savez-vous pourquoi? Parce que le colonel Chamberlain est le prisonnier particulier du délégué à la Sûreté générale. Ainsi ce monsieur a des prisonniers qui sont à lui ou à ses amis et qu'on met au secret, sans que personne puisse communiquer avec eux.

Jamais Sorieul n'avait été dans un pareil état d'exaspération.

— Mais cela va changer, je vous le promets, ou je donne ma démission. Ma nièce, je te jure de te rendre ton cousin.

En le voyant s'éloigner, Thérèse ne put retenir ses larmes. Son père voulut la consoler.

— Je vais unir mes efforts à ceux de Sorieul, dit-il, et je vais voir ceux qui ont été mes amis autrefois : ils ne supporteront pas une pareille injustice.

Michel, qui jusqu'alors n'avait rien dit, prit la parole :

— Je ne crois pas, dit-il en s'adressant à Antoine, que votre intervention en faveur du colonel produise un bon effet; au contraire. Ce qu'on appelle votre... défection a exaspéré contre vous ceux de vos amis qui se sont jetés dans la Commune. Pour eux, la cause de cette défection est dans vos relations et votre intimité avec votre neveu. C'est donc lui qui en est responsable. Cette responsabilité deviendra, il me semble, bien plus lourde, si c'est vous précisément qui allez plaider pour lui.

De tous les arguments qu'on pouvait présenter à Antoine, alors qu'on ne lui disait pas toute la vérité, celui-là était précisément le plus efficace.

On pouvait attendre quelques jours et, pendant ces quelques jours, chercher.

Or c'était pour le moment tout ce qu'il fallait : le secret levé, on pourrait communiquer avec le colonel, celui-ci verrait son oncle, et alors on aviserait à trouver en commun une combinaison qui permît de faire sortir Antoine de Paris, sans lui révéler la vérité.

En attendant ce résultat, qui ne pouvait pas beaucoup tarder, Michel fit écrire par Horace la lettre dont le colonel lui avait donné le modèle et il l'adressa le soir même à Mazas.

Quand Horace lut le modèle de cette lettre, il se livra à une pantomime des plus drôles. Comment! son maître avait un enfant, et il ne connaissait pas la mère de cet enfant!... Mais bientôt, comprenant la vérité, il resta frappé d'admiration.

— Est-ce bien trouvé? s'écria-t-il glorieusement; n'est-ce pas qu'il n'y a que mon colonel pour avoir des idées pareilles?

En même temps Michel écrivit au ministre des États-Unis pour le prévenir de la situation dans laquelle se trouvait un de ses compatriotes.

Michel avait eu raison de croire que Sorieul n'épargnerait pas ses démarches pour obtenir la mise en liberté du colonel; mais ce qu'il n'avait pas prévu, c'était que les circonstances elles-mêmes leur seraient favorables.

L'arrestation arbitraire et la mise au secret du colonel n'étaient pas des faits isolés et exceptionnels; bien d'autres avaient été arrêtés sans raison; bien d'autres avaient été maintenus au secret, sans même avoir été jamais interrogés. Une opposition très vive, une réprobation énergiques s'étaient formées contre ce système.

Quand Sorieul chercha des adhérents pour appuyer sa protestation, il en trouva plusieurs qui lui demandèrent eux-mêmes d'appuyer les leurs. Cette affaire des arrestations et de la mise au secret occupa plusieurs séances de la Commune; des membres demandèrent à entrer dans les prisons, « même en forçant les portes; » d'autres protestèrent contre le secret, « comme un reste de barbarie auquel il fallait mettre un terme »; et, bien que ces attaques contre ce système eussent été combattues par cette raison qu'on pouvait se laisser attendrir par les paroles du détenu, par des questions de famille ou d'humanité », on décida que les membres de la Commune auraient le droit de visiter tous les détenus.

Ce vote amena des changements de personnes dans ce qu'on appelait alors la « sûreté générale »; mais ces changements ne firent pas mettre en liberté le colonel Chamberlain : les influences qui avaient décidé cet emprisonnement restant toutes-puissantes, sans que Sorieul pût découvrir quelles elles étaient.

D'ailleurs, par le seul fait de cet emprisonnement, le colonel était devenu un otage. Peut-être n'eût-on pas pensé à lui; mais on l'avait sous clef, on tenait à le garder. Et même ceux qui n'avaient aucune raison personnelle de lui en vouloir trouvaient qu'il était d'une bonne politique de ne pas relâcher un homme qui était une sorte de personnage : comme otage, il avait assurément plus de valeur qu'un tas de pauvres diables qu'on gardait par cela seul qu'on les avait.

Tout ce que Sorieul put obtenir, ce fut donc de voir le colonel dans sa prison, et ce fut aussi d'obtenir des laisser-passer pour qu'Antoine et Thérèse le vissent.

Sans doute c'était peu, après ses superbes promesses, mais enfin c'était quelque chose.

Thérèse, qui était restée sous l'impression des promesses de son oncle, n'accepta pas cette déception sans laisser échapper quelques plaintes.

— Veux-tu que je donne ma démission ! s'écria Sorieul. Je t'ai promis de la donner, si je ne te rendais pas la liberté de ton cousin; je suis prêt à tenir mon serment; seulement je crois que je pourrai être plus utile à notre ami en ne la donnant pas ; au moins je serai en position de le défendre avec autorité si quelque danger le menaçait.

Elle voulut elle-même préparer un nécessaire de toilette et une valise de linge pour les porter à Mazas, puis elle y joignit un petit bouquet de violettes, qu'elle se hâta de cueillir dans le jardin, pendant qu'on attelait les chevaux.

Sorieul avait une manière de se présenter qui lui était personnelle.

En arrivant à Mazas, il revêtit ses insignes de membre de la Commune et, interpellant rudement le gardien qu'il trouva devant lui :

— Vous me connaissez, n'est-ce pas? dit-il.

— Non, citoyen.

— Je suis Sorieul, vous entendez bien, S o r i e u l.

Et il détacha chacune des lettres de son nom.

— Ouvrez-moi les portes ou bien je les force.

Puis se tournant vers Thérèse :

— Tu vois, petite, que j'ai le droit de commander ici, dit-il à mi-voix, et, si je donnais ma démission, je n'aurais plus de prestige.

Il est de fait que parlant avec des éclats de voix et la tête haute, en scandant chaque parole d'un geste énergique, il se faisait écouter. On ne savait pas que cet homme à l'air redoutable était un être parfaitement inoffensif, plus doux qu'un enfant.

Il exerçait le prestige de la terreur, il n'était pas médiocrement fier de faire peur à quelqu'un une fois dans sa vie.

Mazas a eu deux directeurs pendant cette période, un doux et un féroce; c'était le doux qui était encore en fonction en ce moment. On était allé le prévenir de l'arrivée de Sorieul et il était accouru.

Il voulut s'opposer au projet de Sorieul de pénétrer dans la cellule même du colonel, accompagné d'Antoine et de Thérèse.

Mais Sorieul, sans rien vouloir entendre, le foudroya de son prestige.

— Conduisez-nous, dit-il.

Pour Sorieul et pour Antoine, qui avaient plusieurs fois été emprisonnés, la prison ne produisait pas un effet de crainte et de froid; mais Thérèse avait le cœur serré et respirait à peine.

Ils s'arrêtèrent devant une porte percée d'un guichet, et, cette porte ayant été ouverte par un gardien, ils aperçurent le colonel qui était occupé à lire, assis sur sa chaise, accoudé sur sa table.

Au bruit de la porte qui s'ouvrait, il avait relevé la tête ; ce fut Sorieul qui se présenta le premier à ses yeux, mais derrière il aperçut tout de suite Thérèse.

D'un bond il fut près d'elle, et, sans prendre les mains que Sorieul lui tendait, il la saisit dans ses bras.

— Chère Thérèse ! dit-il.

Cela s'était si vite fait qu'Antoine et Sorieul n'avaient pas bien compris ce qui se passait sous leurs yeux.

Pour Thérèse, elle avait appuyé sa tête sur le cœur de de son cousin et elle restait là le visage caché.

Il se pencha vers elle, et, d'une voix douce et tendre, si faible que Thérèse seule entendit nettement les mots qu'il prononça :

— Ma femme, ma chère petite femme, murmura-t-il.

Puis alors il tendit la main à son oncle et à Sorieul, mais sans desserrer le bras qui étreignait Thérèse.

— Mon ami, mon cher ami, dit Sorieul avec émotion, je suis heureux que mon influence vous donne cette joie.

Le colonel le regarda avec surprise.

— Hélas ! dit Antoine, qui comprit ce regard, nous venons vous voir, nous ne venons pas vous chercher.

— Ce sera pour dans quelques jours, fit Sorieul; présentement je n'ai pas pu obtenir votre liberté, mais je l'obtiendrai, soyez-en sûr. J'ai déjà, par mon influence, aboli le secret et forcé le délégué à la sûreté générale à donner sa démission; comptez sur moi.

Et Sorieul se mit à raconter longuement, compendieusement, ce qu'il avait fait, aussi bien que ce qu'il n'avait pas pu faire.

Pendant ce récit, le colonel avait fait asseoir Thérèse sur sa chaise, et, s'appuyant lui-même sur la table, il avait gardé les mains de sa petite cousine, de sa petite femme dans les siennes, ne la quittant pas des yeux.

A la fin Sorieul arriva au bout de son long récit, et le colonel, après quelques mots de remerciement, put s'entretenir avec Thérèse et avec Antoine.

Que de choses à se dire, que de questions de part et d'autre !

Et puis Thérèse avait hâte de lui montrer les objets qu'elle avait apportés et de lui offrir son bouquet de violettes, qui allait mettre un peu d'air et de parfum dans cette cellule si froide, où l'on étouffait.

De son côté, le colonel avait hâte aussi d'aborder avec Antoine et Thérèse la question, capitale pour tous, de leur sortie de Paris.

— Pourquoi n'êtes-vous pas encore partis ?

— Parce que nous voulions vous voir avant, répondit Thérèse.

— Parce que je ne veux pas vous abandonner, dit Antoine.

— Et pourquoi voulez-vous qu'Antoine quitte Paris ? Croyez-vous que, malgré nos dissentiments, on oserait toucher à un homme qui est mon beau-frère.

Le colonel n'avait pas prévu cette complication désastreuse : il fit des signes désespérés à Sorieul, mais ce n'était pas par des signes qu'on arrêtait l'éloquence de Sorieul. Il fallut se résigner et, pour cette fois, renoncer à presser ce départ.

Le temps s'écoula, et le moment de la séparation arriva ; triste moment qui, pendant tout le temps de l'entrevue, avait pesé sur le cœur de Thérèse ; car, sans pouvoir s'abandonner à la joie de l'heure présente, elle pensait au départ.

Au moment où ils s'éloignaient, le colonel s'approcha du guichet et appela Sorieul.

— Quand vous aurez quitté mon oncle et Thérèse, dit le colonel, revenez me voir, je vous prie, il s'agit de leur vie et de la mienne.

Une heure après environ, la porte de sa cellule s'ouvrit devant Sorieul.

— Que m'avez-vous donc dit? s'écria-t-il : leur vie, la vôtre, qu'est-ce que cela signifie?

Alors le colonel lui raconta ce qu'il avait écrit à Michel. Plusieurs fois Sorieul voulut l'interrompre, mais il alla jusqu'au bout; il n'accusa pas Anatole, il accusa formellement celui ou ceux entre les mains desquels Anatole était un jouet.

— Mais c'est impossible, s'écria Sorieul; comment voulez-vous que de pareils brigands aient une influence quelconque? Ne nous jugez pas avec cette injustice, mon ami; nous sommes des honnêtes gens.

— Je ne dis pas que ces brigands ont de l'influence, bien qu'il suffise d'anciennes relations avec quelque personnage ayant l'autorité en mains pour la leur donner, cette influence; je dis seulement qu'ils ont eu l'adresse de me faire arrêter, ce qui d'ailleurs n'était pas bien difficile, puisqu'aux yeux de votre gouvernement je suis coupable. Une fois arrêté, une fois dans cette prison d'où vous ne pouvez pas vous-même me tirer, je suis en plein au milieu du danger, et j'entraîne avec moi Thérèse et mon oncle. En ce moment, j'en conviens, ma vie n'est pas menacée; je suis pour vous une sorte de bouclier, vous nous tenez ajustés pour qu'on ne fusille pas ceux des vôtres qu'on fait prisonniers.

— Nous prenons nos sûretés.

— Précisément; mais il viendra un jour où les fusils que vous tenez en ce moment braqués sur nous partiront d'eux-mêmes que vous le veuilliez ou que vous ne le veuilliez pas. Vous serez débordés, entraînés, fusillés vous-mêmes peut-être, et nous, nous serons massacrés dans cette prison. C'est là une loi fatale. Eh bien! ce jour-là, les brigands dont nous parlons ne m'oublieront pas; je serai une des premières victimes, et, leur besogne faite ici, ils iront l'achever là où ils sauront trouver mon oncle et Thérèse.

— Je vous dis que cela est impossible, s'écria Sorieul.

— Et moi, je vous affirme que cela sera; mais, quand ce danger, au lieu d'être certain, comme je le vois, ne serait que probable, pourquoi le faire courir à Antoine, à Thérèse et même à moi? De quelle utilité leur présence est-elle à Paris? Si je puis être mis en liberté, ce ne sera pas par eux, n'est-ce pas? ce sera par vous.

— Assurément.

— Eh bien! ne les laissez pas à Paris. Rien n'est plus facile pour vous. Au lieu de dire à Antoine qu'il n'a rien à craindre, dites-lui au contraire que vous le savez menacé.

— Mon beau-frère?

— Puisque c'est pour le sauver: faites rendre, s'il le faut, un ordre d'arrestation; mon oncle l'a tout aussi bien mérité que moi. Vous le déciderez alors à partir et vous aurez beaucoup plus de facilités pour agir en ma faveur; je crois que vous m'enverrez bientôt les rejoindre. Réfléchissez à cela. D'un côté, aucun avantage à retenir Antoine et Thérèse à Paris...

— Cela est certain.

— De l'autre, au contraire, notre salut à tous.

— Me donnez-vous jusqu'à demain?

— Oh! parfaitement; je ne pense pas qu'à moins d'un désastre pour vos forces, le danger soit immédiat. Ce désastre est-il probable en ce moment? C'est un homme au secret depuis longtemps qui vous pose cette question.

— C'est pour Versailles qu'il est certain.

XXX

Le colonel attendit Sorieul le lendemain, mais sans le voir venir.

Il eut seulement la visite de Thérèse et de son oncle, exceptionnellement autorisés à pénétrer dans sa cellule et amenés par le directeur lui-même, mais il resta sans nouvelles de Sorieul.

Pourquoi ce silence, pourquoi cette absence?

Cela ne laissait pas que d'être inquiétant.

Depuis qu'il n'était plus au secret, il avait appris et vu bien des choses. Il avait vu les prêtres et les religieux qui étaient enfermés à Mazas, et il avait appris que des gendarmes, des sergents de ville, des soldats, des personnes de toutes les classes étaient emprisonnées à la Roquette, ainsi que dans d'autres prisons. Ce grand nombre d'otages rendait la situation plus grave; il était évident qu'à un certain moment il y aurait fatalement des exécutions et des massacres; il était impossible qu'il en fût autrement et se faire illusion à ce sujet eût été aveuglement ou folie.

Il avait aussi reçu la visite de son ministre, et celui-ci avait promis de lui faire rendre la liberté. Mais réussirait-il? La flotte des États-Unis n'était pas au pont de la Concorde.

En tous cas il fallait se hâter, car les événements pouvaient se précipiter d'un moment à l'autre.

Sorieul, il est vrai, prétendait que c'était la défaite de Versailles qui devait se produire et non celle de la Commune; mais le colonel ne raisonnait pas ainsi.

Aussi était-ce avec angoisse qu'il attendait Sorieul pour apprendre que le départ de son oncle et de Thérèse était décidé.

Ce ne fut pas Sorieul qui lui apporta la nouvelle de ce départ, ce fut Thérèse elle-même.

Le surlendemain, il fut surpris de la voir entrer seule dans sa cellule.

Ce fut le premier mot qui lui échappa.

— Mon père est sous le coup d'un ordre d'arrestation; mon oncle est venu nous l'apprendre aujourd'hui, de grand matin; mon père voulait se laisser arrêter, mais nous sommes parvenus à le décider à quitter Paris. En attendant que nous partions ensemble, il est chez un de ses amis, où je dois le rejoindre; nous sortirons par le chemin de fer de Vincennes. Oh! mon cousin, pourquoi voulez-vous que nous vous abandonnions? Au moins permettez-moi de rester. Une femme n'est exposée à aucun danger à Paris. Je vous verrai tous les jours : vous ne voulez donc pas de moi, votre petite Thérèse, votre cousine, votre amie?

— Et...

Elle détourna la tête pour cacher sa rougeur.

— Vous vous taisez, dit-il; pourquoi, chère mignonne, n'achevez-vous pas? Pourquoi aux titres que vous avez pour me demander une chose, n'ajoutez-vous pas le plus doux et le plus sacré? Vous dites que vous êtes ma petite Thérèse, ma cousine, mon amie : pourquoi ne dites-vous pas encore ma femme? Ne voulez-vous pas l'être? Dites, chère mignonne; regardez-moi, relevez les yeux sur les miens, et répondez franchement, ne le voulez-vous pas, ne le direz-vous pas?

Il l'avait attirée près de lui et, tandis qu'il la tenait d'une main de l'autre il lui poussait doucement le front pour l'obliger à relever la tête et à le regarder.

— Eh bien! ce mot, ne le direz-vous pas, chère Thérèse.

Peu à peu sa tête s'était redressée; elle releva en même temps les paupières, et, le regardant avec des yeux éperdus :

— Votre femme, murmura-t-elle.

Il la prit dans ses bras et se baissant vers elle, il l'embrassa sur les cheveux.

Après un moment de silence et de trouble, elle se dégagea doucement.

— Si je suis votre femme, dit-elle, ne voulez-vous pas me permettre de vous adresser une prière? Gardez-moi à Paris. La place d'une femme n'est-elle pas à côté de son mari?

Il n'était pas en disposition de rien refuser à celle qui lui parlait ainsi; mais, hélas! ce qu'elle lui demandait était justement la seule chose qu'il ne pouvait pas lui accorder.

— Avez-vous confiance en moi, chère petite femme? dit-il.

— Vous le demandez!

— Je veux dire, croyez-vous d'une part que je ne veux exiger de vous qu'une chose raisonnable, et d'autre part croyez-vous que je serais heureux de vous voir chaque jour? Oui, n'est-ce pas, vous le croyez? Eh bien! soyez convaincue aussi que, si je vous demande de quitter Paris, vous et votre père, c'est que ce départ, ce double départ est indispensable. Nous sommes tous, mon enfant, sous le coup de la fatalité, et vous ne pouvez vous y soustraire, vous et votre père que par la fuite. Vous ne pouvez m'y soustraire moi-même qu'en partant au plus vite, je sais que je parle d'une façon inintelligible...

— Vous m'épouvantez.

— Plus tard je pourrai sans doute vous expliquer ce terrible mystère. Pour le moment ayez confiance en moi pour faire ce que je vous demande, sans engager une lutte qui me déchire le cœur. La plus grande preuve de tendresse que pouvez me donner, la plus grande marque... d'amour, c'est de partir.

Elle le regardait en tachant de deviner ce qu'il y avait sous ces paroles, mais il veillait sur lui-même de façon à ne rien dire qui pût le trahir.

Longtemps ils s'entretinrent ainsi : lui, la priant de partir ; elle, le suppliant de la garder.

Mais à la fin elle dut céder, sentant elle-même combien devait être cruel pour lui le sacrifice qu'il s'imposait.

— Nous avons été séparés quatre mois, dit-il ; c'est quelques jours encore de séparation, quelques semaines au plus ; vous me saviez au milieu du danger, et ici je n'ai à craindre que l'ennui. Avec une lettre de ma petite femme...

— Mais me sera-t-il possible de vous écrire?

— Assurément ; par la protection de votre oncle, tout sera possible et je pourrai aussi vous répondre.

Le temps s'écoula vite pour eux ; c'était la première fois qu'ils restaient seuls en tête-à-tête, libres de parler franchement ; mais les murs qui pesaient sur eux imposaient à leurs sentiments une contrainte plus étroite que celle qu'ils avaient jamais subie.

— Si c'était aussi la dernière fois, se disait le colonel.

De peur de céder à son émotion, il tâchait de plaisanter.

C'était en jouant qu'il l'aidait à disposer sur les tablettes tous les objets et toutes les provisions qu'elle lui avait apportés.

— Une bonne femme doit connaître les manies de son mari, disait-il.

— Vous avez donc des manies?

Puis tout à coup ils s'arrêtaient ; le sourire de leurs lèvres se changeait en une contraction, et l'émotion qui les étreignait l'un et l'autre se trahissait dans leurs regards.

— Nous reverrons-nous? se disait-il tout bas.

— Quand nous reverrons-nous? se disait-elle.

Ce fut lui qui fut obligé de la renvoyer, mais après combien d'efforts, combien de paroles!

Il voulait se montrer ferme et confiant; mais, si elle n'avait pas été elle-même affolée par l'angoisse, elle eût vu combien il était en réalité faible et chancelant.

Vingt fois il la poussa vers la porte :

— Partez, chère Thérèse.

Vingt fois il la ramena dans ses bras :

— Reste près de moi, chère petite femme.

Enfin, s'approchant du *regard* du guichet, il appela le gardien.

Bientôt un bruit de pas retentit dans le corridor.

Alors il la saisit vivement dans ses bras, et l'étreignant avec force sur sa poitrine tandis qu'elle se renversait, il l'embrassa longuement, aspirant l'âme de sa femme sur ses lèvres entr'ouvertes en lui donnant la sienne.

La porte s'ouvrit, quelques paroles s'échangèrent : elle se referma. Il était seul, et tout son être frissonnait des vibrations de ce baiser, le premier qu'il lui donnait et le dernier peut-être.

Il resta longtemps, bien longtemps, assis sur sa chaise, la tête cachée entre ses mains, et il était encore dans cette position, quand des pas s'arrêtèrent devant la porte de sa cellule; le verrou fut tiré.

C'était Sorieul.

Mais ce n'était plus le superbe vainqueur qu'il avait vu quelques jours auparavant; plus d'insignes de membre de la Commune, plus de paroles hautes, plus de prestige, la tête basse, les traits tirés. En tout, un homme qui vient d'être écrasé par un coup terrible.

Il tendit tristement la main au colonel.

— J'ai commencé l'enquête que vos paroles m'obligeaient à faire, continua Sorieul, et j'ai découvert des choses terribles. Permettez-moi de garder le silence ; tout ce que je puis vous dire, c'est qu'à partir d'aujourd'hui, je ne suis plus membre de la Commune que de nom ; je me retire dans mon arrondissement, où, si je ne peux pas faire un peu de bien, je pourrai peut-être empêcher de faire beaucoup de mal. Soyez certain que je ne vous abandonnerai pas et que nous veillerons sur vous.

C'était là une promesse qui n'était pas de nature à rassurer le colonel. Alors que Sorieul se croyait tout-puissant, il n'avait pas pu lui rendre la liberté : que pourrait-il maintenant qu'il ne serait plus rien?

Mais ce n'était pas à lui qu'il pensait en écoutant ces paroles, c'était à Anatole. Il ne put retenir son nom.

Sorieul refusa de répondre et secoua la tête.

— Tout ce que vous imaginerez sera au-dessous de la réalité ; vous savez d'ailleurs que j'ai fait partir Antoine, cela doit tout vous dire.

Puis, revenant au sujet qui évidemment était pour lui le plus douloureux :

— J'aurais donné ma démission, dit-il, si nous n'étions pas à l'heure du danger. J'ai accepté cette fonction quand je croyais au succès, je ne veux pas l'abandonner quand j'aperçois la défaite.

— Mais vous acceptez ainsi la responsabilité de faits auxquels vous n'aurez coopéré en rien?

— Et cette responsabilité sera lourde, hélas! je le sais; mais, que voulez-vous? je me suis engagé dans cette voie sans savoir où nous allions. J'ai cru qu'étant en tête, je donnerais moi-même la route, et, en réalité on nous a mené où l'on a voulu ; d'autres, comme moi, porteront la peine de leurs erreurs. Et cependant nos intentions étaient bonnes!

Pendant longtemps Sorieul pleura ainsi sur lui-même, et ce fut le colonel qui fut obligé de le réconforter.

— Ce qui me peine le plus, répétait Sorieul, c'est de ne pas pouvoir vous rendre la liberté. Mais ne craignez rien, de loin je veillerai sur vous. Au revoir! Je reviendrai bientôt.

Cette promesse de veiller sur le colonel, il l'avait faite aussi à Thérèse en quittant celle-ci :

— Comptes sur moi, petite ; tu laisses ton mari entre mes mains, je te le rendrai. Je veux que tu sois madame la colonelle Chamberlain ; pars tranquille.

Et Thérèse était partie, non tranquille, mais cependant confiante dans la promesse de son oncle, qu'elle croyait en position de protéger le colonel.

Elle avait aussi emporté une autre promesse, en laquelle elle avait grande foi, bien que celui qui la lui eût donnée ne fût pas en position de parler avec l'autorité de Sorieul.

C'était celle de Michel.

Car Michel n'avait pas voulu quitter Paris.

— Je ne vous serais pas utile en vous accompagnant, dit-il, tandis qu'ici je pourrai veiller sur lui.

— Vous ferez cela! s'écria-t-elle?

— Sans doute, la protection d'un homme comme moi, qui n'est rien et qui de plus ne marche qu'avec des béquilles, est peu de chose ; mais il peut arriver un moment où elle est cependant utile. Nous nous entendrons tous les trois, Horace, Denizot et moi, pour faire bonne garde autour de lui. Comptez sur nous, comptez sur moi. Quand vous saurez où vous vous fixez, faites-moi parvenir une lettre, et je vous écrirai; par moi, vous aurez de ses nouvelles,

L'intention d'Antoine, en quittant Paris, était d'aller se fixer à Gournay ou au *Moulin flottant*, si le *Moulin flottant* n'était point coulé, et d'attendre là la fin de la tempête.

Ils retrouvèrent le *Moulin flottant* tel qu'ils l'avaient quitté, la dernière fois qu'ils y étaient venus, car les obus d'Avron n'avaient pas pu aller plus loin que le pont de Gournay; mais ils n'y purent pas rester, comme ils en avaient eu le désir. Au *Moulin flottant*, on était à cinq cents lieues de Paris pour les nouvelles, bien qu'on entendît la canonnade des forts de Montrouge et d'Issy.

Ni le père ni la fille n'étaient en disposition d'attendre tranquillement la fin de la tempête, sans savoir les phases qu'elle traversait.

Ils partirent donc pour Versailles, où ils s'installèrent; là au moins ils suivraient la marche des événements.

Pendant plusieurs jours, ils restèrent sans aucunes nouvelles du colonel; mais enfin ils parvinrent à organiser un service à peu près régulier qui portait leurs lettres rue de Courcelles, et rapportait celles que leur écrivaient le colonel, Michel et Horace.

Les journées étaient éternelles; le temps ne marchait pas, et cependant ils se demandaient s'il n'allait pas encore trop vite; que devaient-ils souhaiter, le triomphe de Versailles ou celui de Paris?

C'était Antoine surtout qui se posait ces questions avec épouvante; car, bien que l'ordre d'arrestation pris contre lui eût, jusqu'à un certain point, détourné ses soupçons, il n'avait pas supprimé tous ses doutes et toutes ses craintes.

Pourquoi le colonel, pourquoi Michel avaient-ils voulu si obstinément le faire sortir de Paris?

Et alors, à cette question, s'en enchaînaient immédiatement d'autres qu'il n'osait même pas examiner, mais qui flottaient devant son esprit comme de sinistres fantômes qu'on ne peut chasser.

Un jour le messager qui leur apportait leurs lettres de

Paris arriva, accompagné d'une jeune femme qui paraissait sous le coup d'une exaltation douloureuse.

Elle leur remit une lettre de Sorieul, dans laquelle celui-ci priait Antoine de s'entendre avec cette femme, qui pouvait sauver le colonel.

— Et comment ?

— Mon amant, qui est chef de bataillon dans la garde nationale, a été fait prisonnier : obtenez qu'on me le rende, et en échange, je vous fais rendre le colonel Chamberlain.

— Et par quel moyen obtiendrez-vous la mise en liberté du colonel, quand personne n'a pu l'obtenir ?

— Ça, c'est mon affaire, et vous comprenez bien que je ne vais pas vous dire mon moyen. Donnant donnant ; rendez-moi mon amant, je vous rends votre colonel. C'est Sorieul qui m'envoie à vous.

Antoine connaissait quelques députés de Paris avec lesquels il avait eu des relations politiques, et parmi eux il s'en trouvait même deux qui avaient été ses amis.

Il courut à eux pour leur demander d'arranger cet échange, qui pour lui était la chose la plus simple et la plus naturelle : un prisonnier, pour un prisonnier ; le colonel Chamberlain, contre un pauvre diable de chef de bataillon inconnu qui n'avait pour lui que le dévouement d'une femme qui l'aimait.

Mais, à sa grande surprise, cette chose, simple et naturelle pour lui, ne l'était pas pour les autres.

On venait de proposer un échange autrement important : celui de l'archevêque de Paris, de ses prêtres, de Chaudey et de plusieurs otages encore contre le seul Blanqui, et l'on avait refusé.

Était-il probable qu'on acceptât celui du colonel Chamberlain contre ce chef de bataillon ?

— Mais c'est précisément ce qui rend cet échange sans importance, dit Antoine ; le colonel n'est rien, il n'appartient à aucun parti, on ne pourrait pas en faire un martyr.

Cependant, quelque zèle qu'eussent mis les amis d'Antoine pour négocier cet échange, il fut refusé : il y avait un parti pris. Est-ce que ces communards existaient? est-ce qu'on devait leur parler autrement qu'à coups de fusil? Ils étaient perdus. On les empêcherait bien de faire le mal qu'ils voulaient. Pas de négociations, pas de faiblesses.

— Eh bien! sachez seulement où mon amant est emprisonné, dit la jeune femme lorsqu'on lui transmit le résultat de ces négociations; qu'on ne le maltraite pas, qu'on adoucisse son sort, et je vous promets que je ferai adoucir celui de votre colonel; si vous voulez qu'on le transfère dans une prison où il sera moins mal qu'à Mazas, on le tranférera où vous voudrez ; je m'en charge.

Pour Antoine, c'était là un point d'une importance capitale, car il était loin de penser à l'égard des communards comme ceux qui étaient sûrs de les empêcher de faire le mal.

Il savait au contraire qu'ils avaient la puissance de faire ce mal, et il craignait un massacre des otages.

Si le colonel pouvait être transféré dans une prison où il n'y avait pas d'otages, il serait donc à peu près sauvé, ou tout au moins ses chances se trouveraient-elles singulièrement accrues.

Cette nouvelle négociation eut un meilleur résultat que la première ; on voulut bien tirer le chef de bataillon de la cave dans laquelle il étouffait, pour le transférer dans une vraie prison où sa maîtresse put le voir.

Quatre jours après, Thérèse reçut une lettre de son cousin, datée de Sainte-Pélagie, où il avait été transféré.

Pour elle, qui ne connaissait pas les craintes de son père, ce transfèrement n'avait d'autre importance que d'améliorer la situation du colonel; mais pour Antoine il fut un véritable soulagement.

S'il y avait des massacres dans les prisons de Paris, celle de Sainte-Pélagie qui, croyait-il, ne renfermait pas d'otages, serait préservées.

XXXI

Dans la soirée du jour où le colonel Chamberlain avait été transféré de Mazas à Sainte-Pélagie, deux hommes étaient venus arrêter et occuper une chambre dans une maison meublée de la rue du Puits-de-l'Ermite, qui se trouve en face de l'entrée de la prison.

Ils avaient voulu une chambre au premier étage avec fenêtres sur la rue.

L'un de ces hommes marchait en se soutenant sur des béquilles, l'autre était boiteux et manchot.

Assurément ce n'étaient point des réfractaires se cachant pour échapper au service de la garde nationale : qu'en eût-on fait ? A eux deux ils ne valaient pas un homme.

Celui qui marchait avec des béquilles ne sortait jamais, et pendant toute la journée il restait assis devant sa fenêtre les yeux fixés sur la porte de la prison, examinant curieusement les entrées et les sorties, et paraissant prendre intérêt à ce qu'il entendait ; en tous cas, aussi attentif des yeux que des oreilles.

Tout d'abord le propriétaire de la maison avait cru qu'il logeait des gens qui avaient des amis ou des parents emprisonnés.

Mais il avait bientôt abandonné cette idée, car jamais ni l'un ni l'autre n'avait pénétré dans la prison et n'avait demandé de renseignements sur les prisonniers aux surveillants qui venaient boire dans le débit de vins établi au rez-de-chaussée.

Si le locataire aux béquilles paraissait attentif à ce qui se passait devant la porte de la prison, c'était pour se distraire, ce qui après tout était bien naturel chez un homme qui ne pouvait pas quitter sa chaise.

Cependant, en examinant plus soigneusement l'homme aux béquilles, on eût pu voir qu'il échangeait des signes avec un beau nègre qui venait tous les matins à la prison et aussi avec un surveillant, toutes les fois que celui-ci sortait.

Mais pour cela il eût fallu se tenir en observation à la porte même de Sainte-Pélagie, et ce n'était pas le cas du propriétaire de la maison meublée.

D'ailleurs ayant touché son loyer d'avance, il n'avait pas à s'inquiéter de ce que faisaient ou ne faisaient point ses locataires.

L'homme aux béquilles était Michel.

Le manchot était Denizot.

Le beau nègre qui venait tous les matins à la prison était Horace.

Quant au surveillant qui échangeait des signes avec Michel, c'était tout simplement un gardien qui, moyennant la promesse d'une belle récompense, s'était engagé à soigner le colonel et à lui ouvrir la porte de sa cellule le jour où éclaterait le danger d'un massacre.

C'était en prévision de ce danger que Michel était venu se loger en face de Sainte-Pélagie; dans ces conditions, il pourrait pénétrer dans la prison en même temps que la foule qui l'envahirait, courir au colonel, le protéger, lui donner des armes et sans doute le sauver.

C'était le 15 mai que le colonel avait été transféré à Sainte-Pélagie, et, depuis ce jour jusqu'au 22, rien n'était venu avertir Michel que la catastrophe qu'il prévoyait fût proche.

Mais ce jour-là, Denizot, sorti le matin, comme à l'ordinaire, rentra peu d'instants après en lui annonçant qu'on disait que les troupes avaient pénétré dans Paris.

Le moment était venu de redoubler de vigilance et de prendre ses précautions.

Sous le matelas de son lit, Michel avait un chassepot et trois revolvers; il sortit ces armes de leur cachette et les chargea à nouveau. Le chassepot et deux revolvers étaient pour lui; le troisième revolver était pour Denizot, qui, de son bon bras, pouvait très bien se servir d'un revolver.

Tandis qu'il était occupé à emplir ses poches de munitions, on frappa à la porte qui, par précaution, avait été fermée au verrou; ils se regardèrent avec inquiétude, mais la voix qui leur dit d'ouvrir les rassura, c'était celle d'Horace.

La nouvelle de l'entrée des troupes était vraie, Horace avait vu les pantalons rouges; l'armée s'avançait dans Paris, mais elle ne marcherait sans doute que lentement, et serait obligée d'enlever à l'insurrection chaque quartier l'un après l'autre, car les barricades étaient nombreuses et la défense paraissait s'organiser vigoureusement.

Il avait eu les plus grandes peines à traverser Paris pour arriver à Sainte-Pélagie, ce n'avait été qu'après de nombreux détours : plusieurs fois il avait été arrêté, et on lui avait mis le fusil à la main pour défendre les barricades près desquelles il avait eu l'imprudence de passer : de là le temps qu'il avait mis pour venir, car il était parti la veille au soir de la rue de Courcelles.

Ils tinrent une sorte de conseil pour savoir ce qu'ils devaient faire et il fut décidé qu'Horace irait comme à l'ordinaire à la prison, afin de prévenir le colonel de l'entrée des troupes, pour que celui-ci pût se tenir sur ses gardes. Sans doute c'était le jeter dans l'angoisse, mais en tous cas il valait mieux qu'il fût averti.

Horace se présenta donc à la porte de la prison; mais, bien qu'il eût un laissez-passer, elle ne s'ouvrit pas devant lui comme à l'ordinaire; les anciens laissez-passer avaient été annulés, il fallait en obtenir de nouveaux.

Denizot alla chercher deux pains de quatre livres; ces provisions faites, ils fermèrent leurs persiennes, mais en laissant les fenêtres ouvertes et l'un d'eux se mit en sentinelle, les yeux attachés sur la porte de la prison.

Pendant toute la journée, il y eut un grand mouvement d'allée et venue, mais pourtant sans rien d'extraordinaire, et il en fut de même pendant toute la journée du lendemain. Mais, dans la soirée, ils crurent qu'ils s'étaient laissés surprendre et que l'assassinat du colonel s'était accompli.

Entre dix et onze heures du soir, il s'était fait un grand mouvement à la porte de la prison, et Denizot, dont c'était en ce moment le tour de garde, les avait éveillés.

Un officier qui portait le costume de chef d'escadron d'état-major sortait de la prison en vociférant, criant :

— Vous n'êtes que des lâches.

Ce même officier ne tarda pas à revenir avec une bande de gardes nationaux, dont plusieurs marchaient en titubant, qu'il fit entrer dans la prison. Puis la porte se referma.

Ils étaient tous à la fenêtre, et une même question leur vint aux lèvres :

— Pourquoi ce renfort?

Dans la nuit, on entendait au loin des détonations, et le ciel était rouge comme si Paris brûlait.

Comment pénétrer dans la prison et porter secours au colonel? la porte était fermée. Ce n'était pas ce que Michel avait prévu.

— Cette bande est-elle un peloton d'exécution?

— Ils ne sont pas assez nombreux.

— Pas assez nombreux pour un massacre général, mais bien assez pour l'exécution d'un seul prisonnier.

A ce moment, des détonations éclatèrent dans l'intérieur de la prison, suivies, à un court intervalle, d'un dernier coup, — le coup de grâce.

Évidemment on venait d'exécuter un prisonnier, et ceux que le chef d'escadron avait appelés des lâches, c'étaient les gardes nationaux du poste, qui n'avaient pas voulu sans doute être les bourreaux de cette exécution.

Horace voulait sauter dans la rue, Michel le retint. Que faire contre ces murailles et une porte fermée?

Bientôt, — mais pour eux ce bientôt fut terriblement long, — la porte se rouvrit, et la bande qui était entrée sortit dans la rue.

— Il est tout de même bien mort, dit une voix avinée.

— Pourquoi qu'il a fait tirer sur le peuple au 31 octobre? dit une autre; tant pis pour lui.

Ce n'était pas le colonel qui avait fait tirer sur le peuple au 31 octobre, ils respirèrent, car ils étaient dans un de ces moments où l'on ne pense pas aux autres.

Ce n'était pas le colonel qu'on venait d'assassiner, pour eux tout était là.

Cependant ils ne se rendormirent point : Michel, qui avait cru son plan excellent, reconnaissait par cette expérience combien au contraire il était défectueux.

Sans doute, le massacre des prisonniers pourrait se faire par une troupe qui envahirait la prison, et au milieu de laquelle on pourrait se faufiler.

Mais il pouvait se faire aussi par une petite bande qui n'exécuterait que quelques prisonniers.

Pendant toute la nuit, Michel chercha par quels moyens son plan pouvait être amélioré; mais il n'en trouva point.

Au petit jour, le bruit de la bataille recommença, les enveloppant de tous les côtés, au nord comme au sud, à l'est comme à l'ouest. Quelle en était l'issue? C'était ce qu'ils ne savaient pas d'une manière certaine. Dans le débit de vins où Denizot descendait quelquefois pour avoir des nouvelles, les uns disaient que tout allait bien, d'autres au contraire disaient que tout était perdu pour la Commune. Quant à eux, ils n'avaient, pour se guider dans leurs appréciations, que le bruit des détonations des canons et des mitrailleuses; dans l'ouest et dans le sud, ces détonations se rapprochaient sensiblement, et le moment semblait proche où l'armée allait arriver. Des gens qui, les jours précédents, portaient superbement l'uniforme de la garde nationale, se montraient maintenant avec des vêtements de travail. C'était encore là un indice qui avait son importance.

Cependant, si l'armée se rapprochait, elle n'arrivait pas, et, dans l'est comme dans le nord, la canonnade se faisait entendre toujours dans les mêmes directions et aux mêmes distances.

La prison continuait d'être calme, et le surveillant leur avait fait le signal convenu pour dire que le colonel allait bien.

Ils commencèrent à se rassurer et à croire que les prisonniers n'avaient plus rien à craindre, lorsqu'une petite troupe de gardes nationaux parut au bout de la rue du Puits-de-l'Ermite.

Elle était étrangement composée : cette troupe : des gamins, des vieillards avinés, deux femmes, le chassepot en bandoulière, et seulement trois ou quatre vrais gardes nationaux.

C'était Michel qui se tenait en ce moment à la fenêtre; vivement il entre-bâilla la persienne pour mieux voir au loin. En tête de la troupe, marchaient deux officiers au képi galonné : l'un, grand de taille et large d'épaules, était l'homme qui avait tiré les coups de revolver de

Saint-Cloud; l'autre était Anatole, chaussé de bottes de théâtre.

Au mouvement qu'avait fait Michel, Horace et Denizot, dont l'attention avait d'ailleurs été éveillée par le bruit des pas, s'approchèrent de la fenêtre.

— Anatole! s'écria Denizot.

— Donne-moi mon chassepot, dit Michel.

— Vas-tu le tuer?

— Pas lui, mais le *Fourrier*.

Le plan de Michel était de tuer le *Fourrier* au moment où celui-ci ferait entrer sa troupe dans la prison; car, il n'y avait pas de doute possible, c'était bien pour assassiner le colonel que cette troupe arrivait.

— Chacun à sa fenêtre, commanda Michel, et ne tirez pas avant qu'on attaque notre maison; surtout qu'on ne tue pas Anatole. Une fois le *Fourrier* mort, Anatole ne sera plus à craindre.

Pendant que ces quelques paroles s'échangeaient rapiment à mi-voix, la troupe était arrivée devant la prison.

— Halte! commanda le *Fourrier*, et que personne ne s'éloigne; je reviens tout de suite avec le prisonnier.

La troupe n'allait donc pas entrer dans la prison. Le plan de Michel fut une fois encore modifié : si le *Fourrier* devait revenir avec le prisonnier, il ne fallait pas le tuer tout de suite; car, une fois le colonel sorti pour le transférer dans une autre prison sans doute, il y avait des chances pour le sauver.

— Ne tirez pas! dit Michel à voix basse.

Au lieu d'entrer dans la prison, le *Fourrier* prenant Anatole par le bras, s'était rapproché de la maison dans laquelle Michel, Horace et Denizot se tenaient embusqués.

— Décidément, tu ne veux pas entrer avec moi, ma belle? dit le *Fourrier*.

— Non, répondit Anatole d'une voix qui tremblait; je vais à la Roquette, tu me rejoindras.

— Quelle poule tu fais, mais, tu sais, une belle poule!

Il se mit à rire de sa plaisanterie.

— Tu sais, quand je te rejoindrai, l'affaire sera faite et tu seras roi de Paris.

Anatole s'éloigna à grands pas en portant ses deux mains sur ses oreilles, comme s'il avait peur d'entendre, comme s'il avait peur de voir.

Débarrassé de son ami, le *Fourrier* s'était retourné vers sa troupe et, de ses trois gardes nationaux, il en avait pris deux; les précédant, il entra avec eux dans la prison.

Horace occupait une fenêtre, Michel et Denizot occupaient l'autre.

— J'en connais un, dit Denizot, se haussant jusqu'à l'oreille de Michel. Crépin, le grand qui est à la porte.

— Eh bien! va vite le trouver; fais-le parler, s'il sait quelque chose. Le *Fourrier* ne doit pas te connaître, il peut donc te voir.

Denizot dégringola rapidement l'escalier, et ils le virent se diriger vers Crépin; il marchait comme s'il avait été ivre.

— Tiens! c'est Crépin, dit-il; bonjour, Crépin. Qu'est-ce que tu fais là donc, Crépin?

— Tu vois, nous venons chercher un prisonnier pour le transférer à la Roquette, où l'on va le *flingoter*.

— Eh bien! je vais aller avec vous autres, je veux voir ça.

— Si ça te dit?...

— Mais oui, ça me dit; seulement, tu sais, je n'ai pas de *flingot*.

Denizot avait parlé haut, pour que Michel et Horace l'entendissent. Il était évident que Denizot, au milieu de la bande, pouvait être utile; il n'y avait qu'à s'en rapporter à lui; en tous cas, le colonel, prévenu qu'on veillait sur lui, se tiendrait sur ses gardes.

Michel appela Horace près de lui :

— Nous allons les laisser emmener le colonel, dit-il ; en route, nous tomberons dessus. Nous avons à nous deux une vingtaine de coups de revolver à tirer, nous en viendrons à bout.

— Oui, oui, bataille, dit Horace.

— Denizot de son côté nous aidera ; il est homme à brûler la cervelle au *Fourrier* à bout portant.

La porte de la prison s'ouvrit, et le colonel parut. Ses bras étaient attachés avec une cordelette, il était flanqué de chaque côté d'un garde national; derrière lui marchait le *Fourrier*, son sabre de commandant à la main. Enfin, à une courte distance, venait le gardien, qui levait les bras d'un air désespéré.

— A vos rangs ! commanda le *Fourrier*.

La troupe se groupa autour du prisonnier qui, en apercevant Denizot, avait laissé échapper un mouvement de surprise et de joie.

Le *Fourrier* avait vu aussi Denizot, il alla à lui.

— Qu'est-ce que vous faites là, vous ? dit-il durement.

— Je suis avec mon ami Crépin, reprit Denizot de plus en plus ivre.

— Oui, dit celui-ci, c'est mon ami, c'est un bon.

— Eh bien ! alors filez votre chemin.

— Mon chemin, c'est d'aller à la Roquette : j'y vas avec mon ami Crépin.

Le *Fourrier* le regarda un moment ; puis il haussa les épaules, comme un homme qui se dit qu'il n'a rien à craindre d'un pareil invalide.

— Descendons, dit Michel à Horace.

— Pourrez-vous marcher ?

— Je l'espère ; d'ailleurs nous n'irons pas bien loin.

Quand ils arrivèrent dans la rue, la bande qui emmenait le colonel venait de se mettre en marche, descendant la rue du Puits-de-l'Ermite.

— Appuyez-vous sur moi, dit Horace à Michel, vous vous fatiguerez moins.

La bande heureusement ne marchait pas vite ; après avoir descendu la rue du Puits-de-l'Ermite, elle tourna à droite, s'engageant dans un dédale de petites ruelles qui se trouvent derrière la Pitié.

Ces ruelles, en tout temps peu fréquentées, étaient en ce moment désertes.

C'était là que Michel devait tenter de délivrer le colonel ; car, une fois arrivés à la rue de Buffon et au pont d'Austerlitz, ils seraient entourés par la foule, et ce n'était pas sur la foule que Michel comptait pour cette délivrance, bien au contraire.

Mais, au lieu de tourner pour descendre la rue Daubenton, le *Fourrier* la remonta.

Il n'allait donc pas à la Roquette, comme Crépin l'avait dit, ou bien alors il voulait prendre le pont de Bercy.

Voulait-il fusiller son prisonnier en route ? « Quand je te rejoindrai, l'affaire sera faite, » avait-il dit à Anatole.

Précisément ils arrivaient dans une rue bordée de longs murs et dans laquelle il n'y avait en ce moment personne.

— Hâtons-nous, dit Michel.

Ils se rapprochèrent un peu de la bande ; justement, en ce moment même, elle s'arrêta, et le *Fourrier*, se plaçant devant elle, lui adressa la parole.

Ils n'entendirent point.

Mais ils n'avaient pas besoin d'entendre, ils voyaient : on avait poussé le colonel vers le mur.

— Courez et tombez dessus, commanda Michel, s'adressant à Horace.

Pour lui, au lieu de courir, il se mit dans l'embrasure

d'une porte, et épaulant son fusil, il visa le *Fourrier*. Le coup partit. Le *Fourrier* tomba en avant, les bras étendus.

En même temps, cinq ou six coups de revolver retentirent: c'étaient Denizot, puis Horace, qui se jetaient dans la lutte.

Elle ne fut pas longue. Quand Michel arriva sur le lieu du combat, le colonel, Horace, Denizot et son ami Crépin, étaient seuls au milieu de la rue; la troupe s'était sauvée, et, à côté du *Fourrier* étendu la tête dans la poussière, gisaient les deux gardes nationaux qui avaient voulu se défendre.

Michel marcha au colonel, dont les cordes avaient été coupées.

— Ma dette de Saint-Cloud est payée, dit-il en lui tendant la main; maintenant ne restons pas ici, la place est mauvaise.

Mais, si cette place était mauvaise, où était la bonne? Cela était assez difficile à dire. Tout autour d'eux, on se battait; il fallait se replier du côté de l'armée, mais sans se laisser mettre entre deux feux et surtout sans se faire prendre par les gens de la Commune.

Autant qu'on en pouvait juger par le bruit de la bataille, le Panthéon, la Glacière et la Halle aux Vins, étaient aux mains de l'armée, les Gobelins, la Maison-Blanche, la Bastille, Bercy, appartenaient encore à l'insurrection: le ciel était noir de fumée, Paris brûlait.

— Que faut-il faire? demanda le colonel, s'adressant à Michel; commandez.

L'avis de Michel fut de se diriger vers le Panthéon et de tâcher de trouver une maison dans laquelle ils attendraient l'arrivée des troupes.

Ils se mirent en route, Michel s'appuyant sur le bras d'Horace.

Mais ils ne purent pas aller bien loin; à la façon dont

on les regardait, il était certain qu'ils allaient se faire arrêter.

Une maison en construction, et bien entendu abandonnée, se trouvait à une courte distance; ils se dirigèrent vers elle et descendirent dans les caves.

— Maintenant, que personne ne parle, commanda Michel.

La nuit vint, ils la passèrent dans cette cave.

Le matin, de bonne heure, la fusillade reprit et se rapprocha rapidement, l'armée avançait, bientôt elle arriva.

Ils sortirent de leur cave. Mais ils n'avaient pas fait deux pas dans la rue, qu'ils furent enveloppés avec de grands cris.

— Au mur ! crièrent quelques voix.

Des soldats leur sentaient les mains; d'autres tiraient leurs habits et leurs chemises pour voir si le fusil n'avait pas laissé des traces rouges à l'épaule sur laquelle on l'appuie pour tirer.

Cependant le colonel protestait disant qu'il était un prisonnier échappé de Sainte-Pélagie, et que ses compagnons l'avaient délivré.

Un officier arriva.

— Eh bien ! on va vous conduire à Sainte-Pélagie, et si ce que vous dites n'est pas vrai, vous serez aussi bien fusillés là-bas qu'ici. En route !

Mais, à Sainte-Pélagie, il ne fut plus question de fusillade; la prison venait d'être occupée par les troupes; les premières personnes que le colonel aperçut furent Thérèse et Antoine, en compagnie de Gaston de Pompéran.

A la nouvelle de l'entrée des troupes, Thérèse et son père avaient quitté Versailles à pied pour venir à Sainte-Pélagie; mais ils avaient été arrêtés au Panthéon par les fédérés et délivrés par l'armée.

Ils arrivaient à l'instant même.

— C'est à Michel que je dois la vie, dit le colonel, répondant à leurs questions précipitées, sans lui je serais fusillé.

— Eh bien ! et moi ? s'écria Denizot ; je n'ai donc rien fait ?

XXXII

La vie de Paris avait repris son cours.

Sur les pavés, lavés et remis en place, les voitures roulaient comme autrefois, et même peut-être plus vite, car les misérables chevaux d'autrefois avaient été mangés et remplacés par d'autres, qui n'avaient pas encore eu le temps de prendre l'allure cahotante du fiacre parisien.

Dans les magasins, les étalages se montraient riches et brillants derrière les glaces, dont plusieurs étaient maintenues par des bandes de papier blanc collées sur les fêlures et les trous étoilés faits par les balles.

Dans les rues, sur les boulevards, on se hâtait aux affaires, au travail et au plaisir.

Car Paris vivait encore.

Quatre mois de guerre étrangère, deux mois de guerre civile, la misère, la faim, la maladie, le bombardement, l'incendie, le canon prussien, le pétrole français, n'avaient pas pu le tuer.

Il était resté debout, et maintenant ses ruines étaient une attraction comme autrefois l'avaient été ses monuments.

Elles avaient même leur beauté, ces ruines toutes neuves, et, si devant elle le patriote humilié hâtait le pas en détournant les yeux, l'artiste s'arrêtait et levait la tête pour admirer leur horreur grandiose.

Le temps, la nature, n'étaient pour rien dans cet immense effondrement, qui était tout entier l'ouvrage de l'homme, et en s'éloignant on se répétait tout bas ces deux mots de la foi moderne : civilisation, humanité.

Dans les quartiers industriels, le travail avait repris, les cheminées des usines fumaient, les machines faisaient trembler les murs des ateliers, et, en passant sur les trottoirs, on entendait sortir des cours le ronflement des volants ou le tapage des marteaux. Cependant plus d'un établi était inoccupé, plus d'un étau restait silencieux, plus d'un métier se rouillait, car les bras qui les faisaient marcher autrefois, manquaient maintenant ; les uns avaient été cassés par les balles, les autres s'étiolaient dans l'oisiveté des prisons.

Plus heureux que bien d'autres, l'atelier de la rue de Charonne, n'était point silencieux ; et comme autrefois on y entendait le bruit du maillet. Michel s'était remis au travail ou plutôt il s'y était jeté avec l'ardeur de la fièvre,

— Il faut rattraper le temps perdu, disait Denizot qui était venu s'établir près de lui ; ça c'est juste. Mais il faudrait voir pourtant à ne pas s'en faire mourir : le matin, le jour, le soir, c'est trop fort.

Michel ne répondait rien, mais il continuait de travailler, et le lendemain matin il ne restait pas cinq minutes de plus au lit.

Un lundi du mois de juillet, un coupé attelé de deux beaux chevaux s'arrêta devant la grande porte, et Thérèse sauta vivement à terre, soutenue par la main du colonel.

— Quand rentrerez-vous ? demanda celui-ci.

— Quand voulez-vous que je rentre ?

— Ce n'est pas cela que je veux dire. Je vous demande par simple curiosité si vous savez quand vous rentrerez,

— Mais non, je n'en sais rien.

— Alors à ce soir.

Et le coupé s'éloigna, tandis que Thérèse entrait dans

la cour de la maison où elle était née et où son enfance s'était écoulée.

Bien qu'elle descendît d'une voiture élégante, sa toilette était des plus simples et plutôt celle d'une ouvrière que d'une femme qui se promène dans un équipage traîné par des chevaux de trente mille francs la paire; elle portait une robe de toile écrue avec un mantelet de même étoffe, et son chapeau, sans plumes et sans fleurs, était orné d'un ruban uni.

Après avoir franchi la grande porte, elle s'était dirigée vers la loge du concierge.

— Tiens, s'écria celui-ci, c'est Thérèse!

Mais sa femme s'empressa de lui couper la parole. Moins primitive que son mari, elle trouvait cette familiarité déplacée avec une jeune personne qui devait le lendemain même épouser le riche colonel Chamberlain.

— Bonjour, mademoiselle, s'écria-t-elle vivement d'une voix glapissante; vous allez bien mademoiselle Thérèse?

Ayant rudement repoussé son mari, elle prit sa place près de la porte; au moins elle l'empêcherait bien ainsi de commettre quelque nouvelle sottise; appeler «Thérèse tout court une jeune fille qui allait être *millionnaire*, et cela parce qu'il l'avait vue jouer dans la cour étant enfant Eh bien! après; qu'est-ce que cela prouve?

— Qu'est-ce qu'il y a pour votre service, mademoiselle Chamberlain? continua la concierge.

— Savez-vous si Michel est à l'atelier?

— Non, mademoiselle Chamberlain, M. Michel est sorti, à preuve que je lui ai rendu son salut; mais M. Denizot est là-haut. M. Antoine se porte bien, n'est-ce pas?

— Très bien! je vous remercie.

— Ah! il *doit* être *bien* heureux! Pour moi, je suis bien heureuse rapport à votre mariage; mon époux aussi est bien heureux, mademoiselle Thérèse: tous nos souhaits de bonheur, mademoiselle.

En arrivant sur le palier, Thérèse entendit Denizot qui chantait à tue-tête dans l'atelier.

Elle poussa la porte; mais Denizot, qui s'écoutait chanter, n'entendit pas le bruit du pêne.

Ce fut son pierrot, comme toujours perché sur sa tête, qui par des piaulements et des battements d'ailes, le força à se retourner.

— En v'là une surprise, et Michel qui n'est pas là ?

— Il me semble que son absence ne vous attriste pas.

— C'est-à-dire que, comme Michel n'aime pas qu'on chante quand il est là, parce que ça l'agace, vu qu'il est devenu nerveux, je profite de son absence pour me dérouiller la voix, parce que, le chant est un bon exercice pour les poumons; ça les fortifie. Mais c'est ce pauvre Michel qui va être fâché.

— Eh bien ! je vais l'attendre; je venais justement passer la journée avec vous.

— Ça c'est gentil; mais ce qui serait tout à fait gentil ce serait de rester à souper. J'ai un bœuf à la mode, il faut voir ça. Sûrement le chef de la rue de Courcelles a du talent; mais, quand il voudra concourir pour le bœuf à la mode, je suis son homme.

— Eh bien ! je resterai à souper.

Elle ôta son chapeau et son mantelet.

Alors elle entra dans la cuisine, où tout était exactement dans le même état qu'autrefois; il n'y avait qu'un seul changement, et tout de suite, il lui sauta aux yeux; le portrait d'Anatole qu'elle avait accroché elle-même à la muraille, le jour où le colonel l'avait rapporté du Havre n'était plus à sa place. Pourquoi ? Elle n'osa le demander. Car il s'était établi à propos de son frère, un mystère qu'elle avait peur de pénétrer, et que l'enlèvement de ce portrait rendait plus effrayant encore. Qu'avait-il donc fait pour que Michel, qui s'était toujours montré si indulgent pour lui, eût enlevé ce portrait, alors qu'il avait religieusement conservé l'aspect de ce logement?

— Vous voyez, dit Denizot, qui ne s'aperçut pas de ce qui se passait en elle, tout est ici comme autrefois; Michel seulement a pris la chambre d'Antoine.

— Et la mienne? demanda-t-elle.

— Oh! on n'y a pas touché; entrez donc, vous allez voir; c'est la chapelle.

La grande table en bois blanc, sur laquelle elle travaillait autrefois, était toujours à la même place; les rideaux en perse fleurie étaient tirés devant le lit; les livres étaient rangés sur les rayons de la bibliothèque, et le carreau rouge était soigneusement frotté, aussi brillant qu'il l'avait jamais été. Tous les objets nécessaires à la peinture sur porcelaine n'avaient point été enlevés, mais à côté d'eux se trouvaient un encrier plein d'encre, des crayons, et une pancarte, qui indiquait qu'on travaillait là.

— C'est là que Michel fait ses croquis, dit Denizot et, quand il est enfermé, personne n'a le droit de le déranger.

Thérèse se détourna du côté de la fenêtre et regarda la plate-forme qui avait été autrefois son jardin; elle était nue, sans plante et sans fleurs.

Alors une idée se présenta à son esprit,

— Est-ce que Michel doit bientôt rentrer? demanda-t-elle.

— Pas avant une heure.

— Nous avons donc le temps d'aller au Château-d'Eau et d'en revenir avant son retour; c'est aujourd'hui marché aux fleurs, je voudrais lui faire la surprise de lui arranger son jardin.

— Ça, c'est encore très gentil, s'écria Denizot, et vous pouvez être certaine à l'avance que vous le rendrez bien heureux.

Elle reprit son mantelet et son chapeau, et ils partirent pour le marché aux fleurs du Château-d'Eau.

En chemin, Denizot, qui avait ordinairement la langue bien pendue, garda un silence embarrassé, comme s'il avait à dire quelque chose qu'il n'osait pas dire.

Ce fut seulement au moment d'arriver qu'il se décida.

— Vous ne m'en voudrez point, n'est-ce pas, dit-il, si je ne vais pas demain à la cérémonie ?

— Et pourquoi ne viendrez-vous pas ?

— Parce que Michel ne peut pas y aller, rapport aux idées qu'il a eues autrefois ; alors je ne voudrais pas le laisser seul; il me semble que si je lui tiens compagnie, il sera moins triste. Nous irons au *Moulin flottant*.

— C'est vous qui avez eu cette idée du *Moulin flottant* ?

— Non, c'est lui.

— Eh bien ! allez au *Moulin flottant*. Bien loin de vous en vouloir, je vous remercie pour votre bonne pensée.

Le marché aux fleurs n'était pas aussi riche en plantes exotiques qu'aux beaux jours d'autrefois ; la gelée, pendant le siège, avait fait de terribles ravages dans les serres sans feu ; mais enfin il avait encore des plantes rustiques, qui, pour être plus communes, ne sont pas moins belles.

Thérèse trouva facilement une collections de roziers en boutons, et Denizot fut l'homme le plus heureux du monde quand elle consentit à y joindre un myrthe.

Ils revinrent rue de Charonne, et ils eurent le temps d'arranger les rosiers sur la plate-forme, avec de la mousse avant le retour de Michel. Le lendemain, quelle surprise pour lui !

Cela fait, Denizot s'occupa de mettre la table; mais brusquement il se donna sur le crâne un coup de poing.

— Qu'est-ce qu'il y a donc ? demanda Thérèse.

— Il faut que vous sachiez que Michel se sert maintenant de votre couvert et de votre couteau : je viens de les mettre à sa place, tandis que c'est à vous que je dois les donner.

— Non, dit-elle ; laissez-les à Michel

Une fois encore, elle se détourna pour cacher son trouble.

Bientôt on entendit un bruit de pas dans l'escalier : c'était Michel qui rentrait.

— Ne bougez pas ! dit Denizot, je vais lui faire une surprise.

Il passa dans l'atelier, dont il repoussa la porte.

— Eh bien ! tu es en retard, dit-il d'un ton de reproche ; quand tu verras qui nous avons à souper, tu en seras fâché.

— Nous avons quelqu'un à souper ? dit Michel d'une voix mécontente.

— Entre.

Denizot ouvrit la porte.

— Thérèse !

— J'étais venue pour passer ma dernière journée avec vous et, ne vous trouvant pas, je suis restée à souper.

Michel s'était appuyé contre le mur et il avait pâli, au point qu'on pouvait croire qu'il allait défaillir.

Mais peu à peu il se remit.

— Votre dernière journée ? dit-il machinalement et sans trop savoir ce qu'il disait.

— Oui, nous partons après-demain pour l'Italie, nous nous embarquerons à Marseille sur un vapeur que... mon cousin a fait acheter en Amérique ; de l'Italie, nous passerons en Grèce, puis en Égypte, puis dans l'Inde, puis en Chine, puis en Californie, et, pendant que notre vapeur fera le tour de l'Amérique, nous visiterons les États-Unis et nous nous embarquerons enfin à New-York pour revenir au Havre. C'est un voyage de deux ou trois ans.

Elle avait débité ce petit discours assez lentement comme pour donner à Michel le temps de reprendre son calme, mais ce ne fut point ce qui se produisit.

— Et votre père? dit-il.

— Mon père devait venir avec nous, mais décidément il part pour l'Allemagne ; il veut reprendre sa tâche, que la guerre a interrompue. Il vous verra d'ailleurs et vous expliquera ses idées; il n'est nullement découragé.

— A table ! dit Denizot.

Ils se mirent à souper, comme bien souvent ils avaient soupé autrefois tous trois ensemble, lorsque Antoine se trouvait retardé.

Peu à peu le trouble de Michel s'apaisa; alors il put jouir du bonheur de l'heure présente.

Il n'avait pas cru la revoir, et elle était devant lui, souriante, affectueuse; elle avait voulu lui donner cette journée.

Ils parlèrent du passé. Que de souvenirs il y avait en lui ! Elle était émerveillée de tout ce qu'il lui rappelait.

Les heures s'écoulèrent vite. Elle dut penser à rentrer.

— Êtes-vous fatigués? dit-elle.

Ils répondirent qu'ils ne l'étaient pas.

— Alors voulez-vous me reconduire, nous nous en irons à pied?

Denizot voulant les laisser seuls, déclara qu'après tout c'était bien loin. Mais Michel ne lui permit pas de rester, il sentait bien que ce n'était pas un tête-à-tête qu'elle avait voulu.

Ils descendirent; elle prit son bras et ils se mirent en route par la rue Saint-Antoine et la rue de Rivoli.

Bien que la course soit longue de la rue de Charonne au parc Monceaux, elle fut si courte pour Michel, qu'il s'arrêta stupéfait en arrivant aux Champs-Élysées.

Alors il ralentit le pas, et, à mesure qu'ils approchèrent de la rue de Courcelles, ils allèrent moins vite. Ils ne parlaient plus, et de temps en temps seulement ils prononçaient quelques mots.

Au moment où ils arrivaient devant l'hôtel, Thérèse, qui tenait toujours sa main posée sur le bras de Michel, sentit tomber sur son poignet une goutte chaude.

Il fallut se séparer.

Ce fut Michel lui-même qui poussa la porte devant Thérèse.

Puis, lorsqu'elle fut entrée et lui eut fait un signe de tête, — le dernier, — ce fut lui qui referma cette porte.

C'était fini : il était seul et désormais il vivrait seul.

Le lendemain soir, à la même heure, l'hôtel Chamberlain était resplendissant de lumière, et, par les grandes portes, ouvertes à deux battants, les voitures venaient déposer devant le perron, orné de fleurs, les invités du colonel.

Précisément parce qu'il partait le lendemain pour un voyage de plusieurs années, le colonel avait voulu célébrer son mariage par une fête, et, bien que tous ceux avec lesquels il était en relations depuis son arrivée en France ne fussent point encore rentrés à Paris, les salons de son hôtel se trouvaient trop étroits pour contenir ceux qui avaient répondu à son invitation.

C'était la première fête qu'on donnait à Paris depuis la guerre, et puis on avait la curiosité de voir cet hôtel, qui venait d'être restauré et entièrement meublé à neuf ; enfin on allait savoir au juste ce qu'était cette cousine qu'il choisissait pour femme.

Chose étrange ! il y avait pour ainsi dire unanimité dans les sentiments exprimés : l'hôtel était merveilleux de luxe et de goût ; la femme était vraiment charmante, si séduisante même, que ceux qui ne connaissaient pas intimement le colonel refusaient de croire que cette jeune femme fût la fille d'un ouvrier.

Jusque vers minuit, le colonel montra à ses invités un visage souriant, plein de joie et de bonheur; mais à ce moment ceux qui le regardaient virent son front s'obscurcir.

Il venait d'apercevoir le baron Lazarus qui se dirigeait vers lui.

— Combien je remercie la Providence, s'écria le baron, de me permettre d'arriver à temps pour vous apporter en personne mes félicitations le jour même de votre mariage; je ne suis à Paris que depuis ce matin, et ma première visite est pour vous.

Le colonel devait parler d'Ida, il le fit avec un certain embarras.

— C'est elle précisément qui a retardé mon retour ou plutôt ce sont les préparatifs de son mariage.

— Ah! elle se marie?

— Mon Dieu! oui; elle accepte le grand-duc de Wuestegiersdorf. C'est un mariage magnifique qui fera d'elle une altesse; mais néanmoins elle a eu grand'peine à se décider, elle a obéi à la raison. Un autre mariage que je vous annonce aussi, c'est celui de mademoiselle Belmonte; en tous cas, elle a débuté à l'Opéra de Vienne sous le nom de Carmelita Beïo. Quelle chute après de si orgueilleuses visées!

Mais le colonel n'en entendit pas davantage, car il venait d'apercevoir, s'avançant dans le salon au bras de M. Le Méhauté, la marquise de Lucillière.

Si l'apparition du baron l'avait gêné, celle de la marquise l'effraya. Que voulait-elle? Pourquoi se présentait-elle dans une maison où elle n'avait point été invitée, et où tout lui faisait une loi de ne pas se montrer? Avec une tête telle que la sienne, toutes les craintes étaient permises.

Cependant elle continuait de s'avancer, répondant par des sourires aux regards étonnés qui la suivaient.

Elle vint ainsi jusqu'au colonel, et avec une aisance pleine de grâce, elle lui tendit la main.

Tous les yeux étaient fixés sur eux, car tout le monde savait quelle avait été leur intimité.

— C'est un remercîment que je viens chercher, dit-elle.

— Un remercîment?

— Comment! vous ne l'avez pas préparé? Eh bien pensez-y, vous me l'adresserez tout à l'heure, — et elle baissa la voix, — quand ces regards curieux qui nous dévisagent seront occupés ailleurs.

Et elle alla s'asseoir auprès de Thérèse, à laquelle elle débita un chapelet de compliments et de chatteries.

Inquiet, le colonel se rapprocha d'elles pour entendre ce qui se disait, car c'était avec angoisse qu'il se demandait quelle perfidie pouvait se cacher sous cette amabilité.

Au bout de quelques instants, la marquise l'appela d'un signe de tête.

— Cette chère enfant vous a-t-elle répété ce que je lui ai dit dans une visite que j'ai eu le plaisir de lui faire pendant le siège? demanda-t-elle.

Thérèse parut confuse.

— Non, répondit le colonel, dont l'inquiétude allait croissant.

— Comment, non? Eh bien! il faut alors que je vous l'apprenne moi-même; voulez-vous me donner votre mari pour une minute, ma chère belle?

Sans attendre la réponse de Thérèse, elle prit le bras du colonel.

Traversant l'enfilade des salons au milieu de la stupéfaction générale, ils gagnèrent le jardin.

— Avouez que vous avez une belle peur, dit la marquise, lorsqu'elle put parler sans crainte d'être entendue. Eh bien! vous vous trompez; quand je suis venue voir votre petite cousine, je ne lui ai dit qu'une chose, qui était que vous l'aimiez et qu'elle devait sans crainte s'abandonner au sentiment de tendresse qu'elle éprouvait pour vous. Maintenant commencez-vous à comprendre que vous avez eu tort de me juger comme vous l'avez fait? Toujours et en tout, je n'ai voulu que votre bonheur, parce que... parce que je vous aimais. Mais vous ne l'avez pas cru. Le croirez-vous maintenant? Quand vous penserez à moi, rappelez-vous ma vengeance.

Le colonel ne savait que répondre ; par bonheur, M. Le Méhauté, en s'approchant d'eux, le tira d'embarras.

— Ah! voici notre cher président, s'écria la marquise ; je vous laisse avec lui. Il a, paraît-il, des choses importantes à vous dire.

Ce que M. Le Méhauté avait d'important à lui apprendre, le colonel croyait le savoir ; c'était le résultat des démarches qu'il lui avait demandé de faire en faveur de Sorieul emprisonné.

— Il n'y a pas de charges graves contre M. Sorieul, dit M. Le Méhauté, et puisqu'il n'a pas été fusillé sur le champ, il paraîtra devant le conseil de guerre comme accusé d'usurpation de fonctions, ce qui lui vaudra trois mois ou six mois de prison au plus. Mais j'ai une nouvelle autrement sérieuse à vous apprendre, depuis longtemps la police était sur la trace de... mon Dieu! il faut bien l'appeler par son nom, d'Anatole Chamberlain. En effet, il était caché chez Raphaëlle depuis la fin de mai. On l'a arrêté ce matin.

— Hélas!

— Rassurez-vous, il ne passera pas en justice; il s'est empoisonné et il est mort en arrivant au dépôt. Il savait ce qui l'attendait ; sa complicité était prouvée dans les incendies et dans l'exécution des otages, particulièrement dans celle du malheureux Jecker. Au point de vue historique, le jugement eût été curieux ; on eût peut-être découvert pourquoi ce banquier suisse, qui savait tant de choses, a été assassiné.

— Comme nous partons demain, dit le colonel, je pourrai sans doute cacher cette mort à ma femme : c'était son frère après tout, et, de lui, elle ne connaissait que ses années d'enfance.

La fête se prolongea longtemps après que le maître et la maîtresse de la maison se furent retirés, et ce fut devant Horace, veillant au bon ordre, que les derniers invités défilèrent.

Quand celui-ci eut refermé la porte du vestibule, il se dirigea vers l'escalier pour monter à sa chambre ; mais à ce moment le maître d'hôtel l'arrêta :

— Pourquoi n'avez-vous pas été vous coucher, monsieur Horace ? Vous serez bien fatigué tantôt pour vous mettre en voyage.

— Je ne pars plus. Mon colonel, avant de se retirer, m'a dit qu'il me laissait à Paris pour régler des affaires importantes qui se présentent à l'improviste.

Cela n'arrangeait pas le maître d'hôtel, qui avait espéré diriger la maison pendant la longue absence du colonel.

— Vous devez être bien fâché ? dit-il.

— Oui et non. Oui, parce que cela me peine de me séparer de mon colonel ; non, parce que cela me séduit de rester à Paris. Pendant la guerre et la Commune, j'ai eu bien peur que Paris ne fût perdu; on parlait d'un tas de réformes effrayantes. Mais je vois que les choses reprennent leur cours. Il y aura encore de beaux jours, et de belles nuits, pour ceux qui veulent s'amuser : Vive Paris!

FIN DE THÉRÈSE.

NOTICE SUR « L'AUBERGE DU MONDE »

Cet ouvrage considérable est, croyons-nous, le plus étendu que M. Hector Malot ait encore publié. N'oublions pas, toutefois, qu'il a débuté par une trilogie, les *Victimes d'amour*. Il y avait, on en conviendra, de la part d'un débutant, une certaine audace à s'engager ainsi dans une entreprise de longue haleine. Le talent a de ces pressentiments et de ces vaillances. Le succès ne tarda pas à venir justifier la hardiesse du jeune écrivain, et Michel Lévy, son premier éditeur, put se convaincre qu'il avait bien placé sa confiance.

On vient de les réimprimer, ces *Victimes d'amour*, en trois volumes très élégants, d'un format commode, digne de figurer sur les rayons d'une bibliothèque sérieuse, et assez portatif pour servir de compagnon au Parisien en villégiature, au promeneur rustique, au touriste. Ce diable de roman se relit toujours avec plaisir, non-seulement à cause de ses qualités, qui sont grandes, — la seconde série, les *Epoux*, touche de bien près à la perfection, — mais parce qu'on y sent une force qui sera féconde et que les promesses s'y trouvent en juste rapport avec la future réalité.

M. Malot, en effet, a eu ce double bonheur dans sa vie littéraire de débuter par une œuvre marquante et cependant de ne pas rester l'homme de cette œuvre. Il a constamment marché en avant, modifiant ses allures, disposant ses cadres, au gré de son inspiration et de son observation. Tantôt pressant et concis, comme dans *Un beau-frère;* tantôt s'accordant toutes les circonspections, tous les approfondissements de l'analyse, comme dans l'*Héritage d'Arthur;* tantôt, enfin, se proposant une vaste carrière et agrandissant le champ de ses études, comme dans l'*Auberge du monde.*

Il est rare que les romans d'observation soient étendus. Les romans de pure imagination semblent s'être réservé ce privilège. Dix volumes d'Alexandre Dumas, d'Eugène Sue, de Ponson du Terrail n'étonnent personne. Cela paraît tout naturel. On n'est surpris que d'une chose, c'est de voir ces narrations s'arrêter, car, puisqu'il n'y avait pas de raison pour que de tels contes commençassent, il n'y en a pas non plus po qu'ils prennent fin. La situation de l'observateur est bien d. férente. Balzac, même lorsqu'il a ses coudées franches, ne dépasse guère trois ou quatre volumes. C'est que l'observation, qui ne veut dégénérer ni en copie servile de la vie réelle, ni en fantaisie caricaturale sous prétexte de fidélité, est circonscrite dans ses recherches et dans ses manifestations, tandis que l'imagination a devant soi le domaine vague et indéfini de l'invraisemblable.

Quatre volumes, ou, à mieux parler, quatre parties d'une même œuvre, habilement reliées entre elles, se complétant l'une l'autre et cependant formant chacune un ensemble, voilà, selon nous, ce qui atteste chez le romancier observateur un beau maximum de force, ce qui constitue une gageure que tout le monde ne serait pas en état de tenir, et dont M. Malot s'est tiré à merveille.

L'auteur a pensé que les dernières années du second empire avaient offert un tableau assez curieux pour qu'on en ravivat les couleurs prêtes à s'effacer, et qu'on en reproduisît les principales figures disparues ou à la veille de disparaître. Il est certain que la période qui va de 1867 à 1870 et même quelque peu au-delà, des fastueuses apparences de l'Exposition universelle aux orgies, aux fureurs et aux désastres de la Commune, présente au moraliste un intérêt très particulier. Les leçons qu'elles contiennent valent bien la peine qu'on les dégage et qu'on les mette en lumière. C'est à quoi le romancier s'est appliqué avec beaucoup de patience, de finesse et de puissance.

En un tel sujet, il était presque impossible que la politique ne réclamât point une part. Nous savons gré à M. Hector Malot d'avoir fait cette part aussi restreinte que le lui permettaient les circonstances au milieu desquelles se meuvent les personnages de son roman. S'il a pu conserver jusqu'au bout la juste réserve qu'il s'était imposée dès le début à cet égard, cela tient à ce que l'ouvrage dans son ensemble est fortement composé. Quand on sait bien précisément où l'on va, ce que l'on veut et comment on entend le réaliser, on n'est pas exposé à s'abandonner à des développements, suggérés quelquefois par la passion, et qui peuvent devenir parasites.

Ce mérite de la composition, nous avons eu plus d'une fois à le signaler chez M. Malot. L'*Auberge du monde*, considérée dans son économie générale, dans la correspondance et l'équilibre de ses diverses parties, nous donne lieu de répéter cette louange et d'y insister. Sans une science approfondie de la composition, le romancier était en péril d'aller se briser contre un des écueils dont fourmille le sujet qu'il a choisi. Il pouvait à chaque instant se laisser entraîner, soit sur le terrain brûlant du pamphlet, soit vers les régions sévères et froides de l'histoire. Un plan parfaitement dessiné et scrupuleusement suivi l'a gardé de toute faiblesse et l'a préservé des tentations.

La conception du livre est d'une simplicité magistrale. Elle est nettement indiquée dès la première partie. Français d'origine, mais non pas de naissance, le colonel Edouard Chamberlain est venu au monde en Amérique. Son père, ouvrier du faubourg Saint-Antoine, gravement compromis dans les mouvements révolutionnaires, si fréquents sous le règne de Louis-Philippe, avait été forcé de se réfugier aux Etats-Unis. Devenu bûcheron du côté des monts Alleghany, l'ouvrier parisien épousa la fille d'un bûcheron comme lui, une Américaine. C'est dans cette humble condition que la richesse vint le trouver, non sans qu'il y aidât fortement. Comment s'y prit-il? Ecoutez le récit bref et original du romancier :

« En parcourant sans cesse les forêts de la Pennsylvanie, notre bûcheron remarqua en certain endroit un liquide huileux qui sortait de terre et s'accumulait dans des cavités, où il formait de petits étangs, qui répandaient dans leur voisinage une odeur infecte. Ce liquide jaillissait avec une telle force que, durant l'hiver, il brisait des couches de glace de plus d'un pied d'épaisseur. Aux abords de ces sources, on entendait des bruits souterrains. Chamberlain savait voir et réfléchir, et, bien qu'il ne fût ni savant ni ingénieur, il comprit qu'il pouvait tirer parti de sa découverte. La fortune jusque-là lui avait été cruelle. Il n'avait pas d'argent. Il sut trouver des gens qui lui en donnèrent, ce qui est plus difficile que de trouver des sources de pétrole ; il sut même se faire une large part dans l'association qu'il forma avec ses capitalistes, et, un beau jour, les puits qu'il creusa dans la partie de la forêt qu'il avait achetée débitèrent deux cent mille litres d'huile en vingt-quatre heures, c'est-à-dire qu'ils produisirent quelque chose comme 40,000 francs par jour. »

Héritier d'une immense fortune, Edouard Chamberlain s'est montré digne de ce père actif et courageux. Non content de gérer avec intelligence ses quinze millions de revenu annuel, le fils du bûcheron, fidèle aux instincts libéraux de sa race, a pris du service dans l'armée du Nord lors de la guerre de sécession. Distingué par le général Sherman pendant la campagne de Géorgie, Edouard Chamberlain a obtenu un avancement rapide, et, quand la paix fut rétablie par la soumission des confédérés, il était déjà colonel de cavalerie.

Le désir de visiter l'Exposition amène le colonel à Paris, mais ce désir n'est pas la seule cause de son voyage. Avant de mourir, le père d'Edouard, qui a laissé des parents en France, a fait promettre à son fils de chercher, de retrouver Antoine Chamberlain, l'excellent et généreux frère envers lequel son enfance et sa jeunesse ont contracté une dette de reconnaissance.

« Antoine, lui a-t-il dit dans ce suprême épanchement, a une fille qui doit être âgée d'une quinzaine d'années. Va à Paris, vois cette enfant, et, si elle te plait, épouse-la ; tu paieras ma dette envers mon frère. Ce n'est point un ordre que je te donne ni une volonté que je t'impose. Je ne sais ce qu'est ma nièce, si elle peut te plaire ou si elle est digne de toi. Antoine n'a pas eu comme moi la chance de faire fortune ; il est resté, tu le sais, ouvrier. Mais, quelle que soit sa position, je suis sûr qu'il a élevé sa fille dans des idées de devoir et d'honneur, qu'il en a fait une honnête fille, une femme de cœur, à moins d'avoir rencontré en elle une mauvaise nature, ce qui n'est pas probable. Va donc à Paris, vois Thérèse, et ne te marie pas avec une autre sans savoir si celle-ci peut être ta femme. »

Le projet n'est pas si facile à exécuter que se le figurait l'ancien ouvrier parisien devenu millionnaire. Sans doute, quant à sa liberté d'action, le colonel Chamberlain se trouve dans des conditions exceptionnelles. Il est étranger, il est riche ; élevé dans une démocratie, il n'a ni les manières de voir ni les jugements préconçus des hommes de l'ancien monde. Si sa cousine Thérèse est jolie, suffisamment instruite, si elle a la distinction du cœur, si elle est libre de tout engagement, il l'épousera, qu'elle soit fille d'un capitaliste ou d'un ébéniste du faubourg Saint-Antoine. Puisqu'il n'est pas sensible à ce qu'il regarde comme un détail indifférent, qui donc pourrait l'empêcher de réaliser la volonté de son père et la sienne ?

Notre Américain a compté sans les résistances de l'esprit mondain, représenté par son ami Gaston de Pompéran, sans la séduction aristocratique et parisienne que personnifie la marquise de Lucillière, sans les convoitises d'étrangers qui sont venus s'attabler chez nous, et qui, tout en exerçant leur splendide appétit, profitent sans pitié de nos faiblesses. Ces parasites qui, le lendemain de notre défaite, seront des ennemis, nous apparaissent ici sous la figure d'un grand seigneur italien ruiné, le prince Mazzazoli, lorgnant pour sa nièce Carmelita la fortune du colonel, et sous le masque d'un banquier allemand, le baron Lazarus, faux bonhomme émérite, très désireux d'unir sa fille, la langoureuse Ida, aux quinze millions d'Edouard Chamberlain.

Entre ces ambitions, ces influences, ces passions rivales, une lutte s'engage. C'est à nous en raconter les incidents, à nous en dérouler les péripéties, à nous en montrer les acteurs, que sont principalement consacrées la deuxième et la troisième partie de l'*Auberge du monde*. Il nous est impossible, et nous le regrettons vivement, de donner un souvenir à toutes les physionomies sympathiques ou répulsives, souriantes ou sombres, que l'auteur fait passer sous nos yeux. Nous aurions aimé à insister sur l'art délicat et profond avec lequel M. Hector Malot traite les personnages de second plan, depuis le fidèle serviteur du colonel, le nègre Horace Cooper, jusqu'au dévoué compagnon d'Antoine Chamberlain, le pauvre boiteux Denizot, si touchant dans sa résignation, qui s'éclaire à propos d'une lueur de gaieté.

C'eût été plaisir aussi pour la critique de montrer dans quelle mesure M. Malot mêle les spectacles naturels aux événements du drame. Les paysages des environs de Paris sont peints avec autant de soin et de largeur que les aspects imposants des Alpes vaudoises. Un professeur de rhétorique pourrait citer au même titre, à cause de leur différence même, le récit d'une journée de pêche à Gournay-sur-Marne et la description d'un orage sur les premières pentes de la Dent de

Jaman. Mais nous devons nous borner à ces indications, qui auront au moins le mérite d'éveiller l'attention des lecteurs sur la richesse des développements et la variété des tableaux contenus dans l'*Auberge du monde*.

Quant au dénoûment, je me garderai bien de vous le raconter. Vous le trouverez dans la partie intitulée : *Thérèse*. Ce dernier volume, où nous assistons aux terribles événements de 1870 et de 1871, sans perdre un instant de vue le héros ni les acteurs essentiels du drame, est traité avec une mâle vigueur qui ne s'interdit point toujours l'attendrissement. Il laisse dans la mémoire une impression forte et durable.

JULES LEVALLOIS.

(*Écho*, 17 février 1870.)

ÉMILE COLIN. — IMPRIMERIE DE LAGNY.

www.ingramcontent.com/pod-product-compliance
Ingram Content Group UK Ltd.
Pitfield, Milton Keynes, MK11 3LW, UK
UKHW031834260826
14628UKWH00001B/377